한국사 시민강좌

제49집

KB204514

일조각

Number 49 AUGUST 2011

The Citizens' Forum on Korean History

ILCHOKAK

독자에게 드리는 글

 『한국사 시민강좌』는 1987년 9월 창간호를 발간한 뒤 제2집의 특집주제를 '고조선의 제문제'로 하여 국가 형성이라든지 위치와 강역, 사회와 정치, 고조선에 대한 근세의 위서僞書로 짐작되는 『규원사화』와 『환단고기』 그리고 북한에서의 고조선 연구 등을 다룬 바 있습니다. 고조선은 한국 역사상 첫 번째로 출현한 국가였던 만큼 특집주제 선정에 우선순위를 갖고 있었던 데다, 마침 1987년 2월 '한국 상고사의 제문제'를 주제로 한국정신문화연구원(현 한국학중앙연구원)에서 열린 심포지엄에서 재야 역사단체들이 결성한 '민족사 바로잡기 국민회의' 측 인사들이 역사학계의 고조선 연구방법이랄까 통설에 대해 친일적인 반도사관이라고 원색적으로 비방 성토하여 세간의 역사인식을 크게 오도하고 있었으므로 본 『한국사 시민강좌』의 책임편집자였던 이기백 선생이 이에 대응할 필요를 절실하게 느끼고 있던 터이기도 했습니다.

 그 뒤 2000년 8월 제27집의 특집주제를 고조선문제와 깊이 연관되어 있는 '단군, 그는 누구인가'로 선정한 것은 1993년 북한의 관계 당국이 '단군릉'을 발굴했다고 주장하면서 그때까지의 단군신화에 대한 역사적 인식뿐 아니라 고조선의 역사 전체를 크게 수정하여 그 여파가 한국학계에까지 적지 않게 미쳤기 때문이었습니다. 1960년대 전반경까지만 하더라도 북한학계는 단군신화를 한낱 황당무계한 전설에 불과하다고 했습니다만, 1970년대 말경에 이르면 그것을 역사 발전과정이 일정하게 반영된 고조선의 건국신화라고 하여 그 의의를 조금씩 부여하다가 1991년 『조선전사』 제2권(고대편) 제2판을 내면서 "의심할 바 없이 고조선의 건국사실을 반영한 건국신화"라고 이를 고양하였습니다. '단군릉' 발굴 후 북한 역사학계를 대표하는 허종호는 한 발표회에서 이 발굴이 "정치 이전의 과학연구사업으로서 진행된 것"이라고 강변하였습니다만, 그 내막은 잘 알 수가 없습니다. 다만 오랫동안 조선노동당 이론 담당 비서로 북한 최고 권력자의 측근에서 복무한 바 있는 황장엽이 작년 10월 서울에서 별세하기 얼마 전 회고한 바에 따르면, 지난날 김일성이 고구려 시조 동명성왕이 중국 진의 시황제(기원전 3세기 후반)보다 200여 년이나 뒤늦게 건국했다는 것은 민족의 수치라면서 역사학자들에게 동명성왕이 진시황보다 먼저 건국한 것으로 고치라고 지시했다는 사실로 미루어볼 때(실제로 북한에서는 1990년 손영종의 『고구려사 1』 발간 이래 종래 기원전 37년으로 되어 있던 고구려의 건국연대를 4주갑周甲 끌어올려 기원전 277년으로 수정, 공식 견해가 되어 있음) 고조선의 건국을 기원전 3,000년경으로 주장할 수 있는 근거가 된 '단군릉' 발굴도 어쩌면 고조선의 역사를 "주체적 입장에서 새롭게 정립"하라는 김일성의 특별 지시에 따라 결정된 것이 아닐까 짐작됩니다. 그것은 어쨌든 이 발굴을 계기로 1995년 8월 일본 오사카경제법과대학에서 개최된 학술회의에 남북한의 고고학·역사학 연구자들이 대거 참가하게 되고, 한국에서는 '단군학회'가 만들어져서 1997년 12월 창립 기념 학술회의가 열리기도 했습니다.

이처럼 지난날 고조선·단군 특집을 두 차례 기획한 적이 있는 『한국사 시민강좌』가 이번에 다시금 대략 같은 주제로 특집을 꾸민 것은 그간 연구상의 새로운 경향 또는 변화를 추가하여 현 단계에 있어 고조선 연구의 문제상황을 점검해 보는 데 그 목적이 있습니다. 문헌자료의 절대적인 부족으로 한계상황에 몰린 고조선 연구에서 견인차 구실을 하고 있는 것이 고고학 자료입니다만, 송호정 교수는 종래 고조선의 표지標識 유물로 간주해온 비파형동검문화가 산융족의 활동무대였던 중국 요서지방에 집중되어 있으며, 중국 동북지방(만주)과 한반도 서북부지방에서 꽃핀 비파형동검문화의 양상도 각기 독자적인 지역적 특징을 지니고 있는 사실로 미루어, 일부 연구자들이 생각하는 것과는 달리, 고조선 초기에 아직 강력한 왕권이 성립되지 않았고 토착 족장세력이 커다란 영향력을 행사한 것으로 보았습니다. 현재 북한과 남한의 일부 연구자들은 고조선의 국가 형성 시기를 뚜렷한 근거 없이 끌어 올리거나 혹은 그 지배영역을 한없이 확대해보려는 강한 충동에 사로잡혀 있는 형편입니다만, 송 교수는 어떠한 선입견도 배제한 채 매우 차분한 자세로 논의를 전개했다는 느낌이 듭니다.

고조선에 대해 비록 단편적이나마 기술한 것이 대개 중국 선진先秦시대 문헌이고, 더욱이 중국과의 교섭 기사인 만큼 중국학계의 견해를 살펴보는 것도 흥미 있는 과제라고 생각됩니다. 이성규 교수의 논문은 종래 고대 동북사(만주사) 가운데 숙신족 외에는 이렇다 할 관심을 보이지 않던 중국학계가 1980년 이후 동북사 관련 논문을 쏟아내기 시작하고, 특히 북한이 '단군릉'을 발굴했다고 주장한 1993년 이래 이에 대해 반론을 제기하는 등 최근의 연구성과를 풍부한 자료를 구사하여 본격적으로 검토했습니다. 이 같은 중국학계의 최신 연구경향에서 무엇보다도 주목되는 것은 1920년대에 구제강顧頡剛이 비판한 바 있는 기자조선의 역사적 실재를 새삼스레 긍정하려는 노력에 집중된 점입니다만, 이 교수는 긍정론의 논거를 남김없이 비판하면서 그들이 이에 집착하는 것은 다름 아니라 한국사를 은殷나라 이래 중국의 제후국 또는 번속국으로 낙인찍으려는 일종의 '사명의식' 때문이 아닐까 추측했습니다.

한편 중국 고고학계는 1984년 이래 통일적 다민족국가론 차원에서 요하 상류지역, 곧 내몽골자치구 적봉시에서 대릉하 상류의 요령성 조양시에 걸친 지역에서 꽃핀 홍산紅山문화를 황하유역의 중원지구 문화보다 이른 시기의 초급 문명이라고 주장하고 있는데, 한국의 연구자들 가운데는 이 요하문명론을 그대로 받아들여 홍산문화야말로 고조선문화의 전신이라고 주장하는 사람들도 있습니다. 2007년 9월 국사편찬위원회가 주최하고 한국고대학회가 주관한 상고사 토론회에서는 '요하문명론과 한국상고사'라는 주제 발표가 있었는데, 발표자는 요하문명론을 동북공정의 최종적인 결정판으로 보면서 이를 비판한다는 취지에서 요하문명론과 고조선의 접목을 꾀한 듯했습니다. 그런데 이청규 교수의 논문에 따르면 신석기시대 후기 단계의 홍산문화를 문명이라고 규정하는 것부터가 고고학계의 상식에 어긋나고, 더욱이 기원전 3,000년 이전의 홍산문화를 고조선과 결부하는 데는 2,000년 이상의 시간적인 격차가 생기는 것을 문제점으로 지적했습니다. 더욱이 홍산문화의 특징인 것처럼 말해지는 채색토기나 공예 옥기玉器는 황하 및 장강(양자강)유역에서도 발달하여 그 상호 교류를 인정할 수 있는 반면 정작 요동지역과 한반도에서는 정교한 옥기가 거의 확인되지 않아 홍산문화가 이곳까지 전파되지 못한 느낌을 준다고 합니다.

지난날 고조선문제만큼 이데올로기 논쟁의 표적이 된 것은 한국사에 달리 없었습니다. 영성零星한 문헌자료를 갖고 실증적인 연구방법으로 그런 대로 최선을 다해 꾸며낸 고조선의 역사상이 한반도 서북지방에 국한되어 있는 등 너무나 빈약하다는 이유로 국수주의자들은 한국 고대사학계가 일제의 식민사관에서 벗어나지 못했다고 줄곧 공박했습니다. 한편 식민사관의 타파를 표방한 북한학계는 고조선을 매우 조숙하고 또한 북중국에서 '만주'와 서북한 일대에 걸친 웅혼雄渾하기 그지없는 나라로 묘사함으로써 한국 재야사가들로 하여금 국내 역사학계를 비판하는 절호絶好의 명분을 제공한 셈이 되었습니다. 조인성 교수의 논문은 단군신화와 고조선 내부의 왕실 교체, 위만조선의 성격에 대한 이병도 선생의 연구가 일본인 연구자들과는 그 취향을 크게 달리하는 매우 소중한 업적이라는 평가를 내렸습니다. 그리고 1970년대에 천관우 선생이 기자조선문제에 대해 이를 다소간 변형시킨 조건하에서 재검토를 시도한 것도 의미 있는 작업으로 보았습니다. 한편 이형구 교수는 북한에서 고조선 연구의 고전의 된 이지린의 책이 나온 뒤 그것이 한국학계에 던진 파문과 특히 '단군릉' 발굴 이후 세계 제5대 문명의 하나로 대동강문화론을 들고 나온 북한학계의 일련의 변화과정을 방대한 문헌자료를 섭렵하여 소개했습니다. 그리고 이기동의 논문은 예맥족문제, 단군신화의 해석문제, 고조선의 국가 형성 연구와 관련되는 고고학자료의 취급에서 제기되는 몇 가지 문제점을 검토했습니다.

'한국의 역사가'는 생전에 천관우 선생과 개인적 접촉이 많았을 뿐 아니라 누구보다도 고인의 학문과 인격을 가장 잘 이해하고 있는 민현구 교수가 맡았습니다. 고인은 장지연·신채호·안재홍 등 민족주의 계열의 인사들과 맥락을 같이하는 일면이 있었습니다만, 어디까지나 실증에 기초한 역사가요 언론인이었습니다. 그는 젊은 날에 실학 연구의 길을 개척했고, 언론계에 종사하면서는 한국사의 대중화를 몸소 실천했으며, 1970년대를 통해 줄곧 유신독재정부의 감시와 통제를 받아 자택에서 칩거생활을 계속하면서 고조선·삼한·고대 한일관계 연구에 전념하여 큰 성과를 거뒀습니다.

'나의 책을 말한다'에서 정병준 교수는 작년에 출간한 『독도 1947: 전후 독도문제와 한·미·일 관계』의 저술에 착수하게 된 경위와 연구과정에서 새롭게 밝힌 여러 사실들을 매우 박진감 넘치게 기술했습니다. 미국 국무부의 문서철에서 1951년 샌프란시스코 강화회의에 대비하여 영국 외무성이 만든 조약 초안에서 독도를 일본 영토에서 제외한 지도 한 장을 발견한 것을 실마리로 하여 마치 퍼즐 맞추기 식으로 관련문서를 추적하여 제2차 세계대전 후 독도문제가 단지 한·일 간의 문제가 아니라 실제로 한·미·일 3국 간의 문제였다는 데 주의를 환기시켰습니다.

'역사의 진실을 찾아서'에서 주보돈 교수는 문헌자료의 태부족으로 허덕이는 한국고대사 연구 분야에서 금석문(주로 비문) 자료가 얼마만큼 큰 기여를 했는지를 구체적인 사례를 들어 소개했습니다. 특히 1976년 안압지에서 나온 비석을 막연히 경주 남산신성비의 하나일 것으로 본 연구자들의 심중이 12년 뒤 명활산성비가 발견됨에 따라 새삼스레 명활산성비의 하나인 것으로 뒤바뀌게 된 경위를 설명한 대목은 매우 흥미롭다고 할 수 있습니다.

'한국사학에 바란다'는 언론계에서 은퇴한 뒤 고려시대를 배경으로 한 여러 책의 역사소설을 쓴 바 있는 구종서 박사께 부탁드렸습니다. 구 박사는 한국사 연구자들이 대체로 정치·사회적 주요 현안문제에 대해 소극적, 회피적인 자세로 일관하고 있다고 진단했습니다. 이를테면 현재 한국현대사를 왜곡하는 좌파 민중사관의 폐해가 매우 심각한 경지에까지 이르렀음에도 이를 상대로 과감하게 논쟁을 벌이는 경우를 거의 찾아볼 수 없고, 또한 중·고교 한국사 과목이 외국의 자국사 교육 비중에 비해 크게 축소되어가는 현실인데도 이에 맞서 항의 한번 제대로 하지 않는다고 가일층의 분발을 촉구하였는데, 이는 한국사 연구자들이 반드시 유념해야 할 사항이라고 믿습니다.

2011년 8월 5일
편집위원 이기동

| 차례 |

고고학으로 본 고조선

송호정

1. 머리말

고조선古朝鮮은 국가의 기원과 형성 문제뿐만 아니라 한국사의 시원을 이루고 있다는 점에서 매우 중요한 연구 대상이다. 고조선은 같은 시기에 부여·동옥저·삼한을 비롯하여 주변 국가와 문화적 교류를 이루며, 서로 영향 관계에 있었고, 멸망 후에는 고구려·백제·신라의 국가 형성과 정치적 성장에 대단히 중요한 영향을 미쳤다. 따라서 기원전 2세기까지 동북아지역에서

宋鎬晸 한국교원대학교 역사교육과 교수.
    저서로는『한국 고대사 속의 고조선사』(푸른역사, 2003),『단군, 만들어진 신화』(산처럼, 2004),『한국생활사박물관』2(고조선생활관)(공저, 사계절, 2000),『아틀라스 한국사』(공저, 사계절, 2004),『미래를 여는 한국의 역사』1(공저, 웅진, 2011)이 있다. 한국 고대문화의 원류에 깊은 관심을 가지고 한국 민족 형성 문제와 한국 고대국가 형성 문제를 연구하고 있다.

가장 앞선 사회였고, 우리 역사상 처음으로 국가를 형성한 고조선의 역사에 대한 해명은 매우 중요하다.

일반적으로 고조선의 역사는 대개 단군왕검이 세운 단군조선檀君朝鮮과 이후의 기자조선箕子朝鮮, 그리고 위만衛滿이 세운 위만조선衛滿朝鮮이라는 세 단계의 발전 과정을 거친 것으로 이해한다. 그러나 그 발전 과정에 대한 구체적이고 명확한 정리는 아직 이루어지지 않았다. 각 시기의 역사상은 물론 당시 사람들이 남긴 문화와 고고 자료에 대한 이해 역시 피상적인 이해 수준에 머물고 있다.

이렇게 된 가장 주요한 요인은 일차적으로 문헌 자료의 절대적인 부족에 기인한다. 전체적인 고대사 연구의 한계이기도 하지만 고조선 관련 사료는 이용할 수 있는 것이 얼마 되지 않는다. 따라서 문헌 자료의 부족함을 메워줄 수 있는 고고 자료에 대한 검토가 고조선사 연구에서 중요하다. 그러나 고고 자료는 기본적으로 그것이 고조선 주민들이 사용한 것인지에 관한 문제가 해결되어야만 자료로서 가치가 있기 때문에 그동안 지리적 위치와 중심지 문제에 대해 많은 논의가 전개되었다.

고고 자료를 중심으로 고조선사를 논할 때 가장 먼저 거론되는 것은 비파형동검문화이다. 비파형동검문화는 청동기시대인 초기 고조선의 사회상을 설명해주는 문화적 지표이다. 비파형동검문화는 각 지역마다 독자적 특징을 간직하고 있다. 이처럼 중국 동북지방과 한반도에 걸쳐 지역적 특성을 가진 청동기문화가 존재하는 것은 청동기시대 고조선 사회가 왕권이 강하지 않고 토착 족장들이 지역에서 커다란 영향력을 발휘하고 있었음을 말해준다.

고고 자료로 고조선사를 검토할 때 분명히 해야 할 것은 청동기문화, 즉 비파형동검문화가 고조선문화의 전부라는 종전의 인식에서 벗어나야 한다는 점이다. 고조선이 중국이나 주변 종족 집단들에게 하나의 정치체政治體나 국가로 인식되기 시작한 것은 기원전 4~3세기경인 철기시대에 들어와서이다. 사마천의『사기史記』등의 문헌 자료를 보아도 철기문화가 남만주지역에 전래되기 시작한 기원전 4~3세기 이후에 와서야 고조선의 관료체제나 고조선 사회의 구체적인 모습을 확인할 수 있다.

고조선은 청동기 사회의 발전을 바탕으로 철기를 비롯한 금속문화가 보급되면서 농업생산력이 일층 발전하고, 그로 인한 사회적 분화가 발생하는 과정에서 국가를 형성하게 된다. 또한 선진 철기문화를 누리던 세력의 성장 등이 이루어지면서 기원전 4~3세기경 점진적으로 중앙 지배 권력이 성립하였다. 따라서 고고 자료를 바탕으로 고조선사를 정리할 경우 시간적으로 청동기시대와 초기철기시대의 고조선을 구분하여 서술하는 것이 중요하다.

선진先秦 문헌인『관자管子』에 따르면 고조선이 등장하는 시기는 중국 동북지방에서 청동기문화가 개화하여 발전하는 기원전 8~7세기 이후이다. 그렇다면 이때부터 고조선의 역사가 시작된 것으로 보아야 한다.『사기』에는 고조선이 기원전 108년 한漢 무제武帝가 보낸 군대에 의해 멸망하였다고 한다. 따라서 '고조선사'란 바로 남만주, 즉 중국 동북지방에서 청동기문화가 발전하기 시작하는 기원전 8세기 이후부터 한나라 군대에 의해 멸망하는 시기까지의 역사를 말한다.

고조선 사람들은 남만주의 요동遼東 일대와 한반도 서북부 일대를 중심으로 살았다. 이 지역은 일찍부터 농경이 발달한 곳이다. 이곳의 주민은 주로 예족濊族과 맥족貊族으로, 언어와 풍속이 서로 비슷했고, 일찍부터 한반도 서북부와 남만주 발해만 일대를 중심으로 퍼져 살았다. 점차 이 지역에서 작은 정치 집단이 군데군데 생겨나 그중 우세한 세력을 중심으로 다른 집단이 정복당하거나 통합되었다. 그 과정에서 고조선이라는 정치체가 출현하게 된다. 따라서 고조선사를 정리하려 할 경우 공간적으로는 고조선 주민 집단의 활동 무대였던 중국 동북지방과 한반도 북부의 청동기·초기철기시대 고고자료를 주 대상으로 다루는 것이 필요하다.

2. 초기 고조선사와 요서지역의 비파형청동기문화

일연一然은 『삼국유사三國遺事』에서 고조선은 단군왕검이 세운 왕검조선王儉朝鮮을 말한다고 서술하고 있다. 많은 연구자들은 단군조선의 존재를 인정하고 이를 남만주지역에서 개화한 비파형동검문화와 연관해서 보려고 노력하였다. 이러한 견해는 중·고등학교 국사교과서에도 반영되었다. 그러나 고조선사의 첫 단계로 인식해왔던 단군신화나 단군조선의 시기는 실재한 역사라기보다는 우리 역사에서 초기 국가가 출현하는 단계의 역사적 경험을 신화형태로 정리한 것이라 볼 수 있다.

단군 이야기를 일정한 지배 권력이 형성된 정치체로 설명하기에는 역사성이 떨어진다. 고조선의 초기 단계인 이른바 단군조선은 고조선의 국가권력이 형성되고 난 이후에 지배층 사이에서 만들어진 신화 속의 역사이며, 단군신화 속의 내용이 실재했던 역사임을 입증할 근거가 전혀 없다.

반면, 단군조선 이후에 등장하는 기자조선의 역사는 초기 고조선사를 다루는 과정에서 그 시기나 내용이 겹치기 때문에 반드시 언급하고 넘어가야 할 주제이다. 기자조선의 역사를 이해하기 위해서는 일차적으로 현재 중국 요령성遼寧省지역에 분포하는 비파형동검문화를 분석하여 지역적 특성과 담당 주민 집단을 고증해보는 것이 중요하다.

문헌 기록상에 보이는 기자箕子가 활동한 시기는 기원전 11세기경이다. 그러나 기자조선 이야기는 한대漢代 이후 『상서대전尚書大典』에 처음 나온다. 그리고 남만주 요서遼西지역 객좌현喀左縣 일대에 집중적으로 분포하는 '기후箕侯' 등 씨족명이 적힌 상주商周시기 청동예기靑銅禮器는 당시 상商나라 유민들이 남긴 것인데, 요동지역이나 한반도에서는 보이지 않는 것들이다.

상나라의 기족箕族 또는 그 일— 지족支族은 서주西周 초기에 요서지역에 위치하면서 연후燕侯와 밀접한 관계를 유지하고 있었다. 그들은 일시 요서지역에 거주하였으나 이후에 결코 동북방으로는 이동하지 않았으며 그와 반대쪽인 산동성지방으로 집결하여 영주永住하였다는 사실이 더욱 중요하다. 아마 대릉하大凌河 유역에 정주하고 있던 상 유민들은 일시적인 변고 때문에 씨족을 상징하는 전승가보 청동기를 황급히 땅에 묻고 다시 서쪽으로 이동했던 것으로 보인다.

따라서 선진先秦 문헌에 등장하는 기자조선의 국가였다는 요하 서쪽의 고죽국孤竹國이나 기국箕國 등은 모두 중국 연燕의 관할하에 있던 상족商族의 후예들이 거주했던 국가였고, 그 국가들은 실질적으로 청동기시대의 '산융山戎' 등 유목민족 계통의 소국小國으로 볼 수 있다. 한대 이후 문헌 기록에 나오는 '기자동래설'은 문명의 전수자로서 기자를 강조하고자 하는 한나라 역사가들의 관념 속에서 나온 이야기이고, 요서지역에서 나온 '기후箕侯'라는 이름이 쓰인 청동기는 산융 등 융적戎狄 사회에 상나라 유민들이 살았던 증거라고 보는 것이 합리적이다.

종래 초기 고조선 관련 남만주지방 고고 자료에 대한 논의는 이른바 '비파형(요령식)동검문화'에 대한 해석 여부를 둘러싼 것이었다. 논의 과정에서 고조선 문제와 관련하여 가장 관건이 되는 부분은 역시 요서지역 청동기문화의 담당자와 대릉하 동쪽에서 요동지역에 분포하는 청동단검문화를 과연 어느 주민 집단의 문화로 보느냐 하는 것이다.

비파형 청동단검이 주로 사용되던 시기는 기원전 8~7세기 이후이므로 그 주민 집단을 단군조선으로 보기는 힘들다. 그렇다면 그 이후에 등장한 기자조선 사람들이 남긴 유물인지, 아니면 청동기시대 고조선 사람들이 남긴 유물인지에 대한 검토가 필요하다. 이때 기원전 8~7세기 단계에 요령성 일대에서 활약한 군소 종족 가운데 여러 오랑캐족(산융, 동호東胡 등)과 고조선에 주목할 필요가 있다.

중국 선진先秦시대의 문헌에는 요서지역에서 기원전 8~7세기경에 활동한 종족으로 산융·동호족이 등장한다. 그 동쪽 지역에 예맥濊貊·조선朝鮮이 있었음이 보인다. 우리 학계에서는 고조선문화를 전기와 후기로 나누어 설명하는데, 그 가운데 전기문화는 기원전 10세기 초에 나타난 초기비파형동검문화의 발전에 기초하여 기원전 8~7세기경에 형성되었고, 이때 초기 고조선 사회가 성립하는 것으로 보고 있다. 그런데 비파형동검은 산융족이 활동한 요서지역에 집중되어 있다.

보통 내몽고지역을 포함한 요서지역의 비파형동검문화를 하가점상층문화夏家店上層文化라고 부른다. 대표 유적으로는 남산근南山根 유적과 소흑석구小黑石溝 유적이 있다. 이 대표 유적에서는 비파형동검을 비롯하여 각종 청동기와 많은 양의 유물이 출토되고 있는데, 이를 통해 하가점상층문화인들은 대개 반농반목의 정착생활을 하고 있었던 것으로 보인다.

그런데 요서지역은 문헌에서 분명하게 산융이나 동호의 거주지로 명시되어 있다. 이 집단들은 100여 개 이상의 여러 종족으로 나뉘어 있으면서 전쟁이나 제사 등 특정한 목적하에 이합집산을 하면서 중국의 연燕나라와 제齊를 괴롭혔다고 기록되어 있다. 따라서 하가점상층문화는 산융이나 동호의 문화로 보아도 큰 무리가 없다고 생각한다.

전술하였듯이 고고학에서 한 고고 자료의 분포권은 곧바로 한 주민 집단의 생활권과 직결할 수 없는 것이 상식이다. 중국 동북지방 내에서도 각 지역별로 전체적인 청동기유물의 특성을 분석하고 그 특징이 문헌 기록에 그 지역에서 활동하던 종족과 어떻게 연결되는지를 면밀히 검토해야만 그 지역의 주민 집단이 누구인지를 이야기할 수 있을 것이다.

그동안 교과서를 비롯하여 많은 개설서에서 비파형동검이 나오는 지역, 특히 비파형동검이 집중적으로 출토되는 요서지역을 고조선의 영역으로 해석하는 연구가 많이 나왔다. 그러나 과연 당시에 고조선이 그처럼 넓은 범위의 영토를 이끌어갈 정도의 국가 단계에 이르렀는지에 대한 고민이 선결되어야 하며, 문헌 기록과 괴리되는 부분을 어떻게 정리할지에 대한 분명한 정리가 필요하다.

3. 대릉하 유역은 고조선문화권인가

현재까지의 발굴·조사 자료에 따르면 요령성지역의 청동기문화는 대릉하 유역을 경계로 그 북쪽지역과 남쪽·동쪽지역이 구분되는 지역성을 띠고 있다. 관련 자료를 보면 하가점하층문화에서 위영자문화魏營子文化 단계를 거쳐 하가점상층문화로 발전한 요서지역의 청동기문화는 기본적으로 대릉하 유역을 중심으로 유적이 밀집 분포하며, 대릉하 북쪽지역으로는 노합하老哈河·영금하英金河 등의 강을 따라서 유적이 집중하고 있다. 한편 요동지역에서는 혼하渾河·태자하太子河 일대에 유적이 집중되어 있으며, 요동반도지역은 대련大連을 중심으로 유적이 밀집해 있다.

1980년대에는 대릉하 중하류의 청동기문화 유적, 예를 들어 조양시朝陽市 십이대영자十二臺營子, 금서현錦西縣 오금당烏金塘과 사아보寺兒堡, 객좌현喀左縣 남동구南洞溝 등 유적을 하가점상층문화 속의 '십이대영자유형' 또는 '릉하유형'이라 불렀다. 그러나 최근에는 중국학자는 물론 한국의 고고학자 대부분이 대릉하 유역의 청동기문화와 서요하西遼河 유역의 하가점상층문화 사이에 차이가 분명히 존재하고, 또 대릉하 유역 청동기문화가 요하 중류 심양瀋陽의 정가와자鄭家窪子 묘지로 대표되는 청동기문화와 많은 점에서 유사하다고 보고 있다. 따라서 대릉하 유역의 청동기문화를 서요하·노합하 유역 청동기문화로부터 분리해내어 '십이대영자문화'로 명명하였다. 한국학계에서는 최근 대릉하 유역을 경계로 요서지역의 청동기문화 권역을 구분하고 있으며, 대릉하 유역의 십이대영자문화가 요동지역까지 발달하였다고 보고 있다.

그동안의 연구를 정리하면 십이대영자문화는 기원전 9세기 이전에 대릉하 중류지역을 중심으로 형성되었으며, 기원전 8~6세기에는 대·소릉하 유역의 전역으로 확산되었고, 동시에 서쪽 노합하 유역의 하가점상층문화와도 상호 영향 관계를 맺게 된 것으로 보인다. 이후 기원전 5~4세기가 되면 능원·건평·건창·객좌와 같은 대릉하 상류지역에서 비파형동검과 중원식 동과銅戈 등이 공반되고 있어 십이대영자문화가 서서히 중원문화와 접촉함을 알 수 있다.

기원전 3세기를 전후해서 요서지역은 중원문화가 주류적 위치를 점하게 되는데, 이것은 연燕의 5군郡 설치와 관련되는 것으로 보인다. 이후 하가점상층문화와 십이대영자문화가 갑작스럽게 소멸되는데, 이는 연 소왕 때 장군 진개秦開의 동방 경략經略과 결부시켜 이해할 수 있다. 즉 이때 소멸된 십이대영자문화를 고조선과 연결시킬 수 있다고 보는 의견이 최근 늘어나고 있다.

한 연구자는 십이대영자문화를 다뉴기하학문경을 대표적인 위세품으로 삼는 문화로 보아 요동-한반도와 관련 있는 족속, 곧 고조선이거나 적어도 고조선이라고 부를 수 있는 집단의 문화로 추정한다. 나아가 현재까지 발견된 고조선 전기 단계에는 십이대영자문화가 그 중심에 있으며 일정한 과정을 거쳐 주변의 여러 집단과 연결하여 '국國'의 네트워크를 형성했을 것으로 본다. 그 연대는 대체로 기원전 8~6세기로 선진先秦시대 문헌인 『관자』의 기록이 이러한 고고학적 상황과 맞물리는 것으로 이해하고 있다.

그러나 선진시대 문헌인 『관자』 기록에는 중국에서 멀리 떨어진 곳에 '조선'이란 나라가 있었음을 알려줄 뿐, 국가의 모습을 살펴볼 수 있는 어떠한 내용도 없다. 그리고 대부분의 선진시대 문헌에는 요서지역 청동기문화의 담당자가 산융이나 융적으로 표현되는 오랑캐로 기록되어 있다. 그리고 십이대영자문화가 요서지역에서 발달할 때 요동지역에서는 돌널무덤에 미송리형토기를 부장하는 문화나 고인돌문화가 발달했는데, 이 문화와 연관성을 설명해주어야 대릉하 유역까지 고조선 문화로 설명하는 것이 분명해진다.

최근의 연구대로 서요하 유역 하가점상층문화와 대릉하 유역 십이대영자문화 사이에는 청동기 및 매장 습속 방면에 일정한 차이가 있다. 따라서 필자 역시 서요하 상류지역 하가점상층문화와 대릉하 유역 십이대영자문화의 지역적 차이를 인정한다. 다만 그것이 종족이나 주민 집단의 차이를 결정지을 정도의 차이는 아니라고 본다. 오히려 기존의 연구처럼 대릉하 유역 십이대영자문화는 서요하 상류지역 하가점상층문화의 지역 유형이라고 보는 견해가 더 설득력이 있다고 생각한다.

앞으로 이 논의는 구체적으로 어떠한 고고학 문화가 청동기시대 고조선의 것이며, 나아가 대릉하 유역 십이대영자문화가 그러한 고조선 문화의 특징을 갖고 있음을 논리적으로 설명해야 설득력을 얻을 수 있을 것이다.

4. 요동-서북한지역 비파형동검문화와 그 담당자

고조선의 세력권이나 영역과 관련해서는 요서지역보다 요동지역이 주목된다. 그것은 요동지역의 청동기문화가 한반도 청동기문화와 직결되고, 또 요서지역과 차이가 나기 때문이다.

기원전 8~7세기 무렵이 되면 고조선이 역사상에 등장한다. 기원전 4세기 이전의 일을 기록한 『관자』나 『전국책戰國策』 등에는 고조선 주민과 관련하여 '요동遼東'과 '조선朝鮮'이 따로 구분되어 나온다. 어떤 문헌에는 요동지역의 주민 집단은 '예맥濊貊'이라 표기되어 있다. 따라서 요동지역과 고조선, 예맥족의 연관성은 매우 깊게 형성되었던 것으로 볼 수 있다. 그 시기는 대개 기원전 8~7세기까지 올라간다. 이러한 사실은 고고 자료에서도 확인할 수 있다.

청동기시대 후기 단계에 이르면 고인돌·돌널무덤에 미송리형 토기를 함께 묻는 비파형동검문화가 요동에서 한반도에 걸쳐 고루 유행하게 된다. 이러한 현상은 요동지역 및 서북한지역의 농업에 유리한 환경을 이용하여 성장하던 예맥 계통의 종족들이 상호 밀접한 교류관계를 통해 느슨한 연맹관계를 형성한 사실을 반영한 것으로 보인다.

요동지역과 한반도 서북지방에 살았던 예맥족과 고조선 사람들이 남긴 대표적 문화로는 비파형동검 외에 고인돌과 미송리형 토기가 주목된다. 특히 요동 및 한반도지역에 집중적으로 분포하는 탁자식 고인돌은 유사한 특징을 많이 보여준다. 이는 그 존재 시기상 청동기시대 고조선의 정치세력과 연관될 가능성이 높다.

요동 및 서북한지역의 고인돌 사회를 분포 상황으로 판단하면, 그 사회에는 상당히 장기간에 걸쳐 거대한 고인돌을 구축하는 것이 가능한 대수장 혹은 족장이 단속적斷續的으로 존재했던 것으로 이해할 수 있다. 이것을 인정한다면 탁자식 고인돌이 분포하는 지점에는 토착민 호족의 정치세력이 상당히 장기간에 걸쳐 지속되었던 것을 알 수 있다.

현재까지의 고고 자료조사 결과, 요동지역의 청동기문화는 크게 요동지역과 한반도 서북지방이 유사성을 띠면서도 지역적인 차이를 갖고 있다. 즉, 혼하-압록강 일대의 돌널무덤·미송리형토기문화권과 서북한지역의 고인돌·팽이형토기문화권, 그리고 요동반도지역이 지역마다의 특색을 가지고 독자적인 문화권을 이루고 있었다. 다만 요동지역 전체적으로는 고인돌과 돌널무덤이라는 동일 계열의 묘제를 사용하는 것으로 보아 같은 계통의 주민 집단이 살고 있었고, 단지 지리적인 차이로 인해 문화 유형에 차이가 있게 된 것이라고 생각한다.

종래 우리 학계에서는 청동기시대 고조선의 전형적인 문화로 미송리형 토기를 주목하였다. 그것은 미송리형 토기 분포권이 넓게 보면 고인돌 및 돌널무덤의 분포 범위와 겹치기 때문이다. 그런데 최근 조사 결과 미송리형 토기는 대부분 돌널무덤에서 초기 비파형 동검과 함께 출토되고 있음을 알게 되었다. 때문에 미송리형 토기가 주로 출토되는 요하 유역에서 청천강에 이르는 지역을 고조선의 중심 지역으로 설정하는 논자들이 많다.

반면 미송리형 토기와 돌널무덤의 집중 분포 지역 이남인 요동반도 남쪽과 한반도 서북지방에서는 팽이형 토기가 고인돌과 함께 출토되고 있다. 서북한지역의 고인돌이 분포되어 있는 곳에서는 미송리형 토기와 유사한 팽이형 토기가 반드시 출토되고 있으며, 요동지방에서도 고인돌이 있는 곳에는 팽이형 토기와 유사한 계통의 그릇이 보인다.

이처럼 고인돌의 형식(탁자식)과 입지상의 특징 및 고인돌 안에서 같은 형식의 아가리를 따로 만들어 붙인 토기가 나오는 것이 요동반도지역과 한반도 서북지방이 거의 유사하므로 양 지역 간에 문화적 유사성이 있었음을 알 수 있다. 나아가 이는 양 지역에 걸쳐 동일한 정치체가 있었음을 설명하는 근거가 된다.

결론적으로 지금까지의 요동지역 고고 자료를 보면 돌널무덤과 미송리형 토기, 그리고 고인돌과 팽이형 토기가 일종의 공반 관계를 이루고 있음을 확인할 수 있다. 그리고 미송리형 토기와 팽이형 토기는 기본적으로 목이 긴 장경호와 아가리를 따로 만들어 붙인 독이 공반 출토되고 있어 같은 계통의 주민 집단이 만든 것으로 볼 수 있다.

묘제로서 고인돌과 돌널무덤이 일정 지역에 집중 분포하는 것은 그 일대에 하나의 유사한 계통의 종족과 주민 집단이 있었음을 말해준다. 선진시대의 문헌에는 늦어도 기원전 4세기 중반 이전에 발해 연안지대에 존재한 종족으로서 산융을 중심으로 한 여러 융적들과 그 동쪽에 '조선'이 존재했다고 나온다. 이들 중 산융을 비롯한 영지·고죽·도하 등 융적들은 기원전 8~7세기경에는 대개 장성·열하 일대에서 난하·요서 일대에 위치하고 있었음이 문헌과 고고 자료로 입증되었다.

반면 황해 이북 연안과 요동지역은 중국인의 시각에서 볼 때 동이족東夷族이 살고 있었던 지역으로 일찍이 "오랑캐와 예족의 고향〔夷穢之鄕〕"으로 표기되었다(『여씨춘추呂氏春秋』시군람恃君覽). 그곳은 정치집단으로 말하면 '조선'으로 표현되는 세력의 거주지역이라고 볼 수 있다.

일찍부터 요동-서북한지역에서는 요동지역으로부터 들어오는 선진 청동 문물의 영향을 받아 여러 지역 집단들이 성장하고 있었다. 이들은 자체적인 발전 과정과 이웃 집단과의 밀접한 상호 관계를 통해 하나의 통일된 정치체를 형성하게 된다. 이것을 중국인들은 '조선'이라 불렀고, 문헌에는 '조선후朝鮮侯' 집단으로 기록되었다(『위략魏略』).

대개 고인돌과 돌널무덤이 조영되던 마지막 단계에 이르면 이른바 '조선후'로 표현되는 연맹체 집단이 요동-서북한지역에 형성되어 중국 연燕 세력과 대립하였던 것으로 보인다.

5. 세형동검문화와 위만조선

기원전 5~4세기에 이르면 요동지역에는 중국문화의 영향으로 새로운 무덤 양식인 움무덤이 등장한다. 이들 움무덤에서는 특별한 예를 제외하고는 청동단검이 출토되고 있다. 그런데 이 시기의 청동단검들은 벌써 비파형동검의 곡인曲刃 형태를 벗어나서 초기 세형동검 단계에 들어서고 있다.

이들 초기세형동검문화를 누리던 지역 집단들은 요동-서북한지역에서 크게 세 지역으로 나뉘어 성장하고 있었는데, 제일 먼저 요동지역과 길림성 일대의 문화는 소멸하고, 한반도 유형만이 요동지역의 영향을 받아 더욱 새로운 본격적인 세형동검문화로 성장하게 된다. 이것은 바로 요동-서북한지역에 기원전 5~4세기 단계에 광범위한 연맹이 형성되어 있었음을 반영한다.

초기 고조선은 기원전 5세기가 되면 중국 세력이 요령성지역에 진출하고 점차 중국의 선진 문물을 흡수하면서 문화적인 변화를 경험한다. 고조선은 기원전 4세기 이래 중국 연燕 세력이 남만주지역으로 진출하자 그들이 누리던 선진 철기문화를 받아들여 중앙 왕실의 지배 권력을 다져나갔다. 이제 어느덧 국가 단계로 성장하고, 요동 일대의 예맥족이 거주하던 지역 역시 세력권으로 두고 연맹 상태의 국가체제를 형성하게 된다.

대개 기원전 4~3세기를 지나면서는 중국 전국시대 철기문화가 남만주지역과 한반도 땅에도 영향을 미치게 된다. 이전의 비파형동검문화도 이른바 세형(한국식)동검문화로 발전하게 되는데, 그 중심지는 현재까지의 고고 자료 분포상으로 보아 서북한 청천강 이남지역에 있었다. 일찍이 청동기시대부터 서북한지역에서 성장하던 주민 집단들은 요령지역의 선진 청동기문화와 철기문화를 받아들여 새로이 세형동검문화를 창조해낸 것이다.

기원전 3세기 이후가 되면 연燕이 동호東胡를 공격하게 된다. 그리고 요동

지역 천산산맥 일대까지 장성長城을 설치하였다. 이때 설치된 장성 근처에서는 대량의 와당瓦當, 명도전明刀錢, 철기鐵器 등이 발견된다. 이 유물들은 서북한지역의 청천강 유역을 경계로 그 이북에서만 출토되고 있다. 이러한 고고자료의 분포를 통해 연燕이 기원전 3세기 초 요서지역에 위치한 동호를 공격하는 과정에서 고조선도 공격하였고, 그 결과 요동지역에 존재하던 조선연맹체 집단들을 밀어내고 요동지역에 진출했음을 알 수 있다.

이 당시 요동지역과 청천강 이북지역에 진출한 중국 세력과 유이민들이 남긴 고고학문화는 이른바 세죽리細竹里-연화보蓮花堡유형문화라고 부른다. 대개 요동-서북한 청천강 유역의 대표 유적인 무순撫順 연화보 유적과 영변寧邊 세죽리 유적을 근거로 세죽리-연화보유형문화라고 부르고 있는데, 그동안 많은 연구자들은 요동-서북한지역의 초기철기문화를 별다른 논의 없이 고조선의 문화로 해석해왔다. 그러나 요동-서북한지역에서 중국으로부터 영향을 받아 발달하기 시작한 초기철기문화는 청천강 이남 한반도 서북지방의 문화와 기본적으로 차이가 난다.

요동-청천강 유역 초기철기문화는 유이민에 의한 전국계戰國系 철기문화가 그 중심을 이루고 있어 기본적으로 유이민과 토착민의 문화가 융합하여 성립한 것이라 할 수 있다. 한편 청천강 이남지역에서 발달한 세죽리-연화보유형문화는 철제 무기와 농공구 등이 청천강 이북지역과 특징에서 차이를 보인다. 따라서 요동-청천강 유역의 세죽리-연화보유형문화를 종전의 견해대로 고조선의 문화로 해석하는 것은 신중할 필요가 있다. 대개 이는 예맥 계통 토착민 거주 지역에 연의 유이민이 이동하여 이루어진 연 계통의 문화로 보는 것이 합리적이라 생각한다. 한편 청천강 이남지역에서는 세형동검을 위주로 한 세형동검문화, 즉 초기철기문화가 발전하였는데, 그것은 고조선의 문화라고 할 수 있다.

고조선은 기원전 3∼2세기 이래 중국 전국시대 연으로부터 들어온 철기문화의 영향을 받아 성장하였고, 한대에 이르러 한으로부터 새로이 철기 등 병위재물兵威財物을 얻어 이를 바탕으로 고대 국가를 이루는 단계까지 나아갔다. 이처럼 고조선이 국가를 형성하는 데는 중국 전국계 철기문화의 영향이 컸던 사실을 유념할 필요가 있다.

『위략』 기록을 보면 당시 요동지역에서 성장한 세력에 대해 '조선후국朝鮮侯國'이라 표현하고 있다. 그리고 이들이 성장하여 '왕王'을 칭하는 등 교활해졌다고 기록하고 있다. 이러한 기록은 요동지역의 청동기문화를 바탕으로 고조선이 주변 지역을 아우를 수 있는 상당히 강한 지배 권력을 수립했음을 표현한 것이라 볼 수 있다.

당시 후기 단계 고조선 사람들이 남긴 문화로는 청동기시대의 고인돌 및 청동기 등과 달리 움무덤과 세형동검(한국식 동검) 및 각종 철제 무기들이 있다. 초기 철기시대 고조선의 중심 지역이었던 한반도 서북지방에서는 기원전 4∼3세기경부터 평안남도 운성리雲城里나 성현리成峴里처럼 거대한 읍락邑落을 이루고 토성土城까지 축조하는 독자적 지역 집단이 성장하고 있었다. 이것은 황해도 고산리孤山里, 반천리反川里, 석산리石山里 등 움무덤에 세형동검과 청동과青銅戈 및 철제 도끼 등이 부장되고, 그것이 일정 지역을 중심으로 집중되어 있다는 점에서 방증된다. 그리고 이러한 지배층 무덤의 집중 현상은 기원전 2세기를 지나면서는 평안남도와 황해도 지역을 중심으로 나무곽 무덤이 조영되면서 더욱 강화된다. 이는 이 지역에서 어느 정도 권력을 가진 지배자 공동체의 등장을 암시한다.

한반도 서북지방에서 움무덤을 사용하게 된 분명한 계기는 비파형동검문화 후기 단계에 움무덤을 묘제로 하던 요동 일대 주민들이 연燕 세력에 밀려 서북한지역으로 남하하면서부터라고 할 수 있다. 남하한 이들은 비파형동검의 전통을 계승하면서 세형동검을 제작하였고, 이전 토착 집단의 고인돌·돌널무덤과 함께 움무덤을 사용하였던 것으로 생각한다.

청동기문화의 발전 과정에서 나타나는 고인돌·돌널무덤에서 움무덤으로의 묘제 변화는 세형동검문화의 시작 및 철기의 시원적 보급과 더불어 지역 단위 정치체의 성장과 지배자 지위의 진전을 보여주는 것이라고 할 수 있다. 이러한 지역 단위 정치체의 통제는 결국 '고조선'이라는 중앙집권적인 국가 권력의 출현으로 이어졌다.

6. 통치 권력의 집중과 고조선의 국가 형성

세형동검을 주요 부장품으로 집어넣던 움무덤은 시간이 지나면서 일정 지역을 중심으로 집중 분포하게 된다. 현재 움무덤이 집중 분포되어 있는 곳은 남포시 강서구역 태성리, 황해북도 황주군 부근, 함경남도 함흥시 일대를 들 수 있다. 이 가운데 태성리는 고조선 멸망 전후 시기의 무덤이 12기나 발굴될 정도로 고조선 말기의 움무덤들이 집중되어 있다. 이처럼 대동강 유역에서는 주조철부鑄造鐵斧와 세형동검을 지닌 지배자가 집중하였던 것으로 보인다. 특히 움무덤 유적은 충적지를 바라보는 낮은 구릉지대에 주로 분포하며, 맨땅에 깊이 판 무덤구덩이 안에 아무런 시설 없이 주검을 넣은 관을 묻고 관 안팎에 이전 단계와 달리 동검, 동과, 철부 등을 묻었다.

이처럼 기원전 3~2세기에 요동에서 청천강에 이르는 지역에서는 세죽리-연화보유형문화가 발전하고, 서북한지역에서는 세형동검문화가 발전하였다. 이 두 문화는 모두 초기철기문화로서 이전의 청동단검문화를 계승하여 상호 유사한 성격을 갖고 있다. 다만 이전 청동기문화와 마찬가지로 지역적으로 조건에 따라 독특한 특색을 보이는데, 문헌 기록을 살펴보면 요동-청천강 유역은 이미 유이민 세력이 중심이 되어 거주하고 있었다. 그리고 청천강 유역 일대 이남지역에서 고조선이 성장하였던 것으로 보인다.

위만조선의 지배층에는 이주해온 중국인이 많았다. 따라서 그들은 중국계통의 문화를 유지하면서 발전시켰으리라 생각한다. 그러나 서북한지역은 중국 본토에서 멀리 떨어져 있고, 게다가 전국시대 문화 혹은 진·한 초의 문화는 중국 본국 문화에서 벗어나 자립적인 발전을 시작하여 후에 서북한지역에서 독자적인 지역문화를 형성하게 되었다.

이제 토착민들도 선진 문명사회와 접촉함으로써 새로운 문화를 누리게 되었고, 계급사회가 성립하였다. 이러한 변화 발전은 남만주에서 서북한지역에 걸쳐 새로운 단계의 무덤으로 움무덤이 집중 발견되는 것에서도 알 수 있다. 이들 움무덤은 분명 토착민 유력자들이나 그 가족의 무덤일 것이라 생각한다.

『사기』 조선열전의 기록에 따르면 위만은 주변 만이족蠻夷族이 중국 변경을 침입하는 것을 방어하는 책임을 맡았고, 만이蠻夷 군장君長이 '입견천자入見天子'하는 것을 차단하지 않는다는 조건하에 한漢의 '외신外臣'으로 봉해지고 한으로부터 철제 무기를 공급받았다. 그리고 이를 바탕으로 진번眞番, 임둔臨屯 같은 세력을 복속시켰다. 이는 위씨조선의 지배자 집단이 이미 한의 철제 무기를 세력 팽창의 배경으로 삼고 있었다는 것을 뜻한다.

위만조선은 손자 우거右渠 대에 이르면 이미 한과 공식적인 외교관계를 지속하지 않는데, 이는 중간무역의 이익을 독점하고자 하는 실질적인 이해관계에 따른 거부이다. 그리고 이 같은 관계 거부 결정은 위만조선이 이미 철제 무기 제작기술을 습득했으며, 기술 또한 일정 수준에 도달했기에 가능했을 것이다.

7. 맺음말

지금까지 고고 자료를 중심으로 고조선의 성장 과정을 정리해보았다. 그 대체적인 결론을 아래에 제시하는 것으로 맺음말을 대신하고자 한다.

대개 무덤 등 고고 자료의 분포와 변화를 통해 요동–서북한지역 각지에서 일정한 범위를 통할하는 정치권력의 성장을 상정할 수 있다. 고조선 전기 단계에는 고인돌과 팽이형토기문화라는 특징을 보이던 요동반도지방과 한반도 서북지방이 하나의 유사한 종족과 단위 집단으로 상정되고, 혼하–압록강·길림 일대의 돌널무덤과 미송리형토기문화권을 또 하나의 유사한 종족 집단으로 상정할 수 있다. 그리고 고인돌의 군집과 대형화, 그리고 돌널무덤의 조영을 통해 각 지역 단위 정치체 안에서 지배자의 성장 모습을 추론할 수 있다.

이후 후기 단계의 위만조선은 중국으로부터 받은 '병위재물' 등을 바탕으로 많은 철제 농기구와 무기를 만들어 생산력을 제고提高하고 군사력 증강을 통해 주변 소국에 대한 '무력 정복'을 수행해갔다. 위만조선은 수도인 왕검성을 중심으로 한반도 서북지방 일대에 독자적인 문화도 탄생시켰다. 움무덤에 이어 나무곽 무덤을 조영하고, 고조선만의 독특한 세형(한국식)동검문화를 창조한 것이 그것이다.

종래 고조선사와 관련된 연구 동향에서 제기될 수 있는 근본적인 문제점으로는 각 시대마다 역사학에 주어진 시대적 과제와 연구자 개개인의 역사 인식이 연결되면서 실상에 맞는 객관적인 분석보다는 선입관이 먼저 작용하여 연구를 진행한 점이 있을 것이다. 특히 고조선사가 한국 최초의 고대국가라는 점에서 그 국가 형성의 시기와 활동 무대를 언제, 어디로 설정하느냐에 따라 민족사의 기원 문제가 뒤바뀔 수 있다는 것이 전제되다 보니 역사적 실상과는 달리 과장된 결과가 도출되었던 것으로 보인다.

그러나 고조선사를 연구할 때는 먼저 고조선 사회가 그렇게 넓은 지역을 차지하고 이끌어갈 수 있는 사회 발전 단계에 도달하였는지에 대한 실증이 선행되어야 한다. 예를 들어 비파형동검이라는 유물 분포를 바탕으로 설정된 광범위한 문화권이 고조선이라는 하나의 정치세력권으로 상정될 수 있는가 하는 점 등에 대한 논의가 기본적으로 해결되어야 할 것이다.

원시 사회의 해체와 국가 형성은 하나의 연속된 과정이다. 따라서 그 전환 과정에 일정한 획기를 설정하고 그 이전과 이후가 어떻게 연속적으로 변화하는지를 일관된 논리체계로 검토함으로써 국가의 본질적 성격을 더욱 더 분명히 할 수 있다. 고조선 사회에 대한 연구도 요동지방 및 서북한지방에 존재한 여러 소국이 하나의 중심 소국을 중심으로 언제, 어떻게 더욱 더 큰 연합체(연맹체)를 이루고 국가로 발전해갔는지를 살피는 것이 중요하다.

그러나 이 문제를 단편적인 문헌 자료로만 접근하기는 어려운 실정이다. 이를 위해서는 문헌 자료를 바탕으로 하면서, 중국 동북지방 청동기시대의 무덤유적 및 주변의 주거지 등 취락 집단이나 토성, 나아가 유물을 함께 분석해야만 당시 사회관계에 대해 더 명확하고 많은 정보를 얻을 수 있을 것이다.

참고문헌

김정배,『고조선에 대한 새로운 해석』, 고려대학교 민족문화연구원, 2010.
노태돈, 「고조선 중심지의 변천에 대한 연구」, 『단군과 고조선사』, 사계절, 2000.
서영대, 「단군신화의 의미와 기능」, 『단군과 고조선사』, 사계절, 2000.
서영수, 「고조선의 발전 과정과 강역의 변동」, 『고조선의 역사를 찾아서』, 학연문화사, 2007.

송호정, 『한국 고대사 속의 고조선사』, 푸른역사, 2003.

_____, 「요하유역 고대문명의 변천과 주민집단」, 『중국 동북지역 고고학 연구 현황
과 문제점』, 동북아역사재단, 2008.

_____, 「요서지역 하가점상층문화 묘제의 변천과 주변 문화와의 관계」, 『요하문명
의 확산과 중국 동북지역의 청동기문화』, 동북아역사재단, 2010.

이청규, 「청동기를 통해서 본 고조선과 주변 사회」, 『고조선의 역사를 찾아서』, 학연
문화사, 2007.

_____, 「중국 동북지역과 한반도 청동기문화 연구의 성과」, 『중국 동북지역 고고학
연구 현황과 문제점』, 동북아역사재단, 2008.

_____, 「신석기-청동기시대의 요서지역 무덤의 부장유물과 그 변천」, 『요하문명의
확산과 중국 동북지역의 청동기문화』, 동북아역사재단, 2010.

조진선, 「요서지역 청동기문화의 발전과정과 성격」, 『요하문명의 확산과 중국 동북
지역의 청동기문화』, 동북아역사재단, 2010.

천선행, 「비파형동검 성립 전후 요서지역 토기문화의 전개」, 『요하문명의 확산과 중
국 동북지역의 청동기문화』, 동북아역사재단, 2010.

중국사학계에서 본 고조선

이성규

1. 무관심과 부정에서 열띤 긍정으로

한국사 연구에서 고조선은 가장 열띤 논쟁 대상의 하나이며, 해마다 '논저'들이 쌓여가고 있다. '고조선'이 한민족의 초기 문명단계의 최초 국가였다면, 이러한 관심은 지극히 당연한 일이다. 그러나 관련 논저들을 일별해보면 그 학문적 수준을 의심하지 않을 수 없는 것들도 적지 않으며, 때로는 너무나 분명한 사실을 놓고도 소모적이고 비학문적인 공방이 끝없이 계속되고

李成珪 대한민국학술원 회원.
  저서로는 『중국 고대제국 성립사 연구』(일조각, 1984), 『항일 노농운동의 선구자 서정희―근현대사의 현장에서 만난 외할아버지』 상·하(지식산업사, 2005), 편역서로는 『사마천 사기―중국 고대사회의 형성』(서울대학교출판부, 1987), 역서로는 『공자―인간과 신화』(지식산업사, 1983), 『중국의 유토피아사상』(지식산업사, 1991) 등이 있다. 논문으로는 「前漢의 大土地 經營과 奴婢 勞動―香港中文大學文物館所藏 簡牘「奴婢廩食粟出入簿」의 分析을 중심으로」(『중국고중세사연구』 20, 2008), 「'帳簿上의 帝國'과 '帝國의 現實'―前漢 前期 南郡의 編戶齊民 支配와 그 限界」(『중국고중세사연구』 22, 2009), 「計數化된 人間―고대중국의 세역의 기초와 기준」(『중국고중세사연구』 24, 2010) 등이 있다.

있다는 인상을 지우기 어렵다. 이것은 극히 영성한 자료를 특정 의식에 매몰되어 너무나 안이하게 또는 '기발하게' 해석한 때문일 것이다. 그러나 이에 못지않게 중요한 원인은 '국가 고조선'과 예맥을 근간으로 형성되어가는 '초기 민족사'가 혼동되고 민족주의적 '희망'과 학문적인 '연구'가 엄분되지 못한 때문이기도 한 것 같다. 본지의 편집진이 필자에게 '중국사학계에서 본 고조선'이란 소고를 의뢰한 것은 고조선사와 연계될 수밖에 없는 중국 고대사, 특히 그 '동북사東北史' 연구 성과를 참고함으로써 무언가 돌파구를 여는 단서를 찾을 수 있기를 기대한 때문이리라.

중국사학계에서 '동북사', 특히 그 고대사는 본래 특별한 관심의 대상이 되기 어려운 분야이다. 그들의 '동북사'는 중국사의 본류에서 보면 지엽적인 작은 지방사에 불과하고, 한대 이전까지의 관련 문헌자료는 사실상 연구가 불가능할 정도로 극히 영성하고, 더욱이 전근대 역사상 이 지역은 대부분(시간상, 공간상 공히) '이적夷狄의 세계'로서 그 역사는 대부분 중국사가 아닌 외국 또는 인국隣國의 역사에 속하였기 때문이다. 그러므로 무언가 학문외적인 특별한 이유가 없다면 중국학자들이 '동북사'에 특별한 관심을 가지기가 어려운데, 실제 1930년대에 항일운동의 일환으로 '동북사' 관련 논저들이 갑자기 쏟아져 나온 것은 잘 알려진 사실이다. 즉 당시 중국학자들은 '동삼성東三省', 즉 만주는 본래 중국 영토가 아니라는 일본 제국주의의 침략 명분을 분쇄하기 위하여 만주가 유사 이래 중국 영토의 일부라는 주장을 학문적으로 뒷받침하기 위하여 대거 '동북사' 연구에 투신하였던 것이다.[1]

1949년 이후 이러한 관심이 현저히 감퇴한 이유는 더 이상 적극적인 '항일'이 필요하지 않았기 때문일 것이다. 중국의 중고교 교과서에서 이웃나라

---

1 李德山,「東北邊疆和朝鮮半島古代國族研究」,『中國邊疆史地研究』, 2001-4, 11~12쪽 ; 朱慈恩,「金毓黻與『東北通史』」,『蘭州學刊』, 2008-11.

한국과 일본에 관한 기술을 1980년까지는 수·당 이후에 비로소 배정하였고, 1990년도 이후에는 한대 이후부터 관계 기사가 등장하고 있는 것은[2] 한국과 일본의 고대(7세기 이전) 역사에 대한 중국사의 무관심을 잘 반영하는 것이다. 이러한 경향은 현대 중국에서 최고학자의 한 사람으로 알려진(특히 고대사에서 일인자) 궈모뤄郭沫若 주편 『중국사고中國史稿』(인민출판사, 1979)와 그 참고용으로 편찬된 궈모뤄 주편 『중국사고지도집中國史稿地圖集』(지도출판사, 1979)에서도 확인할 수 있다. 즉 『중국사고』는 주周나라 연국燕國의 동쪽에 상商과 동성으로 주나라에 투항한 고죽국孤竹國과 연나라 동북방에서 호시楛矢와 석노石砮를 조공하였다는 '원방속국遠方屬國' 숙신족肅愼族을 언급하면서 내몽고와 길림 토성자土城子, 소달구騷達溝 지역의 고고 발굴 결과 상문화의 현저한 영향이 확인되었다는 것을 간략히 언급하였을 뿐이며(권1, 226~227쪽) 이른바 '기자 분봉分封'과 그 이전의 조선은 일절 언급하지 않았다. 심지어 『중국사고지도집』은 춘추시대 지도에까지 발해만과 요동반도 이북은 포함시키지 않아 동북에 대해 철저히 무관심했음을 드러낸다. 『중국사고』가 다시 동북을 언급한 것은 기원전 1천 년 전 이래 동북과 조선반도 사이에 경제와 문화의 교류가 있었다는 것, 전국시대 이래 유민의 유입, 전한 초 조선왕 기준箕準에 의탁한 '연지인燕地人' 위만의 자립, 한 무제武帝의 4군 설치 등을 1쪽 정도로 간략히 기술한 것이 전부이다(권2, 388쪽).[3]

이 점은 가장 대표적인 역사지도집으로 평가되는 탄치샹譚其驤 주편 『중국역사지도집』(지도출판사, 1982)도 별로 다를 바 없다. 이 지도집의 상대 이후 춘추시대까지의 지도들은 각각 만주 서남부에서 연해주에 걸친 지역에는 숙

---

2 中村哲 編著, 『東アジアの歴史教科書はどう書かれているか』, 日本評論社, 2004, 50쪽.
3 『中國史稿地圖集』이 '전국시기 형세도'에 비로소 한반도 북부에 '조선'을 표기하고, 『중국사고』가 위만 자립 이전의 조선왕을 '기준箕準'으로 표기한 것은 적어도 전국시대의 '기씨조선'을 인정한 것이다.

신만 표기하였으며, 전국시대 연나라의 지도에 비로소 요동 이동에(연나라 장성 이동) 고이高夷, 예濊, 그 남쪽에 발발發(현 혼강시渾江市와 길림시吉林市 사이 휘발하輝發河 남쪽), 그 동북에 숙신을 표기하였으나, 조선은 전혀 보이지 않는다.[4] 이 지도집과 비슷한 시기에 전 12권 42책의 방대한 규모로 기획되어 1986년부터 순차 출간된 바이서우이白壽彛 총주편『중국통사』의 제3권『상고시대』상책(상해인민출판사, 1994) 역시 서주 초기에 동북경 내의 소수민족으로 숙신족을 언급하고(341~342쪽), 전국시대 변강邊疆 소수민족 항목에서 동호東胡 이동의 예맥과 숙신을 언급한 후, 요령·내몽고·하북 일대의 청동기와 철기들이 동호 또는 예맥인이 남긴 유물이 틀림없다는 것을 명기하였으나 역시 조선은 일절 언급하지 않았다. 특히 이 책이 연나라 소왕昭王 시기 장군 진개秦開가 격파한 대상을『위략』에 명시된 '조선' 대신『사기』흉노전의 기사만을 인용하여 '동호'로 명기한 것은(530~531쪽) 전국시대 연나라와 각축한 '조선'을 의도적으로 부인하려는 것 같다. 이와 같은 무관심에는 고조선, 특히 '기자조선' 전승에 대한 불신도 크게 작용하였지만, 한편 고조선의 건국을 간략하나마 세계사 개설서에서 언급한 예들을[5] 보면 역시 고조선에 대한 무관심은 외국사로 분류된 때문이기도 한 것 같다.

그러나 '동북사'에 대한 관심은 1980년 이후 '폭발적'으로 다시 표출되었다. 권희영權熙英·왕우랑王禹浪·유병호劉秉虎 편,『동북아고대사연구목록—중국동북부분』(한국학중앙연구원, 2005)에 수록된 1980년 이후 논저 9,000여

---

4 조선이 이 지도집에 처음 표기된 것은 진대秦代인데, 요동 압록강 이북에 위치한 고구려의 아래쪽 압록강 이남 한반도 북부이다. 고구려의 북쪽에는 부여가 표기되었고, 내몽고와 그 북방의 광대한 지역에는 동호東胡가 배정되었다.

5 黃歷鴻·吳晉生,「"箕子朝鮮"鉤沈」,『北方文物』, 2001-1, 52쪽은 北京大學歷史系 編寫,『簡明世界史』(1978), 中山大學歷史系 編,『世界簡史』, 齊思和 主編,『世界通史』(1962)에서 고조선의 건국을 간략히 언급한 것을 소개하였다.

건은 이 분야의 연구가 얼마나 활발하게 재개되었는지를 잘 말해주는데, 2001년의 조략한 통계에 따르면 1980년 이후 각종 학술잡지에 발표된 동북사 관련 논문은 매해 평균 300편에 이르렀다고 한다.[6] 특히 2002년 이후 '동북공정'이 본격 추진되면서 '동북사' 연구는 더욱 활성화되었다.[7] 동북공정이 강한 중화주의의 이념을 바탕으로 현재 중화인민공화국 내 소수민족의 역사는 물론 현 영토 안에서 활동하였던 역사상 모든 민족과 국가의 역사를 중국사에 포함시키려는 목적의식이 강하다는 것은 이미 잘 알려진 사실이지만,[8] '동북사' 연구의 대표적인 학자들이 고조선과 고구려가 중국사의 일부 또는 중국사와 한국사에 모두 귀속될 수 있다는 논문과 논설을 연이어 발표한 것도[9] 결코 우연이 아니다.

이와 같은 '동북사'에 대한 열띤 관심 속에서 '조선반도 고대국족연구'가 가장 중요한 초점이 되고, 그 일환으로 고조선 및 그것과 긴밀한 관계에서 진

6　李治亭,「東北地方史硏究回顧與展望」,『中國邊疆史地硏究』, 2001-4, 2쪽.

7　黎小龍,「'東北工程與中國東北史的硏究」,『中國邊疆史地硏究』, 2004-4 ; 이희옥,「중국의 '동북공정' 추진현황과 참여기관」,『중국의 동북공정과 중화주의』, 고구려연구재단, 2005 참조.

8　이개석,「현대중국 역사학 연구의 추이와 동북공정의 역사학」, 위의 책.

9　張博泉,「中華一統論」,『史學集刊』, 1990-2 ;「"中華一體" 觀念論」,『社會科學戰線』, 1991-4 ;「一體與邊疆史地硏究」,『中國邊疆史地硏究』, 1991-1 ; 張碧波,「關于東北史硏究中的方法論問題—兼平東北史學硏究的幾種傾向」,『哈爾濱學院學報』23-3, 2002 ;「中國歷史疆域的界定與文獻學考古學的根據—以東北民族與疆域爲例」,『學習與探索』, 2003-1 ; 李德山,「關于古朝鮮幾個問題的硏究」,『中國邊疆史地硏究』12-2, 2002 ; 焦潤明,「關于歷史疆域歸屬若干理論問題的硏究」,『中國邊疆史地硏究』13-2, 2003. 한편 孫進己는 현재의 강역을 기준으로 역사의 귀속을 결정하는 것에 반대하고 역사상 안정적으로 확립된 전통 강계를 중심으로 그 귀속을 결정해야 한다고 주장하는 한편, 어떤 국가와 민족이 역사상 어느 국가에 귀속되느냐는 문제와 그것이 어떤 나라 역사의 연구 범위에 속하는지를 구분해야 한다고 주장하여 고구려사의 경우 중국과 조선 양국에 속한다는 입장을 견지한다. 이것을 '일사양용—史兩用' 원칙이라고 하는데, 고조선에 관한 많은 논문을 발표한 劉子敏도 이 원칙을 지지한다. 孫進己,「當前硏究高句麗歸屬的幾個問題」,『東疆學刊』18-3, 2001 ;「我國歷史上疆域形成, 變遷的理論硏究」,『中南民族大學學報』(人文社會科學版) 23-2, 2003 참조.

국辰國(삼한) 연구가 크게 각광을 받은 것은[10] 당연한 일이었다. 일반적으로 고조선은 단군조선, 기자조선, 위만조선을 모두 포함하는 개념이다. 그러나 한국학자들 중에는 단군조선만 고조선으로 간주하는 사람도 있는데, 중국학자들은 대부분 민족기원 신화로서의 단군신화의 의미는 인정해도 단군조선의 역사적 실재를 인정하는 학자는 거의 전무하다고 해도 과언이 아니다.[11] 그러므로 중국의 역사 논저에서 기자조선의 전 단계로 단군조선이 언급되는 예는 거의 찾아볼 수 없는 것이 당연할 뿐 아니라, 북한이 1993년 '단군릉'을 발굴했다고 주장하고 『단군과 고조선 연구논문집』(1994)을 발간하자 중국학계는 즉각 불신과 반박을 제기하기도 하였다.[12] 또 북한이 '단군릉' 발굴을 계기로 평양 중심의 청동기문화 고조선 역사를 5,000년 전의 단군조선으로

---

10 李德山,「東北邊疆歷史硏究的回顧與展望」, 16~17쪽.

11 陳蒲淸,「古朝鮮族源神話與古代中朝文化關係」,『求索』1996-2 ; 孫衛國,「傳說, 歷史與認同―檀君朝鮮與箕子朝鮮歷史之塑造與演變」,『復旦學報』(社會科學版), 2008-5 ; 苗威,「檀君神話的文化解釋」,『東疆學刊』23-3, 2006 ; 吳文善,「檀君神話新解」,『內蒙古民族大學學報』(社會科學版) 34-2, 2008. 다만 宇汝松,「試論檀君神話與道敎的基本文化精神」(『中國道敎』2004-2)는 김정배,『韓國民族文化的起源』(中譯版, 上海古籍出版社, 1995)을 참고하여 "대략 기원전 20세기 한국민족은 자기국가-단군조선을 건립하였다" 는 것을 기술한 것이 무비판적으로 단군조선을 인정한 유일한 예인 것 같다. 그러나 이 글은 아울러 "한국 도교연구로 이름이 알려진 都光淳 선생이 단군신화를 늦어도 기원전 1,000여 년 전 한민족의 사상 상황을 반영한 것" 으로 인정하였다는 것 역시 그대로 소개하였다.

12 「檀君陵發掘質疑」,『東北歷史與考古信息』1994-2 ; 張碧波,「對古朝鮮文化的幾點思考」,『北方論叢』1998-1은 단군조선 기사의 신화성을 강조하면서 북한학자들이 주장하는 '단군릉' 의 연대와 인골 감정, 능에서 출토되었다는 금도금 상감 금동관 장식편(중국에서도 기원전 8~기원전 7세기에 비로소 가능한 기술), 고구려시대에 개수되었다는 주장 등에 대한 의문과 함께 『삼국사기』가 단군조선 기사를 인용하였다는 『위서魏書』의 정체에 대한 의문과 강한 불신을 제기하였다. 연변대학 한국 유학생 崔恩亨의 「東北亞早期國家―古朝鮮起源問題」(『黑龍江史志』2009-14)의 '단군릉' 비판은 중국학계의 의견을 다시 대변한 인상이다. 이에 비해 한국학계가 '단군릉' 을 정식 비판한 것은 이선복,「최근의 '단군릉' 문제」(『한국사 시민강좌』21, 1997)가 처음인 것 같은데,『한국사 시민강좌』27집(2000) 특집 '단군, 그는 누구인가' 에 수록된 노태돈, 이기동의 논문도 대체로 이선복의 관점을 지지, 소개하였다. 그러나 『한국사 시민강좌』2집(1988) 특집 '고조선의 제문제' 에 수록된 논문들이 '단군릉' 문제를 전혀 언급하지 않았다는 것은 이 문제에 대한 한국학계의 소극성을 시사한다.

재편성한 『고조선력사개관』(1999)을 출판하자 장비보張碧波는 이를 '공상 위에 건립한 역사관'으로 맹공하는 장문의 논평문을 발표하였다.[13] 또 한국 교육인적자원부(현 교육과학기술부)가 2007년 신학기 초중고 교과서부터 "한 반도가 기원전 20세기에서 기원전 15세기 사이 정식 청동기시대로 진입하였 으며, 단군왕검이 고조선을 건국하였다"라는 내용을 채택하였다는 소식을 접한 후 즉각 "신화를 사실로 만들었다"는 비난도 제기하였다.[14] 이 역시 그 들의 일관된 단군조선 부정관을 잘 말해주는 예들이다. 그들에게 남북한은 모두 신화의 '단군조선'을 사실로 만드는 비과학적 아집에 사로잡힌 '단일 민족'으로 보였을지도 모른다.

이에 비해 위만조선은 『사기』 「조선열전」에 확실한 기록이 남아 있기 때 문에 그 실재성을 부인할 수 없다. 그러나 그 이상의 자료가 없기 때문에 심 도 있는 연구가 진척되기 어려운 것도 사실이다. 그 때문인지 위만조선을 전 론專論한 중국 측의 연구는 거의 눈에 띄지 않는데,[15] 한국학자들이 위만이 조 선으로 올 때 "상투를 틀고 만이의 옷을 입었다〔魋結蠻夷服〕"는 구절을 근거 로 위만이 조선계 연인燕人일 가능성을 강조하는 것과는 달리 중국학자들은 '중국인 위만'을 강조한다.[16] 이 역시 민족적 선입견이 충돌하는 장면 중 하 나이다.

한편 한국학자들이 대부분 부정하는 기자조선의 역사적 실재를 많은 중국

---

13 張碧波, 「建立在空想上的歷史觀—評『古朝鮮歷史槪觀』」, 『北方民族』 2001-1(張碧波, 『東北 民族與疆域論考』(上), 黑龍江敎育出版社, 2002에 재수록)

14 鄭成宏, 「檀君神話成事實—韓國改修歷史敎科書」, 『世界知識』 2007-11.

15 권희영·왕우랑·유병호 편, 『동북아고대사연구논문목록—중국동북부분』(한국학중앙연구 원, 2005)에도 관련 논거가 확인되지 않지만, 필자가 입수한 것도 張碧波, 「衛氏朝鮮文化論 考」(『社會科學前線』 2002-4)뿐이다.

16 궈모뤄가 『중국사고』에서 위만을 '燕地人'으로 표현한 것이(전술 참조) 혹 '燕人'과 다른 의 미가 있다면, 궈모뤄는 위만이 연에 살던 조선계일 가능성을 열어놓은 것인지도 모른다.

학자들은 긍정하였으며, 특히 1980년대 이후에는 점점 긍정론이 우세를 점하는 추세이다. 여기에는 특히 1973~1974년 북경 부근과 요령성 객좌현喀左縣에서 발굴된 '기후箕侯' 명문의 청동기들과[17] 1976년 이후 발굴 조사된 주원周原 유지遺地에서 출토된 주나라 초기 갑골문 "唯衣(殷)鷄(箕)子來降(은의 기자가 와서 항복하였다)" 이[18] 결정적인 계기가 된 것 같다. 즉 많은 학자들이 후자는 주왕周王과 기자의 관계를, 전자는 기자가 조선으로 이동하는 과정을 직접 입증한다고 생각한 것이다. 그래서 혹자는 고조선이 곧 '기자조선'이라고도 주장하지만,[19] 1980년대 이후 고조선에 대한 열띤 관심은 사실상 '기자조선'의 역사적 실재를 입증하려는 노력에 집중되었다고 해도 과언이 아니다. 그래서 필자는 장을 바꾸어 그들이 '기자조선'의 실재를 어떻게 논증했는지를 소개하고자 한다. 그러나 이에 앞서 먼저 '기자조선' 부정론을 먼저 검토해보자. '결정적'인 자료가 출현했음에도 '기자조선'을 부정하는 학자들도 있고, 특히 일부 '기자조선' 긍정론자들도 '기후' 청동기를 '기자조선'과는 무관한 자료로 판단하고 있기 때문이다.

2. '기자조선' 부정론

중국 교과서에서 '기자조선'을 언급한 것은 2001년 제2차 수정본 『중국고대사』가 처음이었다. 이것은 앞에서 지적한 바와 같이 무관심의 소산이기도 하지만, 1930년대 구제강顧頡剛과 스녠하이史念海가 채택한 역사 교과서의 집필 방침, 즉 논문이나 논설에서는 '기자조선'을 언급하지만 대중적인

---

17 喀左縣文化館 朝陽地區博物館 遼寧省博物館 北洞文物發掘小組, 「遼寧喀左縣北洞村出土的殷周青銅器」, 『考古』, 1974-6 ; 晏琬, 「北京, 遼寧出土銅器與周初的燕」, 『考古』, 1975-5.
18 陳全方, 『周原與周文化』, 상해인민출판사, 1988, 124쪽.
19 王成國, 「關于古朝鮮研究的幾個問題」, 『社會科學集刊』, 2004-3.

통사나 개설서류에서는 언급하지 않는다는 원칙을 계승한 것으로도 이해할 수 있다. 그들에 따르면 '기자조선'은 역사적 사실이 아니라 전설에 의거한 부회附會에 불과하다는 것이다.[20] 한국학자들의 '기자조선' 부정론에는 민족감정이 크게 작용하였지만, 1920년대 이후 많은 중국학자들은 엄격한 사료비판과 고증을 통하여 '기자조선'을 회의 또는 부정하였는데, 북경대학의 판원란范文爛, 저우이량周一良, 양퉁팡楊通方 교수들이 그 대표적인 학자들이었다.[21] 1980년대 이후 긍정론이 대세를 점하는 상황에서도 조선족 연변대학의 박진석朴眞奭과 박문일朴文一 등은 '기자조선'을 부정하였다. 실제 인물이 아닌 단군을 종래 고조선의 초대 국왕으로 인정하고 심지어 단군기원을 사용하는 것은 지극히 황당한 오류이며 유심주의唯心主義 역사관을 폭로하는 작태라고 맹공한 그들은 기자에 의한 조선의 건국도 강하게 부정하였다. 그 이유로 첫째, 기자전설도 서술상 앞뒤가 맞지 않고 과학적 근거가 결핍되어 쉽게 믿을 수 없으며, 둘째, 특히 조선의 최초 국가는 조선의 내부 발전과 모순에 의해서 출현하는 것이지 결코 외부의 힘이 강제로 조선 사회에 국가를 성립시킬 수 없기 때문이라는 것이다. 그 대신 그들은 고고 자료와 문헌상의 기록들을 (특히 기원전 4세기 연나라와 대치한 조선) 종합하여 기원전 5세기경 단군과 기자와 무관한 고조선의 건국을 추정하였다.[22]

---

20 오강원, 「중국중고교 역사교과서의 고조선 서술 분석과 비판」, 동북아역사재단 편, 『중국역사교과서의 한국고대사』, 2006, 32쪽. 그러나 2003년 교과서에서는 다시 기자조선이 삭제되었다고 한다.

21 楊昭全, 「中國朝鮮古代史硏究綜述」, 『韓國硏究論叢』 4, 1998, 378~379쪽. 그러나 楊昭全은 고고학 성과를 근거로 기원전 10세기 고조선이 청동기시대로 진입하였고, 상이 멸망한 후 기자가 동이인東夷人이 되어 동이지구東夷地區인 조선으로 달아났을 가능성을 배제하지는 않았다.

22 朴眞奭, 「關于古朝鮮的幾個問題」, 『朝鮮史硏究通訊』, 1981-2; 박진석·박문일 외 2인 공저, 『朝鮮簡史』, 연변교육출판사, 1986. 이 자료들은 직접 구독하지 못하였고, 楊昭全, 위의 글, 374~376쪽; 張增香, 「有關箕子朝鮮的幾個問題新探」, 『東北史地』 2004-8에서 참고하였

박진석 등이 제기한 문헌상의 불합리와 모순은 이미 일찍부터 지적된 것이지만, 이 문제를 더 분명히 정리하기 위하여 구제강의 '기자조선' 부정론을 소개해보자. 그의 주장은 주나라 초에 은 유민의 저항과 향방을 둘러싼 정치적 형세를 전면적으로 고찰한 유저의 일부[23]에 개진되어 '기자조선' 논의에서 별로 주목받지 못하였던 것 같은데,[24] 본격적인 '기자조선' 부정론으로서는 늦게 발표하였고, 가장 견실한 논문으로 평가되었기 때문이다. 구제강은 1920년 이후 삼황오제를 비롯한 고 성왕 시대의 전승을 전면적으로 불신하는 '고사변古史辨 운동'을 주도한 최고의 실증사학자였다. 이하 그 주장의 요점을 정리해보자.

① 은을 멸망시킨 직후 주는 은의 왕자 녹보祿父, 즉 무경武庚을 북배北에 봉건하였으나 녹보는 주공의 형제들인 삼감三監과 함께 반란을 일으켰다가 실패한 후 북변으로 도망하였다. 북배北은 연燕 또는 그 부근이다.[25]

② 요서에는 은 말 은의 동성 제후인 고죽孤竹이 이미 분봉되어 있었고, 이 세력이 녹보의 북분北奔을 선도하였을 것이다. 요서는 연·제 지역에서 해로로 쉽게 교

다. 張增香 논문은 朴眞奭의 주장을 조목조목 반박하기 위하여 집필한 것이다. 참고 삼아 朴眞奭이 기자전설을 불신하는 이유를(내재 발전론 이외) 소개해보자. ① 무왕이 기자를 석방한 것은 기자를 이용하여 상 유민을 통치하기 위한 것인데, 기자가 멋대로 조선으로 도망가게 방치한 후, 조선후朝鮮侯로 책봉하였다는 것은 당시 역사적 상황에 부합하지 않는다. ②『상서대전尙書大傳』과『사기史記』는 기자가 석방된 후 조선으로 도망간 후 책봉을 받고 다시 호경鎬京으로 입조한 일련의 복잡한 사정을 모두 2년 내의 사건으로 전하였지만, 당시 교통 사정으로는 불가능한 일이다. ③ 기자는 대략 기원전 12세기 말에서 기원전 11세기 전반의 인물이므로 기자조선의 전설이 기원전 3~기원전 2세기에 비로소 출현한 것은 모순이다.

23 顧頡剛 遺著,「三監的結局―周公東征史考證四之三」,『文史』 30, 1988.

24 전게한 양소전楊紹全의 논문(각주 21)은 이 글이 공간되고 10년 후에 발표된 것이었지만, '기자조선' 부정론을 소개하면서 그 저명한 顧頡剛의 주장은 전혀 언급하지 않았다.

25 『상서대전尙書大傳』에는 반란의 실패 후 "주공이 성왕의 명으로 녹보祿父를 죽였다"고 전하지만, 顧頡剛은 연대가 더 올라가는『일주서逸周書』「작락편作雒篇」의 "王子祿父北奔"〔왕자 녹부가 북으로 달아났다〕는 설을 취하였다.『상서대전』의 기록은 후한 이후인의 윤색이 가해진 것으로 판단하였기 때문이다.

통할 수 있어 일찍부터 은과 긴밀한 정치적 관계를 맺고 있었는데, 이곳이 『시경』 「상송商頌」에서 전하는 은의 원조元祖 상토相土(은 시조 탕湯의 11대 조)가 개척한 '해외'일 것이다.[26] 즉 녹보는 원조가 개척한 '해외'로 달아났다는 것이다.

③ 귀방鬼方이 "상과 연대하여 주에 반反하였다"라는 강왕康王 시기의 청동기 소우정小盂鼎의 명문을 보면 녹보는 섬서·감숙 일대의 귀방과 연대하여 반주 활동을 전개하였을 가능성이 크며, 이 명문은 그 반란을 진압한 사실을 전한다.

④ 『좌전』의 "肅愼燕亳 吾北土〔숙신과 연박은 우리의 북토이다〕"(소공 9년 조)의 '연박' 또는 '박'은[27] 녹보가 동북으로 달아나 세운 나라일 가능성이 크며, 상기 소우정의 명문에 보이는 주의 승리로 강왕 시기 이미 주의 '북토'에 편입된 것 같다. 은족은 자신의 중심지를 '박'으로 표현한다. 기원전 714년 진秦 영공寧公이 박왕亳王과 전쟁하여 정벌한 탕사蕩社는 은의 후예들이 세운 나라이다.

⑤ 기원전 315년 제가 연에 대승을 거두면서 전리품으로 획득한 연의 동기 진장호陳璋壺의 명문 중 연을 지칭한 것이 분명한 '연박방燕亳邦'은 그 이전 연이 연국 경내의 '박亳'을(녹보가 세운) 병탄한 사실이 반영된 명칭이다.[28]

⑥ 녹보는 북으로 달아날 때 많은 은족을 대동하였을 것이며, 그들이 은 문화를 인근 부여지방까지 전파하였을 가능성이 크다. 『삼국지』 「부여전」에 전하는 '중국과 방불한 부여의 풍속'은 이들이 전파하였을 가능성이 크다.

⑦ 그러나 주 초 조선으로 도망한 기자를 무왕이 조선후로 봉하면서 신례를 갖추지 않도록 허용하였다는 『상서대전』과 『사기』 「송세가宋世家」의 기사는 전한前漢 시대 돌연히 출현한 전설이며 역사적 상황에 맞지도 않다. 전국시대에도 중국과 조선 간의 국제 왕래는 통상에 국한되었고 정치상의 종주 관계나 예속

---

26 "相土烈烈 海外有截". 구제강은 상송은 제환공의 초楚 정벌에 참여한 송양공이 귀국한 이후 대부들이 그 무공을 찬양하기 위하여 제작한 것으로, 이 '해외'의 '海'는 반드시 해양이 아니며 '荒晦絶遠之地'란 의미로 구체적으로는 산동반도에서 해로로 교통할 수 있는 요서, 요동 지역으로 각각 추정한다.

27 논자에 따라 '肅愼, 燕, 亳' 또는 '肅愼, 燕亳'으로 구독한다.

28 그러나 林沄, 「"燕亳" 和 "燕亳邦" 小議」, 『史學集刊』, 1994-2는 '燕亳' 또는 '燕亳邦'을 다음과 같이 이해한다. 즉 '亳'은 '貊'으로 이 명칭은 전국시대 연이 요서의 貊을 병합한 이후의 명칭이며, 따라서 은과는 무관하다. '燕亳'의 의미는 결국 은 말 주 초 은의 세력이 요서, 요동에 진출하였으냐는 문제, 그리고 은의 요하유역 기원설 또는 북방기원설과 결부되어 의견이 분분하다. 따라서 이 가설의 찬반에 따라 '亳'의 의미도 달리 이해할 수밖에 없지만, '亳'을 貊으로 이해할 경우 '고조선'의 지리적 범위 문제와도 연결될 수 있다.

관계는 없었다.

⑧ 기자 조선 분봉의 전승도 모순투성이다. 봉건을 하면서 불신을 허용한 것도, 불신을 허용하였는데 내조來朝하였다는 것도 앞뒤가 맞지 않는다. 또『상서대전』은 기자가 석방된 이후 스스로 조선에 간 이후 책봉받은 것으로 전하지만, 『사기』는 무왕이 기자로부터 홍범鴻範을 듣고 존경하여 조선에 봉하였다고 전하여 서로 어긋난다. 짧은 기사 속에서 이와 같이 여러 모순점이 있는 것은 사마천 시대에도 그 전설이 완전히 정착되지 않아 사마천이『상서대전』과 다른 일설을 소개하여 그 마각을 폭로한 것으로 추정된다.

⑨ 실제 기자가 분봉된 기국箕國은『좌전』에 여러 번 등장하는데, 그 위치는 산서성 포현 부근으로 추정된다. 주가 기자를 그곳에 봉한 것은 황하와 분수汾水 유역 및 태행산맥太行山脈 일대가 모두 은의 기내畿內에 속하기 때문이다. 주가 기자를 이곳에 봉한 것은 은의 제부諸父인 미자微子를 은의 구도 상구商丘에 봉한 것과 같은 의미이다. 즉 귀부한 은의 제부를 은의 구도舊都 또는 그 부근에 안도시킨 것이다.

⑩ 결국 기자는 조선에 간 적도 없고 조선과는 전혀 무관하지만, '기자조선' 전승은 조선에 유망流亡한 중국인들이 명망가에 부회하여 자신의 위상을 높이려는 심리의 소산으로 이해된다. 이것은 마치 송이 망한 후 남양南陽으로 도망한 송 유민의 후손들이 자바 지방에 최초로 도착한 사람이 정사초鄭思肖였다는 전설을 대대로 전승하고 있는 것과 비슷하다. 정사초는 송이 망한 후 원을 섬기지 않는다는 의지를 표시하기 위하여 이름을 '사초思肖'(조趙씨 송을 그리워한다)[29]로 개명하고 오 지방에 평생 은거하였을 뿐 해외로 나간 일도 없는 사람이었다. 자바의 화교들은 그를 추대하여 나라를 회복한다는 구호로 삼은 것이었을 뿐 사실과는 전혀 무관하였다.

⑪『한서』「지리지」가 낙랑의 모든 문화를 기자의 교화 덕으로 기술한 것은 결국 기자 이전 조선의 문화를 백지상태로 간주한 것인데, 이것은 심각한 대한족주의 大漢族主義의 발로이다. 한 무제가 자위상 정벌한 것은 흉노뿐이며, 무제는 특히 조선 정벌로 한인漢人의 불량한 행위를 조선에 수출한 천고의 죄인이다. 반고가 기자의 교화가 실현된 문명을 강조한 것은 기자를 미화하여 추악한 한인의 통치

---

29 肖는 송 황실의 성 '조趙'를 파석破析한 것이다.

를 분식하기 위한 의도로 해석된다.

⑫ 조선후 준準이 처음으로 왕을 칭하였다는 『후한서』 「동이전」의 기사는 전국시대 연의 칭왕 이후 조선후도 왕을 칭하였다는 『위략』의 기사와도 어긋난다.[30] 특히 조선이 연을 공격하여 주실周室의 존엄을 지키려고 하였다는 구절은 "天無二日 民無二王〔하늘에는 두 개의 해가 없으며 백성에게는 두 왕이 없다〕"이란 봉건사상에서 조작된 것에 불과하다.

⑬ 마지막으로 위만이 조선을 찬탈한 후 조선인의 악감정을 경감할 목적으로 고의로 중국인의 과거 치적을 과장, 선전하기 위하여 기자의 명성을 이용하였을 가능성도 있다. 즉 기자전설은 위만조선에 의해 크게 선전되기 시작하였을지도 모른다.

⑭ 사마천 부자와 『상서』 학자들은 이 전설과 역사를 구분하지 못하고 그대로 사서에 기술하였고, 무제는 옛 조선에 설치한 군현의 안정된 통치를 위하여 다시 고조선의 경제, 문화, 법률 등의 모든 활동을 기자가 주도한 것으로 윤색하였을 것이다.

이상의 논점 중에는 지나친 추론도 적지 않고, 선뜻 동의하기 어려운 부분도 적지 않다. 그러나 장황할 정도로 그의 논점을 상세하게 소개한 것은 그의 논점이 '기자조선' 문제와 관련된 자료와 쟁점을 거의 빠짐없이 나름대로 해석하고 정리하였으며, 특히 '전설'의 형성과 발전 과정에 대한 정치적 배경과 사회 심리학적 해석도 가한 점에서 이후 '기자조선' 긍정론은 적어도 구제강의 부정론을 정면으로 돌파하지 못하면 성립하기 어려울 것으로 판단하였기 때문이다. 물론 구제강은 긍정론자들이 유력한 증거로 제시한 두 가지, 즉 ① 『주역』 명이괘明夷卦 효사爻辭(六五)의 구절 '기자지명이箕子之明夷'와 ② 베이징 부근과 성 대릉하 부근에서 출토된 기후箕侯 관련 청동기들을 전혀 언급하지 않았고, 이것은 그 입론의 치명적인 약점처럼 보일지도 모른다.

---

30 『위략』에는 진시황이 장군 몽염蒙恬을 보내 요동 지방에 축성하자 '조선왕 부否'가 진의 습격이 두려워 복속하였다는 기사도 있다.

만약 이 자료가 논박할 수 없는 '기자조선' 실재의 유력한 증거라면 구제강의 치밀한 부정론도 의미를 상실할 수밖에 없지 않은가? 그렇다면 과연 이 두 자료는 긍정론자들의 주장처럼 논박할 수 없는 유력한 증거인가? 논의 편의상 긍정론을 전면 소개하기에 앞서 먼저 이 두 자료의 '증거 능력'을 검토해 보자. 이 '증거 능력'이 곧 긍정론의 성패와 직결되기 때문이다.

3. '기자조선' 긍정론의 두 기둥

(1) '기자지명이'의 의미

근래 '기자조선'을 긍정하는 상당수의 논문들은 '기자지명이箕子之明夷'의 '지之'를 '왕往'으로, '명이'를 '조선'으로 해석하는 것을 근거로 기자의 조선행을 확실한 사실로 주장하고 있다.[31] 『상서대전』이나 『사기』 이후의 문헌

---

31 黃凡, 『周易─商周之交史事錄』(上冊), 汕頭大學出版社, 1994, 136~152쪽. 黃凡의 논지는 다음과 같다. 즉 '明夷'의 본의는 태양이 뜨는 동방 혹은 동방에 거주하는 부족을 의미한다. '明'은 일월이 뜨는 동방으로 의미가 비교적 명백하지만 '夷'의 의미는 다소 복잡하다. 즉 '夷'는 '弟'를 의미하는 이족異族의 명칭이었지만, 부족 간의 전쟁과 모순이 격화되면서 이족을 비칭하는 '羊'의 의미로 변하였고, 상주 이후 동방을 (비칭하는) 의미가 되었다. '명이'가 다시 '조선'으로 된 것은 다음과 같은 과정을 거친 것이다. 즉 '日胖', 즉 日向과 서로 비슷한데, '明'의 月이 '비'의 좌방이 되었고, 夷와 羊의 관계에서 羊의 고자체古字體가 우변과 (𡗗) 서로 비슷하여 明夷가 '日胖'가 된 것 같다. 명이가 조선으로 대체된 과정은 '비胖'의 고음古音이 서로 비슷하고 '鮮'에 明의 의미가 있었기 때문이다. '朝'는 '向'의 의미가 있었기(혹 기자가 내조한 것과도 관련이 있을지도 모른다) 때문일 것이다. 대단히 복잡한 문자학의 논증이지만, 요컨대 『주역』이 성립되었을 때 '조선'이란 단어가 없었기 때문에 '명이'로 그 지역을 지칭하여 『주역』의 '明夷'는 곧 조선을 의미한다는 것이다. 이에 비해 기자의 '조선행'을 입증하는 '箕子之明夷'를 기자의 조선행을 입증하는 최초最早의 진귀한 사료로 평가하는 張碧波의 「關于箕子東走朝鮮問題的爭論─與閻海先生相榷」(『北方文物』, 2002-4)과 「朝鮮半島古文化淵源的考察」(『東北史地』, 2006-1)은 다음과 같이 주장한다. 즉 明夷 六五 爻辭의 '之'를 '往, 去'로, '明夷'를 국족명國族名으로 해석한 李鏡池의 설이(후술) 타당하며, '明夷'는 '日出之國'이므로 '朝鮮'과 동일한 의미이다. 이에 비해 周向永, 「"朝鮮"稱名含意新解」(『北方文物』, 1994-4)는 다음과 같은 의견을 제시하였다. 즉 『逸周書』의 '良夷'에

에 비해 『역경易經』의 편찬 연대가 서주 만기(기원전 9세기)까지 소급될 수 있다면[32] 이 자료는 기자의 조선행을 더욱 확실하게 입증해주는 가장 연대가 빠른 귀중한 자료로 평가될 수도 있다. 그러나 『역경』 효사爻辭의 내용 중 춘추시대 진국晉國의 고사가 포함되어 그 성립 연대는 춘추 중엽(기원전 7세기~기원전 6세기) 이상 소급하기 어려울 뿐 아니라[33] 역대 주역학자들이 '명이'를 지명이나 국명으로 이해한 예도 없다. 명이 괘는 화火를 상징하는 이離 괘 위에 지地를 상징하는 곤坤 괘가 얹힌 형태로 태양이 지중에 들어간 상태에서 밝음이 상하여 어두운 상태를 표현한 것이라고 하는데, 그 전체 의미를 해설한 괘사卦辭 '명이리난정明夷利難貞'을 당唐나라의 공영달孔穎達은 다음과 같이 해설하였다. 즉,

> 명이는 괘의 이름이며 '이夷'는 상하였다는 의미이다. 이것을 인사에 적용하면 암주闇主가 위에 있어 그 아래 있는 명신明臣이 명지明智를 감히 드러내지 못하고, 아무리 세상이 어두워도 망해가는 세속을 따를 수 없으니 당연히 간난艱難을 겪을 수밖에 없지만, 그 곧고 바른 덕을 견고하게 지키니 어두운 세상에서 이로움은 간난에 있다.[34]

이에 대해 단전彖傳은 문왕文王과 기자를 그 예로 들어 다음과 같이 해설하였다. 즉,

대한 孔晁의 주注 "良夷 樂浪之夷也"의 '良'과 '明'은 모두 陽韻으로 실제 동일한 의미이며, 따라서 '樂浪之夷'는 '명이'와 동일하다. 또 사방풍의 관념에서 樂浪, 明夷, 朝鮮은 모두 東方風이므로 조선과 명이는 동일한 의미이다.

32 李鏡池, 『周易探源』, 中華書局, 1978, 3쪽의 序. 이 서는 1963년 집필된 것이다.

33 郭沫若, 「周易之制作時代」, 『靑銅時代』, 人民出版社, 1954, 74쪽. 많은 학자들은 전국시대 또는 진한秦漢 교체기까지로 그 성립 연대를 내려잡기도 한다.

34 孔穎達, 『周易正義』 明夷 疏, "明夷卦名 夷者傷也 此卦日入地中 明夷之象施於人事 暗主在上 明臣在下 不敢顯其明智 亦明夷之義也 時雖闇 不可隨傾邪 故宜艱難 堅守其貞正之德也 故明夷之世 利在艱難".

명明이 지중에 들어가 명이 상하지만 내內는 문文이 밝고 외外는 유순하여 대난大難을 입는다. 문왕이 그것을 실천하였는데, 간난을 이利의 기회로 삼아 곧은 의지로 그 밝음을 드러내지 않았다. 안으로는 어려움을 겪었지만 능히 그 지志를 바르게 한 것이다. 기자도 그것을 실천한 예였다.[35]

명이 괘의 전체 의미가 이와 같다면 육오六五 효사의 '기자지명이 이정箕子之明夷 利貞'의 '명이'도 지명이나 국명으로 이해할 이유가 없는데, 왕필王弼은 이 효사를 다음과 같이 해설하였다. 즉,

가장 어두움에 가까워 어려움과 나란히 하니 험함이 이보다 심한 것이 없었다. 그러나 그 가운데서도 캄캄함은 그 밝음을 사라지게 할 수 없었고 그 바름을 멈추게 할 수 없었으니 위험을 근심하지 않고 그 곧음이 이利가 된 것이다.[36]

이에 대해 공영달은 좀더 구체적으로 암군暗君 주왕紂王의 관계에서 기자가 처한 상황과 올바른 처신으로 이 효사의 의미를 해설하였다.[37] 결국 왕필과 공영달은 "기자의 곧고 바름을 멈출 수 없었다〔象曰 箕子之貞明 不可息也〕." 라는 상전象傳의 해설을 충실히 부연한 것이다.

그러나 명이의 효사 중에는 일견 명이를 '지혜롭고 올바른 처신' 정도만으로 이해하기 힘든 부분이 있는 것도 사실이다.[38] 이 때문에 일찍이 고형高亨은

---

35 孔穎達, 『周易正義』, "象曰 明入地中 明夷 內文明而外柔順 以蒙大難 文王以之 利艱貞晦其明也 內難而能正其志 箕子以之".
36 『周易』 王弼 注, "最近於晦 與難爲比 險莫與玆 而在斯中 猶闇不能沒明 不可息正 不憂危 故利貞也".
37 孔穎達, 『周易正義』 疏, "箕子之近殷紂 故曰箕子之明夷也 利貞者 箕子執志不回 闇不能沒明 不可息正 不憂危 故曰利貞".
38 예컨대 "初九 明夷于飛垂其翼", "六二 明夷夷于左股 用拯馬壯 吉", "九三 明夷于南狩 得其大首 不可疾貞", "六四 入于左腹 獲明夷之心 于出門庭".

명이를 '명치鳴雉'(우는 꿩)로 이해하면서 '箕子之明夷'는 본래 "箕子之獲明夷〔기자가 명이를 잡았다〕"인데 '獲' 자가 탈루되었을 가능성을 제시하였다.[39] 이에 앞서 명이를 '명제鳴鵜'의 통가通假로 이해한 리징츠李鏡池는[40] 명이明夷 효사에 등장하는 '명이'가 모두 동일한 의미가 아니라는 주장을 제기하였다. 즉 (1) 초구初九의 '명이'는 '명치鳴雉', (2) 초이初二와 구삼九三의 '명이'는 활을 당겨 쏘는 '명이鳴夷'(여기서 '夷'는 대궁大弓을 의미한다), (3) 육사六四와 육오六五의 명이는 명사로서 ① 궁명弓名과 ② 국명 또는 족명을 의미하는데, '箕子之明夷'는 '箕子往明夷'란 의미이다.[41] 즉 리징츠는 '箕子之明夷'를 "기자가 명이의 나라 또는 명이족으로 갔다."라고 이해한 것이다. 그러나 그는 여기서 '조선'은 물론 명이의 방위조차 언급하지 않았다. 그가 이 '명이'를 '동방지국 일출처日出處'로 주장한 것은 『주역통의周易通義』의 주석이었다고 한다. 여기서도 그는 '조선'을 언급한 것은 아니다. 그러나 동방 일출처를 '조선'으로 비약할 가능성은 인정된다.

이와 같은 리징츠의 주장을 받아서 '명이'를 조선과 등치시킨 것은 장비보였다. 그는 다음과 같이 주장하였다. 즉 ① 『좌전』 소공昭公 5년의 기사, 즉 "명이明夷는 일日이다. 일의 수는 10이므로 10시時가 있고 또한 10위位에 당한다〔明夷 日也 日之數十 故有十時 亦當十位〕."라는 구절은 '명이'와 10개 태양 신화의 관계를 지적한 것이다. ② 이 신화에 따르면 매일 하나씩 교대로 출몰하는 10개의 태양이 머무는 곳이 부상목扶桑木인데, 그 소재 탕곡湯谷, 즉 양곡暘谷은 조선반도의 최초 지명이다. ③ 탕곡은 하상夏商 시기 '명이'로 개칭

---

39 高亨, 『周易古經今注』(開明書局, 1947), 中華書局(香港), 1980, 123~128쪽. '明'과 '鳴'은 통가通假 관계이며, '夷'와 '雉'는 음이 비슷하다는 것이다.

40 李鏡池, 「周易筮辭考」(1930), 『周易探源』, 中華書局, 1978, 45~46쪽. 李鏡池에 따르면 高亨의 해석은 자신의 이 주장을 취한 것이라고 한다.

41 李鏡池, 『周易卦名考釋』, 『周易探源』, 1962, 269~276쪽.

되고, ④ 이것은 다시 상 말 주 초에 '조선'으로 개칭되었다. 즉 명이는 곧 조선의 옛이름인 것이다. ⑤ 따라서 '箕子之明夷'는 곧 '기자의 조선행'을 기술한 것이 분명하다.[42]

이 추론이 얼마나 억단의 연속이었는지는 군이 지적할 필요도 없지만,[43] 더 근본적인 문제는 그 입론의 출발점인 리징츠의 주장이 전혀 설득력이 없다는 것이다. 명이 괘의 전체 의미를 너무나 고려하지 않았기 때문이다. 사실 구제강도 일찍이 1929년 '箕子之明夷'의 의미를 다음과 같이 논증하였다. 즉 '명이'는 당시의 성어로서, '회기晦氣', 즉 '불운'을 의미하며, 따라서 '箕子之明夷'는 '기자의 불운', 즉 폭군 아래 명신明臣이 명지明智를 감히 드러내지 못한 불운을 의미한다.[44] 이것은 결국 명이 괘의 형태(지중에 태양이 들어간)에 근거한 전통적인 역학의 해석을 지지한 것이다. 장다이즈張大芝가 구제강 '회기晦氣' 설보다는 기자가 화를 피하고 복으로 나간 지혜를 부각시켜 '箕子之明夷'를 '기자의 명지明智'로 이해할 것을 주장한 것도,[45] 장원유張文玉가 명이 괘의 전체 의미를 난세에 군자의 역사적 경험과 교훈으로, 각 효사를 미자微子·기자·비간比干, 이른바 '은 3인仁'의 구체적인 처신과 운명을[46] 은유한 것으로 해석한 것도[47] 다소 차이는 있으나 '명이'의 전통적인 이해를 벗어나

---

42 張碧波, 「關于箕子東走朝鮮問題的論爭」, 74~75쪽. 그는 이 억단을 관련 논문의 도처에서 반복하고 있다.

43 특히 「좌전」 소공 5년의 기사는 10개의 태양신화와는 무관하다. '日之數十'은 10干을, 10時는 주야를 10개의 시간으로 나눈 것을 의미할 뿐이다.

44 顧頡剛, 『周易卦爻辭中的故事』, 『燕京學報』 6, 1929, 981~982쪽.

45 張大芝, 「"箕子之明夷"新解ー讀『易』札記之一」, 『杭州大學學報』 12-2, 1982. 특히 이 논문은 『韓非子』「喩老篇」 중 기자의 선견지명을 '見小日明'으로 평한 것과 『老子』 제14장 "視之不見 名曰夷〔보아도 보이지 않는 것을 夷라고 한다〕"을 주목한 것이다.

46 3인은 모두 주왕紂王의 폭정을 간하였으나, 주왕이 듣지 않자 미자는 도망갔고, 기자는 미친 척하고 노예가 되었다가 주 무왕에 의해 풀려났으며, 비간은 계속 간하다 심장을 가르는 처형을 당했다고 한다.

47 張文玉, 「『易·明夷卦』探微」, 『貴州大學學報』, 1995-4. 張文玉은 李鏡池가 효사의 명이를

지 않은 것이다. 사실 허심하게 명이 괘사와 효사를 읽으면, 이 전통적인 해석의 범위를 벗어날 이유를 발견할 수 없다. 명이 육오六五 효사를 "기자가 명이, 즉 조선으로 갔다"로 해석하는 것은 '기자의 조선행'을 당연한 사실로 전제하고, 다시 무리하게 '명이'를 '조선'과 등치시킨 것에 불과하다. 그 논지가 억설의 연속일 수밖에 없었던 것은 바로 이 때문일 것이다.

1980년 2월 25일 서거한 구제강은 장다이즈와 장원유의 논문은 보지 못하였지만, 리징츠의 주장은 모를 리 없었을 것이다. 그러나 그의 최후의 논문이 '기자조선'의 전설을 비판, 불신하면서, '기자의 조선행'으로 연결될 수 있는 리징츠의 주장을 전혀 언급하지 않은 것은 별로 상대할 가치를 느끼지 못하였기 때문인지도 모른다. 그의 상식으로는 명이 육오 효사의 의미를 '기자의 조선행'으로 비약시키는 것은 상상하기도 어려웠을 것이다. 이 비약을 감행한 장비보가 구제강의 해석은 물론 장다이지와 장원유의 설득력 있는 논문을 전혀 언급하지 않은 것은 상식적인 전통적 해석을 돌파할 수 없는 입장에서 '기자의 조선행'이란 결론을 도출하려는 목적의식이 매우 강하였기 때문일 것이다.[48] 그 역시 자신의 가장 중요한 입론인 리징츠 주장의 취약성을 모르지는 않았을 것이다. 결코 지명이나 국명이 아닌 단어를 그는 지명으로 억단한 것이다. 그러나 필자가 첨가하고 싶은 것은 대부분의 주장들이 '명이'가 '회晦(해뜨기 직전의 어둠)의 상象'이라는 것을 전혀 고려하지 않았다는 점

새와 사냥을 축으로 5개의 상이한 의미로 각각 해석한 것을 조목조목 비판하고, '箕子之明夷'는 기자가 미친 척하고 노예가 되어 어둠을 겪은 후 밝음을 얻은 정확한 처신을 의미한 것으로 해석하였다.

48 기자의 조선행을 입증하려는 논자들이 앞서 소개한 黃凡의 주장을 입론의 근거로 인용한 예는 보지 못하였다. 비록 李學勤의 서문이 첨부되었지만 저자가 전문 학자도 아니고 별로 알려지지 않은 汕頭大學 출판사에서 간행되어 학계에서 별로 주목받지 못하였기 때문인지도 모른다. 너무 난해한 문자학을 구사한 黃凡의 주장은 필자도 비판할 능력은 없지만, 전체적으로 '신기하나 납득하기 어렵다'는 인상이다. 그럼에도 상세히 소개한 이유는 많은 사람들이 직접 그 입론의 당부를 판단하는 것이 좋다고 생각하였기 때문이다.

이다. 즉 '명이明夷'에서 '이'를 버리고 '명'만 취하여 일출 시의 밝음을 의미하는 '조선'과 등치시킨 것은 스스로 그 억단을 폭로한 것과 다름없다.[49] 이와 같이 명이 육오 효사에서 기자의 조선행을 도출할 수 있는 근거가 전혀 없다면, 이 효사를 근거로 기자의 조선행을 입증하려는 어떤 논증도 무의미하다. 결국 '기자조선' 긍정론의 중요한 기둥 하나는 처음부터 없었던 것이라고 해도 과언이 아니다.

(2) 북경·요령 출토 기후箕侯 청동기

앞에서 소개한 바와 같이 구제강은 기자의 분봉지 기箕를 산서성 경내에 비정하였다. 그러나 북경 부근 유리하琉璃河 일대 서주 연국燕國 유지에서 서주 문화와 상 문화의 기풍이 농후한 문화, 그리고 일부 토착문화의 병존이 확인되었다. 또 그곳 서주 고성 유지 내 거주 지역에서 발견된 갑골문의 자체와 풍격이 주원의 갑골문과는 다르고 오히려 은허 만기의 복사와 비슷하며, 유리하 유지와 대릉하 유역에서 출토된 청동기에서 연후에 소속된 것으로 추정되는 상족의 이름과 족휘族徽가 확인되었다. 이것은 모두 은나라 멸망 후 상당수의 은나라 사람들이 북경 부근은 물론 대릉하 유역까지 진출 또는 천사한 증거들이다.[50] 더욱이 그곳에서 발견된 청동기의 일부에서 확인된 기후箕侯 명문은

---

49 여기서 張博泉의 다음과 같은 주장을 소개해보자. 즉 ① 고문古文에서 '明'과 '萌'은 통가通假의 관계이다. ② 갑골문의 '萌' 자는 지금의 '朝' 자와 비슷하다. ③ 明과 朝는 모두 '日出之時'를 의미한다. ④ '夷'은 갑골문에서 '人' 또는 '尸'로 표기되는데, '鮮'의 고음은 '斯', '尸'와 같은 음이다. ⑤ 따라서 '명이'와 '조선'은 같은 이름을 다르게 표기한 것에 불과하다. 그러나 바로 이 뒤에 그는 '명이'가 태양이 지중에 들어가 있어 밝음이 손상된 '晦'의 象이라는 것을 인정하고 있다. 그는 '晦'와 '日出之時 明'의 차이를 정말 몰랐을까? '기자가 조선에 갔다'는 포기할 수 없는 전제가 없다면 과연 이와 같은 모순된 논지를 펼 이유가 또 있었는지 의문이다. 張博泉, 「箕子事略稽實」, 『箕子與朝鮮論集』, 吉林文史出版社, 1994, 62~63쪽 참조.
50 李宏·孫英民, 「從周初靑銅器看殷商遺民的流遷」, 『史學月刊』, 1996-6, 22~23쪽.

'기자의 조선행'이 전혀 허구는 아니었을 가능성을 뒷받침하는 것 같다. 만약 이 '기후箕侯'가 '기자箕子' 또는 그 후손이 확실하다면, 기자 일족이 일단 대릉하 유역까지 이동했다는 것이 확실하며(비록 연후燕侯에 소속된 작은 집단이었지만), 기자 집단이 이 지역을 거쳐 다시 요동, 한반도로 이동했을 가능성도 배제할 수 없기 때문이다. 또 '기髺'와 '기箕'가 상통하는 것도 확실하다.

이 때문에 종래 크게 주목받지 못하였던 북경 부근에 있었다는 '기자성箕子城'이 바로 기자의 봉읍이었다는 의견도 제시되었고,[51] '기자조선'이 ① 난하灤河 또는 대릉하 유역에서 ② 요동으로, 다시 ③ 한반도 북부로 이동하였다는 '기자조선' 이동설이 성행한 것도 어느 의미에서 자연스러운 일이었다.[52] 비록 논란이 없는 것은 아니지만 위만조선의 도성 왕검성이 평양 부근이었고, 위만 이전 조선왕의 도성 역시 동일한 지역이었던 것은 확실하다. 또 전국시대 기자의 후손 조선후가 왕을 칭하고 연과 공방을 벌인 사실도 부인할 이유가 없다면, 그 강역은 요동까지 포함된 것으로 보는 것도 자연스럽다. 그러나 주 초에 대릉하 유역에서 확인되는 기후를 곧 기자로 인정할지라도 그 세력이 당시 요동과 한반도 북부까지 점령한 상황을 상정하기 어렵다면, '기자조선' 중심지의 이동을 상정하지 않을 수 없다. 그러나 문제는 과연 북경 부근과 대릉하 유역에서 그 활동이 확인된 기후箕侯가 과연 기자 또는 그 후손이었느냐는 것이다.

주지하는 바와 같이 문헌상 전하는 기자는 은의 동성 귀족이었고,[53] 따라서

---

51 陳平, 『燕史紀史編年會按』, 北京大學出版社, 1994, 46~47쪽.

52 많은 학자들이 이에 동조하지만, 張博泉, 『箕子與朝鮮論集』에 수록된 논문들은 요서-요동-한반도 북부로의 이동과 그 경위를 가장 상세하게 거듭 논하고 있다.

53 『史記』宋微子世家 "箕子者 紂殷親戚也". 『史記索隱』에 따르면 馬融과 王肅은 箕子를 '紂의 諸父'로, 服虔과 杜預는 '紂의 庶兄'으로 주석하였다고 한다. 사마천이 比干을 '王子比干 亦 紂之親戚'으로 기술한 것을 고려하면 기자 역시 주의 왕자였을 것으로 추정된다. 본래 親은 內族, 戚은 外族을 의미하지만, 古人은 부모형제를 '친척'이라고도 칭하였다고 한다. 顧炎武,

그 성은 자성子姓이다. 그러나 종래 전해 내려온 기국屺國 청동기와 1951년 이후 산동, 하남, 하북, 섬서성에서 출토된 기국 청동기들은 다음과 같은 사실을 확인시켜주었다. 즉 기국은 은대에서 서주, 춘추시대에 걸쳐 존재한 산동의 유력 제후였으며, 그 명문에 의하면 강성姜姓이 분명하고, 춘추시대 제 환공齊桓公에 의해 멸망한 산동의 강성 기국紀國도 그 동족이다.[54] 그러므로 북경 부근과 요령의 기후 역시 강성으로 보지 않을 이유가 없기 때문에 그 기후는 자성인 기자나 그 후손과 무관한 것도 확실하다.[55] 그렇다면 요령 출토 기후 청동기를 근거로 기자의 요서행, 나아가 조선행을 주장하는 것은 애초에 불가능한 일이다. 그 청동기들은 은대 산동에 근거를 가졌던 강성 기국 일족의 요서 이동 이상을 입증하는 것이 아니기 때문이다. 물론 강성이지만 이 기후 일족이 그 후 조선으로 이동하였을 가능성을 주장할 수 있을지는 모른다. 그러나 요령의 기후도 주 초 이후의 행적은 확인되지 않을 뿐 아니라, 산동 강성 기후의 '조선행'과 은 말 '3인仁'의 한 사람으로서 주 무왕에게 치국의 대법인 홍범鴻範을 강설한 기자의 '조선행'은 그 의미가 전혀 다르다. 전자는 곧, 은 말 주 초 최고의 현자인 기자의 교화에 의한 조선의 군자국화君子國化와 발전(『한서』「지리지」가 선전한) 및 그에 기초한 '기자조선'의 전통적인 상像의 붕괴를 의미한다.[56]

또 강성 기후의 '조선행'은 '기자의 조선행'을 본족 고지로의 귀환 내지

『日知錄』 권24 '親戚' 참조.

54 王獻唐(1960년 서거), 「黃縣屺器」, 『山東古國考』, 1983 ; 王永波, 「"己"識族團考—兼論其, 幷, 己三氏族源歸屬」, 『古東夷國史硏究』 2, 三秦出版社 1990 ; 孫敬明, 「兩周金文與屺史新證」, 『齊魯學刊』, 1993-3.

55 金岳, 「殷周(其＋其)方非箕子辨」, 『文物季刊』, 1993-1 ; 任偉, 『西周封國考疑』, 社會科學文獻出版社, 2004, 216~220쪽.

56 예컨대 張碧波, 「箕子論—兼論中國古代第一代文化人諸問題」, 『北方論叢』, 2004-1 ; 陳蒲淸, 「箕子開發朝鮮考」, 『求索』, 2003-1 등과 같은 글은 기후가 아닌 기자의 조선행에서만 그나마 의미를 가질 수 있지 않은가?

망명으로 설명한 수많은 논문들의 의미를 상실케 하는 것도 분명하다. 여기서 필자는 요하 이서에서 연산산맥燕山山脈 이남까지 광범위하게 확산된 기원전 3,000년경의 홍산紅山문화 및 기원전 2,000년경까지 소급되는 하가점하층下家店下層 문화와 은 문화의 연원 관계를 논할 필요를 느끼지 않는다. 그러나 설사 그 문화들이 은 문화의 기원이었으며, 은족이 그 지역에서 이동하였고, 그 일부가 잔존하였다고 해도 기후가 강성이었다면, 그 동북행의 정치적 자산과는 전혀 무관함은 이론의 여지가 없을 것이다.

기후 강성을 부정할 수 없었던 리더산李德山이 이 문제를 다음과 같이 해결한 것은 너무나 궁색하다. 즉 그는 무정武正의 왕비 부호婦好 묘에서 출토된 다수의 기국 청동기를 근거로 은 왕실과 기국의 혼인관계와 왕실 내의 특수한 지위를 추정한 후, "기자가 주왕紂王의 친척"이라는 『사기』의 구절로 강성 기후와 '은 3인'의 1인 기자를 등치시킴으로써 전통적인 '기자조선의 상'을 지키려고 한 것이다.[57] 그는 '친척'을 '인척'으로 이해함으로써 돌파구를 찾았지만, 일찍이 고염무顧炎武가 지적한 바와 같이 이때 '친척'은 '부모형제'를 의미한다(주 53 참조).

이에 비해 요령 기국 청동기를 근거로 기자조선의 이동설을 주장한 장보촨張博泉의 다음과 같은 해법은 대단히 복잡하다. 즉 ① 은 왕조 건립 이전 은족의 일부는 지금의 산동성 수광현壽光縣까지 이동하였다. ② 은殷은 이 지역에 기국을 봉하였는데, 그 이전에 있었던 기紀의 이름을 따서 己와 其를 합문한 㠱로 명명하였고, ③ 동이의 '夷'를 씨氏로 삼았다. 기후 청동기에 㠱, 亞와 함께 보이는 '의疑'가[58] 바로 그것이다. ④ 기후국에는 본족과 동이족 및 동

---

57 李德山, 『東北古民族與東夷淵源關係考論』, 東北師範大學出版社, 1996, 96~98쪽.
58 이것은 일반적으로 '疑' 자의 왼쪽 부분만으로 표기되었다. 마치 제비가 바로 선 모습의 도형에 가까워 '燕'으로 해석하는 사람도 있는데, 여기서는 일단 疑로 표기하였다. 㠱는 亞형 안에, 疑는 亞형 밖에 표기하는 것이 일반적이다.

이가 아닌 강성의 여러 씨족이 포함되었다. ⑤ 연대烟臺 묘에서 출토된 기후 정鼎은 강성 기족이 이 지역으로 천사遷徙된 사실을 입증한다. ⑥ 요령 객좌喀左에서 출토된 청동기 명문 '亞异侯疑'를 보면, 이곳으로 천사한 것은 은 말 기후국의 본종本宗 의疑씨이며, 이들이 바로 바로 은 말 요서에 봉건된 은 왕조 제후국 기국의 주체이다.[59]

다소 애매한 부분은 있지만 그 결론을 다시 정리하면 다음과 같다. 즉 (a) 은대 산동에 있었던 기국에는 본족인 자성自姓뿐 아니라 그 이전 당지의 기국紀國 출신인 강성 씨족이 병존하였다. (b) 산동에서 출토된 기국 동기 명문에서 확인되는 강성 기국은 기국 내의 강성 씨족도 그 국명을 기국己로 칭하였기 때문이다. (c) 그러나 은 말 요서로 천사한 기국은 강성이 아닌 본족인 은족 자성이다. 이로써 정보찬은 일단 주 초 요서의 기국과 강성의 관계를 그 일부로 한정시켰다. 그러나 기자가 은 말 이미 '기자箕子'로(箕는 국명, 子는 작명) 칭해진 것은 이미 기箕에 봉건된 것을 의미한다. 구제강처럼 이 '기箕'의 소재를 산서로 보면 아무 문제가 없다. 그러나 이것은 '기자의 조선행'을 포기하는 것이다. ⑦ 그래서 정보찬은 은 말 요서의 기국과 기자를 연결시키지 않을 수 없었고, 그 분봉 시기를 은 말로 올려, 당시 조선이 요서에 있었지만 기자의 봉국은 조선이 아니라 기국이었다고 주장한다. 그러나 이 주장은 곧 주무왕이 기자를 석방하자 조선으로 망명하여 무왕이 기자를 조선에 봉하였다는 『상서대전』의 기사, 그리고 기자를 방문하여 '홍범'을 청강한 무왕이 기자를 조선에 봉하였다는 『사기』의 기사를 모두 부인하는 결과가 되었다. 결국 그는 '기자의 조선행'을 입증한다는 가장 중요한 두 문헌자료를 모두 부정하였다. 실제 이 두 자료가 없었다면 '기자의 조선행' 주장이 처음부터 성

---

59 張博泉,「燕亳與异器銘文考釋」,『箕子與朝鮮論集』참조.

립하였을지도 의문이다. 그러나 그는 이 두 자료가 후대 유자儒者의 존주尊周 사상에 의해서 개찬改纂된 것에 불과하며, 주 초 무왕의 '기자 조선 봉건'은 본래 역사적으로 존재하지 않았던 사실이라고 단언한다. 그에 따르면 기자 의 후손 기후가 국명을 조선으로 개칭한 것은 춘추 초(기원전 8세기 전반)라고 한다.[60]

　정보찬은 결국 강성 기후와 기자의 관계를 차단하면서 '기자의 요서행'을 포기하지 않음으로써 기자에 의한 조선의 교화와 발전이란 종래 '기자조선' 의 틀을 그대로 유지한 것이다. 기국 청동기만으로 은 왕족 기자의 조선행을 강변한 그의 논증은 너무 허술하다. 은대 기국의 강성을 일부 구성 집단에 한 정하여 주체 본족과 구분한 것도 전혀 증거가 없다. 기공箕公 또는 기후箕侯 동기에서 그 딸을 '숙강叔姜', '맹강孟姜', '정강井姜'으로 표기한 것은 바로 기국 공실이 강성이었던 단적인 증거이다. 또 비록 은대의 동성 제후국 고죽 국이 하북성 노용盧龍, 천안遷安 일대에 존재하였고,[61] 대, 소릉하 유역에서 집 중 출토된 은대 청동기의 일부 매장 연대가 은대까지 소급된다는 주장이 있 는 것도 사실이다. 그러나 고죽과 기후 청동기가 매장된 객좌 북동北洞 교장 窖葬의 연대는 주 초이며, 이 지역에서 확인된 기후는 모두 주초 연후燕侯에

60　張博泉,「從 箕器談箕與朝鮮東遷及其史源的問題」,『箕子與朝鮮論集』 참조.
61　대부분의 학자들이 이것을 지지하는데, 常征은 다음과 같은 이견異見을 제시하였다. 즉 은대
　　고죽국의 본래 위치는 산서성 臨汾, 洪洞 지역이었고(춘추시대 晉과 병기된 孤廚), 은 말 紂
　　王의 박해를 피해 北遷하였다. 고죽은 먼저 河北 蔚縣 분지로 이동하였고, 그 이후 청룡하 유
　　역으로, 다시 小遼河, 대릉하 유역으로 천사하였다고 한다. 그러나 처음 그 천사를 영도한 것
　　은 伯夷, 叔齊의 동생 고죽군孤竹君이었다. 백이·숙제는 은을 정벌하는 주 무왕을 설득하는
　　데 실패한 이후 섬서 甘肅의 경계 隴縣에서 아사하였다. 백이, 숙제가 무왕을 간한 고사도 산
　　서의 고죽을 상정할 때 비로소 이해할 수 있다. 그들이 주 무왕을 간하기 위하여 2천 리 길을
　　왔다는 것은 납득하기 어렵기 때문이다. 어쨌든 그는 하북과 요서의 고죽국도 은 말 주 초 이
　　상 소급되지 않는다는 것을 주장한 것이다. 常征,『古燕國史探微』, 聊城地區新聞出版局,
　　1992, 189~197쪽.

복사服事한 신분이 확실하여[62] 북경 부근과 요서의 은대 기국을 입증하는 증거는 없다. 결국 정보찬은 요서의 기후와 기자의 관계를 입증하는 데 실패하면서 '기자의 조선행'을 기술한 가장 초기의 문헌자료들을 부정함으로써 '기자조선' 부정론에 일조를 하였다고 해도 과언은 아니다.

4. '기자조선' 긍정론의 전개

위에서 검토한 바와 같이 '기자조선' 긍정론의 두 기둥이 증거능력이 없다면 이 두 기둥에 근거한 입론도 무의미하고, 또 구제강의 부정론을 성공적으로 논박할 수 없다면 '기자조선'은 더 이상 존립하기 어렵다고 해도 과언이 아니다. 그럼에도 불구하고 '기자조선' 긍정론이 중국학계에서 오히려 증가 추세를 보이는 것 같다. 그 이유는 과연 무엇인가? 혹 그들은 새로운 증거를 확보한 것인가? 아니면 '부정론'을 돌파할 수 있는 새로운 해법을 찾은 것인가? '기자조선' 긍정론이 결국 '기자가 조선에 간 이후, 그와 그 후손이 통치하였다'는 조선국의 역사적 실재를 입증하는 것이 목표라면, 무엇보다 빈약한 증거 자료를 보강하는 것이 급선무일 것이다. 그래서 그들은 『상서대전』과 『사기』의 관련 자료의 신빙성을 계속 강변하는 한편, 조선시대 한국 측 자료에서 큰 원군援軍을 발견한 것처럼 보인다. 이하 이 문제를 먼저 검토해보자.

---

62 王玉亮, 「試論孤竹的地望及 "疆域" ― 兼論遼西出土 "孤竹" 器物之原因」(『沈陽教育學院學報』 2권 4기, 2000 ; 郭大順·張星德, 『東北文化與幽燕文明』, 江蘇教育出版社, 2005, 430~439, 449~450쪽 참조.

(1) 조선시대 자료 활용

근래 고조선을 연구하는 대부분의 중국인들은 고려시대의 『삼국사기』, 『삼국유사』, 『제왕운기』 등은 물론 다음과 같은 조선시대의 문헌을 '기자조선'의 객관적인 역사적 실재를 증언하는 사료로 믿고 있는 것 같다. 즉 『해동역사』, 『동국통감』, 『조선사략朝鮮史略』, 『기자지箕子志』, 『기자실기箕子實記』, 『기자외기箕子外記』, 『선우씨 보첩鮮于氏 譜牒』, 『기씨奇氏 보첩』, 『조선왕조실록』, 『동사강목』 등. 이와 아울러 그들은 평양의 기자묘箕子廟, 기자궁, 기자총箕子塚, 기전箕田 등도 기자의 실제 유적으로 믿는 것 같다.[63] 한국의 상식적인 학자들은 이 자료들을 '기자조선'의 사료로 인정하지 않는다. 모두 조선 건국의 명분을 확보하기 위하여 기자를 숭배하지 않을 수 없었던 정치적 이유에서 확대 재생산된 것에 불과한 것을 잘 알고 있기 때문이다.[64] 그러므로 이 자료들을 비판적으로 자기 논지에 활용하는 잘못을 굳이 논할 필요도 없는데, 장쩡샹張增香의 다음과 같은 주장은 이 문제에 대한 중국학자들의 입장을 잘 대변하고 있는 것 같다. 즉,

---

63 張博泉, 「箕子"八條之敎"硏究」, 『箕子與朝鮮論集』, 1994 ; 楊軍, 「箕子與古朝鮮」, 『吉林大學社會科學學報』, 1999-1 ; 焦潤明, 「關於歷史疆域歸屬若干理論問題的硏究」 ; 李德山, 「關于古朝鮮幾個問題的硏究」, 『中國邊疆史地硏究』 12-2, 2002 ; 陳蒲淸, 「箕子開發古朝鮮考」 ; 王歷鴻·吳晉生, 「"箕子朝鮮"鉤沈」, 54쪽 ; 張增香, 「有關箕子朝鮮的幾個問題新探」. 또 張碧波·喩權中, 「朝鮮箕氏考」, 『社會科學戰線』, 1997-6이 『三國史記』가 '기자의 조선행'을 입증하는 자료를 보존하였다는 예로 고구려왕들의 箕丘 또는 箕山 사냥 기사를 열거한 것도 한국 측 사료의 무비판적인 이용이다. 이 논문이 이 기사들을 고구려의 箕子神과 결부시켜 箕丘, 箕山을 기자의 聖地로, 여기서의 사냥을 제사 희생물을 획득하는 활동으로 해석한 것도 지나친 비약이다. '箕'로 표기된 한국사의 지명을 모두 기자와 관련시키는 것도 문제지만, 설혹 이 箕山과 箕丘가 실제 '箕子의 산', '箕子의 언덕'이었을지라도 후대의 부회, 특히 낙랑군 설치 이후 箕子의 조선 교화가 크게 선전되면서 그와 관련된 지명들이 조작되었을 가능성도 크다.

64 이 점은 孫衛國, 「傳說, 歷史與認同 : 檀君朝鮮與箕子朝鮮歷史之塑造與演變」도 잘 지적하고 있다. 孫衛國은 고조선이 아닌 조선시대 연구자이다. 그는 '기자조선'의 실재를 강변할 이유가 없었을 것이다.

기자조선에 대한 조선 사서史書의 기록은 중국 사서에 비해 (시기가) 늦지만 그 내용은 더욱 상세하다. 그 원인은 두 가지이다. 첫째, 조선은 15세기 중엽까지 줄곧 한자를 사용해왔고 한자 서적 기록이 많았지만 꼭 기록하지 않으면 안 될 긴박성이 없었고, 더욱이 한문을 배우고 완전 습득하는 것은 긴 시간이 필요하였기 때문에 자연히 (그 기록이) 늦은 것이다. 둘째, 조선인이 자기의 역사를 기술하면 자신의 역사에 대한 파악이 자연히 중국인에 비해 상세하고, 조사가 더욱 편리하여 대량의 사적史籍과 지상 지하의 유적 이외에도 민속과 사회학 및 구술 사학의 내용이 더 첨가되니 그 신뢰도가 더욱 커진 것이지, 결코 중국사서의 번안판이 아니다. 그러므로 이러한 기록, 유적, 전설을 경솔하게 부정하는 것은 마찬가지로 비과학적이다.[65]

조선 문헌과 '유적'을 무비판적으로 이용하는 리더산도 그 자료들의 신빙성을 의심하지 않는 쑨진지孫進己의 입장을 인용함으로써(『동북역사지리』, 흑룡강인민출판사, 1989) 자신의 입장을 대신하였는데,[66] 여기서 필자는 상기 인용문의 논점을 굳이 반박할 필요성을 느끼지 않는다. 다만 기자의 교화와 인정仁政에 관하여 『한서』「지리지」와 『삼국지』「동이전」보다 더 상세하다는 이유로 상당수의 중국 논문들이 무비판적으로 인용한 한치윤韓致奫의 『해동역사海東繹史』(1823) 중 다음과 같은 구절과 이와 연계된 『천운소통天運紹統』문제만 검토해보자. 먼저 문제의 『해동역사』의 구절을 적시해보자.

A: 기자는 오천 인을 거느리고 조선으로 들어가니, 그 시서詩書, 예악, 의약, 복서卜筮가 모두 따라 갔다. (기자가) 시서로 가르쳐 중국의 예악 제도를 알게 하니 아문, 관제, 의복이 모두 중국을 따랐다(① 箕子率中國五千人入朝鮮 ② 其詩書禮樂醫藥卜筮皆從而往 ③ 教以詩書 使知中國禮樂之制 ④衙門官制衣服 悉隨中國).

65 張增香,「有關箕子朝鮮的幾個問題新探」, 9쪽.
66 李德山,『東北古民族與東夷淵源關係考論』, 108~109쪽.

이 기사는 특히 적지 않은 기자 집단의 규모를 명기하여 주목을 끈 것 같은데,[67] 『해동역사』(권2, 기자조선)는 이 구절이 명나라 왕기王圻가 저술한 『삼재도회三才圖會』(1609)를 인용한 사실을 명시하였다. 이 구절을 인용한 일부 중국학자들도 이 점을 부기하였다. 그러나 그들은 모두 『삼재도회』를 검색하지 않은 것 같다. 실제 『삼재도회』에는 문제의 '오천 인'을 언급한 ① 구절이 없기 때문이다. 『삼재도회』에 기자 또는 기자조선이 언급된 것은 지리地理 13권,[68] 인물 1권[69]이 기자의 조선 봉건과 기자가 시행하였다는 평양의 '정전井田' 유적을 간략히 소개한 것, 그리고 역시 간략하지만 『해동역사』의 위 인용문의 소종래所從來로 추정되는 인물 권12 고려국 조의 다음과 같은 기사뿐이다. 즉,

B: 고려국의 옛 이름은 선비鮮卑인데 주대에는 조선으로 불렀다. 무왕은 기자를 그 나라에 봉하였다. 중국의 예, 악, 시, 서, 의약, 복서가 모두 이곳으로 흐르니, 아문, 관제, 의복이 모두 중국을 따랐다((a) 中國之禮樂詩書醫藥卜筮 皆流於此 (b) 衙門官制衣服 悉隨中國)

A와 B를 비교하면 A의 ④와 B의 (b)는 완전 일치하고, A의 ②는 B의 (a)를 약간 개변하였지만('中國'을 '其'로, '禮樂詩書'를 '詩書禮樂'으로, '皆流於此'를 '皆從'으로) 실제 의미는 차이가 없다. 이에 비해 A의 ①과 ③은 B에 없는 것이 추가된 것이 분명한데, ③은 ②와 ④의 인과관계를 더욱 분명히 하면서 기자의 교화 역할을 강조하는 의미가 있어 『해동역사』의 편자가 추가한 것으

---

67 周香永, 「"朝鮮"稱名含義新解」도 조선 사료 중 유일하게 이 자료만을 인용하였다. 그러나 張博泉은 이 구절을 인용하면서 기자의 교화를 강조하였을 뿐 '五千人'은 전혀 언급하지 않았다.

68 "朝鮮本箕子所封 秦屬遼東外徼", "井田 在平壤府外城內 箕子區劃井田 遺跡宛然".

69 "箕子子姓 殷帝紂庶兄 微子之弟 武王封於朝鮮爲諸侯 以奉殷祀 爲中國藩邦".

로 보이며, 이 역시 B의 문의文意를 손상하는 것은 아니다. 여기서 한치윤이 중국 문헌을 초록하면서 문장을 그대로 가져다 쓰지 않고 문의를 손상하지 않는 범위에서 적당히 윤색, 절록節錄한 사실을 확인할 수 있다. 그러나 ①은 결코 허용할 수 있는 윤색의 범위가 아니며, 『삼재도회』에서 ①이 확인되지 않기 때문에 『삼재도회』 안의 ①과 B를 연결시킨 것도 아니다. 결국 A의 ①은 한치윤이 스스로 삽입한 것이거나 다른 자료를 잘못 B와 접합한 것으로 이해할 수밖에 없다. ①은 『해동역사』보다 먼저 편찬된 안정복의 『동사강목』(1778),[70] 서명응徐命膺의 『기자외기箕子外紀』(1776), 이만운李萬運의 『기년아람紀年兒覽』(1777) 등뿐 아니라 『기자외기』에 수록된 이이李珥의 『기자실기箕子實記』에도 포함되어 있는 등 16세기 이후 조선 문헌들은 이미 ①을 널리 포함시키고 있는데, ①을 포함한 이 관계 문장은 주 70과 거의 동일하다. 문제는 그 근거인데, 이원익李源益은 『기년동사략紀年東史約』에서 다음과 같은 구절을 「『천운소통天運紹統』 왈曰」로 인용하였다. 즉,

> C: 기자가 중국인 오천 인을 거느리고 조선으로 들어가니 시, 서, 예, 악, 의, 무, 음양, 복서 등과 백공 기예가 모두 따라갔다〔箕子率中國五千人 入朝鮮 詩書禮樂醫巫卜筮之流 百工 技藝 皆從而往焉〕(『기년동사략』 권1, 기씨조선기 기묘 주 무왕 원년).

이것은 A(『해동역사』)의 ①, ②와 거의 동일한 문장이라고 해도 과언이 아니다. A는 C의 '詩書' 앞에 '其'를 첨가하고, '醫巫'를 '醫藥'으로 개변하는 한편 '卜筮' 아래, '之流 百工技藝'를 삭제한 차이뿐이다. 그러므로 A는 ①과

---

70 『東史綱目』 권1 上 己卯 朝鮮箕子 元年 "箕子之來 中國人隨之者五千 詩書禮樂醫巫陰陽卜筮之類 百工技藝 皆從焉". 『東史綱目』에서 箕子 관련 기사를 뽑아 소개한 陳蒲淸, 「箕子開發古朝鮮考」도 이 구절을 摘錄하였다.

②를 C에서, ④를 『삼재도회』에서 취한 후 문의가 순리順理하도록 ③을 삽입한 것으로 추정되는데, 바로 ③과 동일한 문장이 철종 연간에 편찬된『동전고東典考』가 절록한『천운소통天運紹統』에 보인다.[71] 그러므로 A는 ④를 제외한 나머지를 모두『천운소통』에서 절록한 것이 분명한데, 그 전체의 출처를『삼재도회』로 주기한 것은 명백한 실수로 보는 것이 타당하다. 주지하는 바와 같이『해동역사』는 조선 문헌이 아니라 조선에 관한 중국 기록을 집록한 것이므로 실제 그 내용은 모두 중국 문헌의 일부이다. 이 자료들을 조선 독자獨自의 사료로 취급한 것도 문제이지만, 그 전거를 명시한 만큼 중국학자들도 그 자료를 이용하기에 앞서『삼재도회』를 검색하는 것이 순서이며, 그 안에서 문제의 핵심 구절을 확인하지 못하였다면 그 인용을 포기하는 것이 상식적일 것이다. 또 설혹『삼재도회』에서『해동역사』의 기사와 일치하는 구절을 확인하여도 무비판적으로 그것을 입론의 증거로 이용하지는 않았어야 한다.

리더산이 제시한 믿을 만한 조선 문헌 중『화원잡기華苑雜記』에 인용된 『천운태통록天運紿統錄』이『천운소통』의 오기라면[72] 적어도 그는『천운소통』의 내용을 일부 보았고, 그곳에서 이원익이 기자와 관련해 인용한 것과 동일한 구절을 보았을지도 모른다. 현재 규장각에는 중종 연간(1506~1544)과 1619년(만력 47년)에 각각 조선에서 간행된 명나라 주권朱權 편, 『천운소통』 2종이 소장되어 있다. 이 책은 삼황오제 이하 중국 역대 제왕의 계보를 정리한 것이므로 본래 조선 관계 기사가 포함될 성질이 아니며, 실제 이 책을 검색한 결과 이원익이『천운소통』에서 인용한 내용은 확인되지 않는다. 반면

---

71 『東典考』권12, "箕子之朝鮮 語言不通 譯而知之 敎以詩書 使知中國禮樂之制". ③과 밑줄 친 부분은 글자 하나 다르지 않다.
72 李德山이「關于古朝鮮幾個問題的硏究」에 제시한 목록에 포함된『華苑雜記』인용.『天運紿統錄』은『天運紹統』과 동일한 책으로 보인다. 의미가 불명한 '紿統'은 '紹統'의 오기로 판단되기 때문이다.

철종 연간(1849~1863)에 편찬, 간행된 것으로 추정되는 작자 미상『동전고 東典考』에도 이원익이 인용한 내용과 동일한 구절이『천운소통』의 기사로 전재되어 있다. 그렇다면 주권의『천운소통』과『동전고』의 편자나 이원익이 참고한『천운소통』이 별개의 책일 가능성이 높은데, 이원익은 그 작자 함허자涵虛子를 다음과 같이 소개하고 있다. 즉 그가 영락 연간(1403~1424)의 도사였다는 사람도 있고, 조선의 승려 수이守伊로서『금강경해金剛經解』를 저술한 사람이라는 설도 있다는 것이다. 아울러 그는 자신이 인용한 내용이 어떤 책에 의거한 것인지 모른다고도 표하였다.[73]

주권의『천운소통』의 서문 찬자는 '함허자 요선涵虛子 曜仙'이고 간기는 영락 4년(1406)이며, 서문의 내용으로 보아 함허자가 곧 찬자라는 것도 명백하다. 이원익이 이 책을 인용한 것이라면 그 찬자에 이설이 있을 수 없다. 즉 그는 중국인이며 영락 연간의 도사가 확실하기 때문이다. 그러나 이원익이 자신이 참고한『천운소통』의 찬자 함허자가 조선인 승려라는 일설을 소개한 것은 비록 서명과 찬자의 필명은 주권의『천운소통』과 동일해도 그 찬자가 조선인임을 시사하는 내용이 대거 포함되었기 때문으로 추측되는데, 그 내용에 기자의 조선 입국 상황이 포함된 것을 보면 이 책은 조선의 역대 제왕의 계보를 기술한 것으로 추측된다. 즉 중국 역대 제왕의 계보를 정리한 주권의 『천운소통』서명과 필명을 그대로 빌려 조선의『천운소통』을 저술한 것이다.[74] 이 때문에 기자를 언급한『천운소통』은 중국 문헌이 아니라 조선 문헌이 분명하며, 따라서 중국학자들이 이것을 '조선 문헌'의 하나로 인정한 것 자체는 문제가 없다.

---

73 "按涵虛子 或以爲中國人 或以爲永樂間道士 或以爲我國僧守伊 嘗撰金剛經解云 天運紹統曰 …… 故曰 半萬殷人 渡遼水是也 而不知出於何書也".

74 혹 朱權의『天運紹統』에 조선의 제왕 계보를 첨가하여 중국과 조선의 제왕 계보가 병록된 『천운소통』을 만들고, 서명과 찬자의 필명을 바꾸지 않은 형식을 취하였는지도 모른다.

이와 같이 선가仙家의 비전祕典적 성격이 농후한 책[75]의 기자 관련 부분을 조선 유자들이 편찬한 사서들에서 무비판적으로 답습한 것은 그들에게 기자 숭배의 정치적 목적이 있었기 때문일 것이다. 그러나 현대의 중국학자들이 조선 자료이므로 믿을 만하다는 이유로 『천운소통』을 무비판적으로 인용하는 것은 '기자조선' 긍정론을 위한 원군의 확보가 절실하였기 때문일 것이다.[76] 그러나 예컨대 한국의 학자가 명 초에 처음 간행된 도서道書 중 '주왕의 백성이 500만'이라는 구절을 그대로 신용하여 주 초의 인구 문제를 논한다면 중국학자들은 과연 그 논문을 어떻게 평가할 것인가?

이 비판은 그들이 경솔히 부인할 수 없다고 제시한 조선 문헌으로 김종한 金宗漢의 『조선사략朝鮮史略』(1924), 정체를 알 수 없는 『오십왕유기五十王遺記』 등을 포함시킨 것에도 해당한다. 결국 그들은 큰 원군을 조선 문헌과 '유적'에서 확보하였다고 믿었지만, 그 '원군' 때문에 오히려 '기자조선' 긍정론이 더욱 취약한 주장이 되었다고 해도 과언은 아니다. 그러나 그 '실책'의 원인은 조선 건국의 명분을 확보하기 위하여 중국의 '기자 전승'을 확대 재생산한 조선시대 학자들이 제공한 것이기도 하다. 그토록 많은 조선시대의

75 주권 『천운소통』의 찬자 필명 '涵虛子 曜仙'도 그의 仙家的 성격을 잘 표현하고 있지만, 특히 그가 역대 제왕 譜系에 구비되지 않은 복희씨 이하 周에 이른 계보를 추가하여 '祕典'을 만들었다고 자부한 것은 특히 복희씨 이하 상고 제왕의 계보가 주로 道敎 자료에 의거한 사실을 잘 말해준다. 이러한 성격의 책의 명칭과 찬자의 필명을 그대로 모칭한 조선의 『天運紹統』도 역시 비슷한 성격이었을 것이다. 특히 『東典考』 권12에 인용된 "朝鮮在安東國之東"이란 구절은 그 성격의 일단을 폭로하는 것 같다.
76 『東典考』가 『天運紹統』의 찬자를 '明 永樂間 道士 涵虛子 纂'으로 명시한 것은 적어도 그 책을 조선 문헌이 아닌 중국 문헌으로 인식한 것이 분명하며, 이원익도 중국인 설과 조선인 설을 모두 소개한 것은 그 문헌의 국적을 확실히 판단하지 못한 때문일 것이다. 그렇다면 현대 중국학자들도 필자와 같은 논증을 거치지 않으면 일단 이 책을 중국 문헌으로 알 수밖에 없었을 것이다. 그러므로 그들이 기자의 관련 구절이 포함된 『천운소통』을 아무 논평 없이 조선 문헌으로 취급한 것은 『삼재도회』의 인용이 명시된 『해동역사』의 구절을 조선 문헌으로 취급한 것과 동일한 착오이다. 믿을 수 없는 명대의 자료를 '믿을 수 있는 조선 문헌'으로 포장하려는 의도로 해석할 수밖에 없는 것 같다.

사서들과 시문, 논설, 정론政論, 상소문, 조서詔書들이 '기자조선'을 역사적 실재로 '확실히' 기술하지 않았는가?[77]

(2) '기자조선'의 강역과 기자의 진국辰國행

이와 같이 '기자조선' 긍정론의 근거가 크게 박약하다면 더 이상 그들의 주장을 일일이 검토하는 것은 별 의미가 없는 것 같으며, 특히 중국 고대 문헌이 전하는 '기자상箕子像'(은의 왕자, 충절, 인인仁人, 경세사상가 등)을 근거로 그의 조선행 동기와 목적, 그에 의해서 교화된 조선의 문화 등을 천착한 글들은 더욱 무의미하다.[78] 그러나 '기자조선' 강역에 관한 그들의 논쟁은 위만조선 이전 고조선의 강역과 불가분할 수도 있고, 특히 이와 관련해 일부 학자들이 '기자가 간 조선은 곧 한반도의 진국辰國이었다'는 기설奇說을 제기하고 있어, 이하 강역 문제를 중심으로 '긍정론'을 좀더 검토해보자.

위만조선의 강역은 대체로 압록강 이남 또는 청천강 이남의 한반도 북부로 추정되며, 적어도 그 직전 고조선의 강역도 대체로 비슷하였을 것이다. 그러나 위만 이전 고조선이 전국시대 연과 대결하였고, 결국 2천 리를 후퇴하여 만번한滿藩汗을 경계로 삼았다는 『위략』의 기사를 신뢰한다면, 적어도 전국

---

77 고구려연구재단 편, 『고조선·단군·부여 자료집』(고구려연구재단, 2005)에 기자조선과 관련한 방대한 국내 자료가 수록되어 있다.
78 이와 관련하여 많은 논문들이 기자의 조선행 배경을 은 문화 또는 은족의 북방 또는 요하 유역 기원설과 결부시키고 있다. 즉 은의 귀족 기자가 조선으로 간 것은 그 지역이 본래 은족의 고지였기 때문이라는 것이다. 또 혹자는 주 무왕이 그를 조선에 봉한 것도 그를 이용하여 조선의 은족과 유민을 효과적으로 통제하기 위한 것이었다고 주장한다. 이 주장들은 은 문화의 북방기원설이 입증되어야 성립할 수 있는 가설인데, 은 북방기원설도 논란이 계속되고 있을 뿐 아니라, 설혹 그 설이 정확하다고 해도 은이 남하한 이후 북방 또는 동북이 은 유민이 편안히 돌아갈 수 있는 고향으로 남아 있었다는 것을 또 입증해야 한다. 즉 주 초 '조선'의 문화와 종족이 과연 얼마나 은과 동질성을 갖고 있었느냐는 것이 확인되지 않으면, '기자의 귀향'은 허구에 불과할 것이다. 필자가 이 문제를 더 이상 검토하지 않으려는 것은 바로 이 때문이다. 기자조선 연구자들이 대부분 은 북방기원설을 무비판적으로 지지하는 것도 신기하다.

시대 조선의 강역에 요동이 포함된 것을 인정하지 않을 수 없다. 만번한을 압록강으로 보든 청천강으로 보든 거기서 서북 2천 리의 지역을 상정하지 않을 수 없기 때문이다. 이 문제를 처음 거론한 학자는 루쓰몐呂思勉일 것이다. 그는 자신의 입론을 보강하기 위하여 기사와 다음과 같은 두 자료를 아울러 제시하고 조선이 요서에서 요동을 거쳐 요동 밖으로 이동하였으며, 연이 설치한 요서, 요동 등 5군은 모두 본래 조선의 소유였다고 주장하였다.[79] 즉,

① 연의 동쪽에 조선과 요동이 있다(燕東有朝鮮遼東, 『사기』 「소진蘇秦열전」)
② 연은 동호東胡를 습격하여 패주시키고 천 리의 땅을 개척하였고, 요동을 건너 조선을 공격하였다(燕襲走東胡 辟地千里 度遼東而攻朝鮮, 『염철론』 「공벌攻伐」).

루쓰몐에 따르면 ②는 당시 조선이 이미 요동 밖에 있는 상태를 입증한다는 것이다. 그가 '度遼東'을 '요동을 건너'로 해석한 것이 분명하다. 이에 비해 ①은 연의 동쪽에 조선이 먼저, 요동이 뒤에 언급되었으니 조선은 연과 요동의 사이, 즉 요서에 있었다는 증거라는 것이다. 이이 비해 장보촨은 ①을 "연의 동쪽에 조선후국의 요동이 있다"로, ②의 후반부를 "度遼, 東而攻朝鮮"(요수를 건너 동으로 조선을 공격하였다)로 읽어 ② 역시 당시 조선이 요동을 점유한 증거라고 주장한 것은[80] 조선의 요동 점유설을 더욱 보강한 것이었다. 앞에서 소개한 바와 같이 그는 요서 출토 𥅿侯 동기를 근거로 기자의 봉국이 처음 요서에 있었다는 것을 주장하였던 만큼 '기자조선'의 최후 중심지인 한반도 서북부로 이동하기 이전 요동 단계를 설정하지 않을 수 없었을 것이다. 흥미 있는 것은 장보촨의 주장은 1960대 초 일부 북한학자들의 주장과 동일

---

79 呂思勉, 「朝鮮東史之迹」, 『光華大學半月刊』 3-1, 1935(『呂思勉遺文集』, 華東師範大學出版社, 1997에 재수록).
80 張博泉, 「從𥅿器談箕與朝鮮東遷及史源的問題」, 157쪽.

한데, 중국학자들은 북한학자들의 주장을 대단히 신랄하게 비판하였다. 우선 ①은 반드시 연에서 근접한 지역을 먼저 열거한 것으로 보기 어렵고,[81] 더욱이 '조선요동'을 '조선의 요동'으로 읽으면 그 아래 열거된 '임호누번', '운중구원', '호타역수'도(주 81 참조) 모두 '임호의 누번', '운중의 구원', '호타의 역수'로 읽어야 하는데, 이 오류는 너무나 명백하다는 것이다.[82] 이 비판들은 타당하다. 그러나 ①을 '요동 이서의 조선' 또는 '조선의 요동'으로 이해하는 오류는 이미 1960년대 북한의 정찬영이 정확히 지적한 것이므로(중국학자들과 동일한 논거로)[83] 중국학자들은 1990년대에 동일한 논지를 편 장보촨을 비판하는 것이 마땅하였을 것이다.[84] 또 "度遼東而攻朝鮮"을 "度遼, 東而攻朝鮮"으로 읽는 것은 "度遼"〔요하를 건너〕는 문장이 되어도, "東而攻朝鮮"〔동으로 가서 조선을 공격하였다〕은 너무나 억지 문장이 되는 것도 분명하다.[85] 그러므로 여사면이 ②를 근거로 당시 조선은 이미 요동 밖에 있다는 것을 주장한 것은 타당하다.

그러나 조선과 연의 대결을 전한 『위략』의 기사가 '조선의 요동 또는 요서 존재'를 입증하는 것이라면, 이것은 고조선의 강역과 관련하여 다음과 같은 세 가지 가능성을 시사한다. 즉 (a) 『위략』의 기사로 조선의 이동을 상정할 경

---

81 이 구절은 연의 사방 경계를 언급한 다음과 같은 문장의 일부이다. 즉 "燕東有朝鮮遼東 北有林胡 樓番, 西有雲中 九原 南有呼沱 易水". 8개의 지명, 족명, 강의 명칭 중 연을 중심으로 그 위치를 확인하면, 동과 북은 연에서 먼 곳을, 남과 북은 가까운 곳을 각각 먼저 언급함으로써 문장의 조화를 도모한 것뿐이기 때문이다. 이 점은 張碧波·喩權中이 잘 지적하였다(「朝鮮其氏考」, 177쪽).

82 顧銘學·南昌龍, 「戰國時期燕朝關係的再探討」, 『社會科學戰線』 1990-1, 194쪽.

83 정찬영, 「고조선에 대한 몇 가지 문제들에 대하여」, 『고조선에 관한 토론논문집』, 과학출판사, 1963, 154·157쪽.

84 顧銘學, 「考釋〈〈山海經〉〉中的有關古朝鮮兩條史料」, 『社會科學戰線』 2002-4, 171쪽이 여사면과 장보촨을 언급하지 않고 북한의 주장을 "절름발이 외국 漢學家나 생각할 수 있는 말도 안 되는 소리"로 혹평한 것은 불공정하다.

85 顧銘學·南昌龍, 「戰國時期燕朝關係的再探討」, 194쪽.

우, 그 이동의 단계에서 그 강역은 각각 요서, 요동, 한반도 서북부에 국한된 것인가? 아니면 (b) 요서, 요동의 조선이 이미 한반도 서북부까지를 장악하였는가? (c) 이동설이 아니라 '기자의 봉국'을 처음부터 한반도 서북부로 설정하면, 고조선은 일시나마 한반도 서북부에서 요동 또는 요서까지 점유한 대국이었을 가능성을 배제하기 어렵다. 이동설을 주장하는 사람들이 (b)를 명확히 주장하는 근거는 거의 없는 것 같다.[86] 그러므로 이동설을 부정하는 입장이 요서, 요동까지 점유한 '대국 고조선'을 주장할 수 있는데,[87] 앞에서 언급한 바와 같이 기자의 요서 초봉설初封說의 강력한 증거로 제시된 요서 기후 청동기가 기자와 무관하고 따라서 이동설을 적극적으로 주장할 근거가 없다면, (c)의 가능성을 인정하는 것이 별 무리가 없다('기자조선' 긍정론에서는).[88] 그러나 여기서 일부 중국학자들은 묘한 '신설'을 제기하였는데, 그 단서는 바로 조선의 재요동在遼東을 증언한다는 『위략』 기사 중 다음과 같은 구절이다. 즉,

연은 이에 장군 진개를 보내 그 서방을 공격하여 그 땅 2천여 리를 탈취하고 만번한에 이르러 경계로 삼으니 조선은 마침내 쇠약해졌다〔燕乃遣將秦開 功其西方

---

86 관견에 한한 것이지만 이 점을 명확히 언급한 것은 闞海,「箕子東走朝鮮探因」,『北方文物』, 2001-2뿐인 것 같다. 즉 요서의 기자조선은 요동지구를, 요하 이동의 조선은 한반도 북부까지 각각 포괄하였으나, 진개의 침공 이후 압록강 이동으로 축소되었다는 것이다.

87 都興智,「關宇朝鮮研究的幾個問題」,『史學集刊』, 2004-2, 75쪽 ; 楊軍,「箕子與古朝鮮」,『吉林大學社會科學學報』 1999-3, 26쪽 ; 李德山,「關于古朝鮮幾個問題的硏究」, 62쪽. 단 楊軍은 기후 동기로 주 초 일시 조선이 요서에 있었던 것을 인정하지만, 곧 조선으로 이동하였으며, 이 조선이 전성기에 요서 일부 지역까지 控制하였다고 주장한다. '기자의 진국행'을 주장한 張碧波,「關于箕子與古朝鮮幾個問題思考—與楊軍先生商榷」,『吉林大學社會科學學報』 2003-3도 秦開가 확장한 '2천여 리'에는 '기자조선'이 만번한(청천강)을 넘어 탈취한 '燕의 東地'가 포함되었다고 이해한다.

88 金毓黻,『東北通史』, 五十年代出版社, 1944 ; 佟冬 主編,『中國東北史』, 吉林文史出版社, 1987도 모두 이와 비슷한 견해를 표명하였다.

取地二千餘里 至滿潘汗爲界 朝鮮遂弱〕.

　여기서 관건은 '攻其西方'인데, 구밍쉐顧銘學와 난창룽南昌龍은 다음과 같은 기설을 전개하였다. 즉 이 '西方'은 조선 역내의 서방이 아니라 조선 역외의 서방으로,[89] 바로 연이 조선을 공격하기에 앞서 동호를 격퇴하고 점령한 지역이며, 바로 그 기사 뒤에 연이 조선을 공격하기 위하여 요동을 건넜다는 것은(상기 ② 참조) 이 상황과 부합한다는 것이다. 즉 당시 요동은 조선의 영유가 아니라 동호의 점유였고, 따라서 조선은 요동을 점유한 사실이 없다는 것이다. 그러나 '만번한 경계와 조선의 쇠약'은 당시 경계 획정에서 조선의 영토 상실을 시사하기 때문에, 구밍쉐 등은 다시 다음과 같은 추론을 전개하였다. 즉 조선과 연은 3차의 교섭과 충돌을 가졌는데, 1차 접촉은 조선이 존주를 명분으로 왕을 칭하려는 연을 공격하려다 중지한 사건, 2차 접촉은 바로 연이 동호를 격퇴하고 조선까지 침공하였는데, 당시 조선은 국경 만번한을 지키고 평화 담판을 통하여 양국의 경계를 확정한 것이다. 이것이 상기 기사이다. 여기서 만번한은 평북의 창성강昌城江, 대령강大寧江, 청천강을 의미하는데 창성강은 대령강으로, 대령강은 청천강으로 각각 유입되기 때문에 청천강으로 보아도 좋다는 것이다. 그러나 『사기』 「조선열전」에는 "연의 전성기 진번과 조선을 복속시키고 관리를 파견하는 한편 장새障塞를 쌓았다"라는 기사가 있는데,[90] 구밍쉐 등은 '진번과 조선'을 '진번조선'이란 단일 지명으로 보고, 청천강 이남과 대동강 이북의 지역에 비정한 후, 아울러 근래 북한에서 발견되었다는 '대령강 장성'(압록강 중류에서 박천으로 이어진다는)이 바로 당시 연이 이 지역을 점령하고 쌓은 성이었다는 것이다.[91] 요컨대 고조선

89　이 점을 분명하기 위하여 '중국의 서방'은 인도지 티베트가 아니라는 것을 예로 들었다.
90　"自是全燕時 嘗略屬眞番 朝鮮 爲置吏 築障塞".

의 강역은 시종 청천강을 넘지 못하였으며, 전국시대 전성기 연은 청천강 이북까지 요동군을 설치하고, 더 나아가 그 이남 대동강 이북 지역까지 복속시켰고, 고조선은 대동강 이남에 존속하였다는 것이다.[92]

이 주장을 더욱 발전시킨 것은 류쯔민劉子敏이었다. 1991년 이미 구밍쉐와 비슷한 논지로 연과 조선의 강역을 논하며 '기자조선'의 실재를 재삼 강조한[93] 그는 조선이 결코 요동은커녕 청천강 이북을 점유한 사실이 없다는 것을 강조하는 일련의 논문을 연이어 발표하였다. 즉 그에 따르면 요동군이 설치되기 이전 '고요동古遼東'은 전국시대 연이 요동군과 요서군을 설치한 지역을 의미하며, 연의 요동군은 청천강 이북까지 포함하였고 '요동 외요外徼'는 요동군 밖의 변경이 아니라 요동군에 포함된 변경이라는 것이다. 그러므로

---

91 顧銘學·南昌龍,「戰國時期燕朝關係的再探討」. 특히 이 논문은 대령강 장성(약 120km)을 고려의 장성으로 추정하는 북한학자들의 주장에 대해 다음과 같이 반박한다. 즉 ① 고려의 浿西道는 장성 서북에 있는데, 고려가 이 지역을 포기하지 않았다면 이 장성을 쌓을 리가 없다. ② 장성이 서북의 외적을 방어하기 위한 것으로서 중국의 만리장성과 방향이 상반된다고 주장하나, 이것은 명대 만리장성과 비교하였기 때문이며 전국시대 연 북방 장성과 그대로 접속한다. ③ 이 지역의 주민들은 이것을 자고로 '만리장성'이라고 불러왔고 고려가 11세기에 축성한 성은 '천리장성'이었다. ④ 북한 논문들은 城址에서 고려시대의 瓦片, 陶瓷片이 발견된 것만 보고하였지만, 박천군에서 국가 건축물에만 사용되는 전국시대 연의 와당瓦當이 발견된 사실을 잊어서는 안 된다. 전국시대 연의 동계를 논하는 근래 중국연구자들은 모두 이 '장성'을 연의 장성으로 단정한다.

92 顧銘學,「考釋『山海經』中有關古朝鮮的兩條史料」(2002)은 『산해경』의 다음과 같은 구절로 조선의 위치를 논증함으로써 1990년의 주장을 재확인·보강하였다. 즉 ① "朝鮮在列陽東 海北山南 列陽屬燕"(海內東經)의 '해북산남'은 "북에는 바다가 있으며, 남에는 고산이 있다."는 의미인데, '海'는 황해도 북의 황해, '山'은 묘향산맥이다. 연에 속하는 '列陽'은 연이 복속시킨 청천강 이남 대동강 이북의 지역이다. 그러므로 이 기사는 기원전 4~기원전 2세기의 상황을 정확히 기술한 것이다. 아울러 이 논문은 ② "東海之內 北海之隅 有國名曰朝鮮 天毒"(海內經)의 '천독'은 '王儉城'에 대한 음사였고, 그 후 발음이 비슷하면서도 뜻이 文雅한 '險瀆'으로 개사되는데, 應劭가 요동군 險瀆縣을 조선왕의 도읍 또는 위만의 도읍으로 잘못 주석한 것은 왕검성-천독-험독의 음사 관계를 알았기 때문에 오히려 실제 왕검성과 무관한 요동 險瀆을 조선왕의 도읍 왕검성으로 잘못 이해하였다는 것이다. 이것은 요동의 險瀆을 근거로 주장하는 '조선의 在遼東'설을 반박하기 위한 것이다.

93 劉子敏,「燕·遼東·古朝鮮」, 『東疆學刊』(哲學社會科學版), 1991-4.

연이 '度遼東而攻朝鮮'한 것은 '청천강 이북 지역까지를 건너(또는 지나) 조선을 공격한 것'이라는 것이다. 그 역시 '대령강 장성'을 주요 논거의 하나로 활용하였다. 한편 그는 '고요동'에서 활동한 동호는 물론 이인夷人(이인, 부여의 조선), 맥貊과 조선을 엄분하고, 『산해경』의 '조선 천독'의 '천독'도 옥저沃沮로 이해하여 조선과 분리시켜, 연이 취득한 2천여 리의 땅은 '고요동'의 서부에 있는 동호와 그 동부에 있었던 고맥족古貊族(청천강은 바로 이 고맥족과 조선의 경계)의 땅이었음을 주장하였다. 또 그는 연은 고조선과 진번을 정복한 후 다시 회군하여 청천강을 경계로 삼았지만, 진은 연의 요동군 밖을 넘어 조선의 대동강 이북 지역까지 장성을 확대하였기 때문에(낙랑군 수성현 일대까지) 위만이 처음 패수를 건너 거주하였다는 '秦故空地上下鄣(진의 옛 공지 상, 하의 장)'은 '요동외요'가 아니라 박천군 일대 청천강 남안에서 함종리咸從里에 이르는 연안의 좁은 지역이라고 주장하였다.[94] 이와 같이 '소 고조선'을 주장하던 류쯔민은 2000년 이후 기자의 처음 봉지封地는 한반도 남부 진辰이었고, 그곳에서 '기자조선'은 대동강 유역으로 중심지를 이동하였다는 주장을 전개하였다. 기자의 봉국封國을 진으로 처음 주장한 것은 멍원퉁蒙文通이었다. 그는 춘추시대 '송宋'을 '상商'으로도 칭한 예와 함께 '송이 대진大辰의 옛 터'라는 『좌전』 소공 17년의 기사를 근거로, 진은 송·상과 동일한 국호이며, 송은 상의 후예 미자微子의 나라, 진은 해중에 봉한 기자의 나라였다고 하였다.[95] 근 60년 만에 이것을 계승한 뤄지쭈羅繼祖는 상구商丘에 봉해진

94 劉子敏, 「簡議 "鉅燕" 與東北亞的若干古族—讀 『山海經』」, 『民族研究』 1995-4 ; 「讀古文獻的標點斷句與古朝鮮地望之研究」, 『東疆學干』, 哲學社會科學版, 1995-2 ; 劉子敏·金榮國, 「『山海經』貊國考」, 『北方文物』 1995-4 ; 劉子敏, 「關于 "遼東" 的考辨」, 『中國邊疆史地研究』 1996-1 ; 「"遼東外徼" 的考釋」, 『延邊大學學報』, 社會科學版, 1996-2 ; 「戰國秦漢時期遼東郡東部邊界考」, 『社會科學戰線』, 1996-5.
95 蒙文通, 「古代民族移徒考」, 『禹貢半月刊』 7권 6·7 합기, 1937, 37쪽.

고신씨高辛氏의 아들 알백閼伯이 진성辰星 제사를 주관함으로써 진성이 상성商星이 되었다는 『좌전』 소공昭公 원년의 기사를 추가하여 상商과 진辰의 동명 관계를 재확인하고 다음과 같은 결론을 내렸다. 즉 기자가 받은 봉토는 하대 은의 선공先公 상토相土가 개척한 '해외', 즉 한반도이며, 그 국호는 조선이 아니라 진이었다. 조선이란 명칭은 대체로 전국시대에 출현하여 그 후 위만이 계승한 것에 불과하며, 위만조선은 남부의 진을 통합하지 못하였다. 기자가 도착한 진의 토착민족은 마한인데, 한韓의 명칭은 서주 만기 또는 춘추초 한국韓國이 유입되면서 붙여진 것이며, 이후 진은 삼한(마한·진한·변한)으로 나뉘었다.[96]

장췬張軍도 진이 은의 선공 상토가 개척한 은의 '해외 속지屬地'라는 것을 인정하였는데, 특히 다음과 같은 ① 양궁지楊公驥와 ② 천멍자陳夢家의 주장을 원용하였다. 즉 ① 상토가 '해외' 속지를 개척하였다는 『시경』 상송 '相土列列 海外有截'의 '유절有截'은 갑골문에 보이는 은의 방국方國 '작雀'이다.[97] ② 갑골문에 보이는 '추이隹夷'는 본래 동북에 거주하던 조이鳥夷로서, 이들이 남하하여 회이淮夷·우이嵎夷·래이萊夷 등의 동이가 되었는데, 상족도 그 일파로서 산동을 거쳐 하남 섬서로 이동하였기 때문에, 상족과 동이는 근원이 같고, 상이 망한 이후 은의 유민 기자가 조선으로 갔다.

그러나 이것이 '기자의 진국행'을 입증해주는 것은 아니다. 그래서 장췬은 우이가 조선반도라는 것을 입증하기 위하여 우이가 일출지처日出之處인 양곡暘谷, 명이明夷라는 것, 진辰이 동방의 가장 밝은 별이므로 진국은 '동방 일출

---

96 羅繼祖, 「辰國三韓考」, 『北方文物』, 1995-1. 羅繼祖는 위만조선 이전 기자의 후예 조선왕 箕準은 날조된 것에 불과하며, 顧頡剛이 기자의 봉지를 산서의 箕로 주장한 것도 착오라고 주장한다.

97 羅繼祖도 '海外有截'의 '截'을 '斷', '정제'로 해석한 정현鄭玄의 주석을 반대하고 '有截'을 지명으로 주장하였다.

지국'을 의미하며, 이것은 '조선'의 함의에 부합한다는 것 등을 아울러 주장하였다. 그러나 그는 진이 곧 기자조선은 아니며, '기자조선'과 고진국古辰國은 동서로 이웃한 두 개의 지방 정권이었다고 주장한다. 그는 반도 내에서의 '기자조선'의 지망地望은 구체적으로 언급하지 않았다.[98] 그러나 이후 '기자의 진국행'을 주장하는 사람들은 대체로 진, 조선, 한반도, 은의 해외 '식민지'를 일치시키려는 그의 논지를 보완, 답습하였다.

류쯔민이 바로 이와 같은 '기자의 진국행' 주장을 수용한 것은 '기자조선'을 청천강 이남으로 국한시킨 자신의 주장을 더욱 강화하기 위한 것으로 보인다. 진의 중심 지역이 만약 한반도 남부라면, '기자의 진국행'은 위만조선 직전 '조선'과 그 중심지가 대동강 유역이었다는 것을 설명하지 않을 수 없다. 그래서 그는 '기자조선'의 북천을 주장한다. 즉 처음에 진으로 간 기자국의 명칭은 진국이었으나 춘추 전기 대동강 유역으로 이동하면서 국호를 조선으로 개칭하였다는 것이다.[99] 그가 동이의 거주지인 양곡暘谷, 우이嵎夷가 동이의 이동에 따라 요서, 요동을 거쳐 한반도 전체를 칭하는 지명으로 변한 것을 주장한 것은[100] 천명샤의 동이(상족과 기원이 같은) 이동설을 지지함으로써, '기자의 진국행'을 다시 한번 뒷받침하기 위한 것으로 보인다. 그러나 류쯔민과 함께 '기자의 진국행'을 주장한 먀오웨이苗威는 『시경』의 '相土烈烈 海外有截'로써 하대의 은 조상이 이미 조선반도를 개척하였다고 보는 것은 타당

---

98 張軍, 「辰國小考」, 『北方文物』, 1998-2.

99 劉子敏, 「關于古 "辰國" 與 "三韓" 的探討」, 『社會科學戰線』 2003-3 ; 苗威·劉子敏, 「箕氏朝鮮研究」, 『東北史地』, 2004-8. 이 논문은 明夷 爻辭 '箕子之明夷'의 '明夷'를 조선과 동의어로 보는 것을 반대하며, 명이를 지명으로 볼 수 없다는 것도 인정하였다. 그러나 '箕子之明夷'는 기자가 불운한 처지에서 재난을 피하며 실력을 보존한 처신과 태도 및 책략을 기록함으로써 그가 왜 조선반도로 피신한 것인가를 이해한 적극적인 의미가 있다고 주장함으로써 이 구절을 의연히 '기자 조선행'의 관련 자료로 주장하였다. '明夷'가 '조선'과 무관하다면 이 주장은 기자의 '조선행'을 전제한 견강부회에 불과하다.

100 劉子敏, 「"嵎夷" 與 "朝鮮"」, 『北方文物』, 2005-4.

하지 않으며, 진국은 기자가 건국한 것으로 주장한다. 그는 '유절有截'을 '작국雀國'으로 이해하는 것도 역시 무리이며, 정현의 주석대로 '절截'을 '정제整齊'로 이해하여 '해외유절'을 '해외가 솔복率服한 것'으로 이해하였다.[101] 그러나 그는 2008년의 논문에서도[102] '기자조선'의 강역 문제는 2004년 류쯔민과 공동 집필한 논문의(주 99) 결론을 그대로 견지하였다. 먀오웨이, 류쯔민과 구밍쉐가 자신들의 주장, 즉 "기자조선의 강역이 청천강을 넘은 적이 없다"는 것을 전면 비판한 두싱즈都興智의 2004년 논문을[103] 참고한 흔적은 확인되지 않는다.

물론 '기자의 진국행'은 '기자조선'의 이동설의 입장에서는 '소설'에 불과하다. '기자조선'이 주 초에 일시 요서를 거쳐 곧 한반도 서북부로 이동한 것을 주장한 양군이 진국은 은주 교체기의 고방국古方國이 아니라 위만에게 망한 '기씨조선'의 유민이 마한으로 들어가 한국韓國을 건설하자 마한인과 진한인(마한인과 중국 유민이 융합하여 형성된)이 한국에 대항하기 위하여 건국한 것에 불과하다고 주장한 것도[104] 바로 이 때문일 것이다. 그러나 처음 기후 청동기를 근거로 기자조선이 요서에서 한반도 서북부로 이동한 것을 지지한 장비보는[105] 요서에서 출토된 기후 청동기의 '기후'는 기자와 무관한 강성姜姓인 것을 인정한 이후 자설을 수정하였다. 즉 그는 기후 동기銅器로 '기자조선'의 동천을(요서에서) 주장하는 것은 '고조선 연구의 오구誤區'라는 관점을 천명하고, '기자조선' 이동설을 주장하는 학자들과 계속 논전을 벌이면서 '기자의 진국행'을 거듭 주장하였다.[106] 그러나 그의 논지는 대체로 장쥔의

---

101 苗威, 「關于 "古之辰國" 的再探討」, 『東北史地』, 2006-1.
102 苗威, 「箕氏朝鮮同周邊國, 族的關係」, 『東北史地』, 2008-1.
103 都興智, 「關于古朝鮮研究的幾個問題」, 74~76쪽.
104 楊郡, 「辰國考」, 『北方文物』, 2001-3.
105 張碧波·喩權中, 「朝鮮箕氏考」, 『社會科學戰線』, 1997-6.
106 張碧波, 「古朝鮮研究中的誤區—東北史評之」, 『黑龍江民族論叢』 1999-4 ; 「關于箕子與古

주장을 그대로 답습하면서 양곡·우이·명이 및 10개의 태양 신화에 등장하는 부상扶桑이 조선과 동의어로서 곧 한반도를 지칭하였다는 것을 부연 설명하는 한편 상족의 북방 기원설을 근거로 은 왕조 건립을 전후한 시기 동북과 한반도에 대한 은족의 거대한 영향을 강조하는 수준을 크게 벗어나지 못하였고, 진국으로 간 기자의 국호는 조선이었고 진국과 서로 이웃한 나라였다는 그의 주장도 장쥔의 주장을 그대로 답습한 것이다. 그에 의하면 주 초 요서의 기후箕候국과 한반도에 설치된 기자의 조선후국은 별개이며, 요서의 기후국은 춘추 초 고죽국과 함께 동호에 의하여 쫓겨났는데, 그 후 고죽은 한반도로 들어왔다는 것이다.[107]

이상과 같은 '기자의 진국행' 주장은 결국 요서를 경유하지 못한(또는 하지 않은) '기자조선'이 해로를 경유하여 한반도로 직접 간 '사실'을 나름대로 설명하기 위한 것이었지만, '조선행'이 왜 군이 '진국행'이었는가를 설명하지도 못하였지만,[108] 기원전 11세기 '기자의 진국행' 이후 한반도에 그 선진 문

朝鮮幾個問題的再思考一兼與楊軍先生商榷」, 2000 ; 「古朝鮮文化探源」, 『北方論叢』, 2000-1 ; 「十日神話別解」, 『學習與探索』, 2001-1 ; 「關于箕子東走朝鮮問題的論爭一與閻海先生商榷」, 『北方文物』, 2002-4 ; 「關于箕子與古朝鮮幾個問題再思考一與楊軍先生再商榷」·「關于箕子與朝鮮問題的爭論一與張博泉先生商榷」, 『東北民族與疆域論考』(上), 黑龍江教育出版社, 2002 수록.

107 그가 이것을 입증하기 위하여 『산해경』의 '朝鮮 天毒'의 天毒을 '天竹'의 오기로 보고, 이것을 孤竹과 典族으로 결합인 '典竹'으로 추정한 후, 『삼국유사』가 전하는 北帶方의 竹覃城을 고죽이 이동한 지역으로 추정한 것은 지나친 비약과 억단이다. 竹覃은 覃竹의 도치이며, 覃竹은 곧 典竹, 天竹이라는 것이다. 그러나 이 억단은 조선이 시종 한반도 내에 있었다면, 그 뒤에 병기된 '天毒'도 '조선'과 이웃한 한반도 내의 국가이어야 한다는 '요청'에는 부응한다.

108 그들의 논거는 조선·명이·우이·양곡이 한반도였다는 것과 진국이 夏代 이래 은의 '식민지'였다는 것뿐이라고 해도 과언이 아닌데, 후자를 뒷받침한다는 『시경』 상송의 구절도 그 증거 능력이 전혀 없다. 또 전자의 명이·우이·양곡이 설사 한반도를 지칭한 '조선'이었다고 해도 기자의 '조선행'을 군이 한반도 남부의 辰과 연결시킬 이유가 없다. 더욱이 '명이'는 지명도 아니다. 李德山, 「辰國新考」, 『學習與探索』, 2003-3, 126쪽의 다음과 같은 주장은 기자의 '조선행'이 곧 '진국행'이었다는 주장에 큰 도움이 되는 것 같다. 즉 진은 急音,

화가 거의 확인되지 않는다는 것도 문제이다. 천푸칭陳浦淸은 한반도의 청동기 시대를 기원전 10세기~기원전 5세기로 비정하고 그 유물이 평안북도와 황해북도에 집중 분포되었다는 '사실'을 '기자조선'에 의한 한반도 개발로 인정하였다.[109] 그러나 그 시기도 문제지만, 특히 청동기 유물이 한반도 북부에 집중 출토된 것은 '기자의 진국행'을 뒷받침하지 못한다. 또 장비보는 기자가 위대한 현인, 정치가, 철학가였음을 강조하고 그에 의한 조선의 '군자국' 화를 주장하였지만,[110] 역시 그것을 뒷받침하는 유물과 유적은 확인되지 않는다. 이에 비해 류쯔민은 이 문제를 다음과 같이 설명한다. 즉 기자가 한반도에 도착하였을 당시 한반도는 신석기시대 만기에 속하였기 때문에 청동기 문화를 보급할 단계가 되지 못하였다. 그러나 춘추시대 제환공의 요서 정벌을 계기로 동호가 요서로 남하하면서, 그 지역의 제 종족과 함께 창조한 곡인曲刃 청동단검(비파형 청동단검)을 대표로 하는 하가점상층夏家店上層 문화의 영향으로 한반도가 기원전 4세기에 청동기 문명에 진입하였으며, 그 이후 기자조선은 독자적인 세형 청동검 문화를 발전시켰다는 것이다. 이것은 곧 기자에 의한 한반도의 문명화론과 달리 동호에 의해 비로소 청동기 문명으로 진입한 '낙후된 기자조선' 상을 제시한 것이다. 청천강 이북에서 출토되는 명도전과 연의 철기를 근거로 '기자조선'의 청동화폐와 철기 사용을 주장하는 논자들을 반박한 것도 바로 이 관점을 그대로 반영한 것이다.[111] 그에 의하면 '기자조선'의 영토는 청천강을 넘은 일이 없기 때문이다.

조선은 緩音으로 동일한 의미인데, 주 초에 이미 한반도의 명칭 辰이 조선으로 대체되었다는 것이다. 그러나 이 음의 완급 관계가 입증될 수 있을지 의문이다.

109 陳蒲淸,「箕子開發古朝鮮考」.

110 張碧波,「箕子論一兼論中國古代第一代文化人諸問題」,『北方論叢』, 2004-1.

111 苗威·劉子敏,「箕氏朝鮮硏究」; 劉子敏,「先秦時期的古朝鮮未曾使用過靑銅鑄幣」,『東疆學刊』, 哲學社會科學版, 1994-2.

5. '기자조선'의 주박呪縛─맺음말을 겸하여

　이상으로 중국학자들이 고조선을 사실상 '기자조선'과 등치시키고 그 역사적 실재를 입증하려는 다양한 노력을 필자가 구독한 논저의 범위에서 조략하나마 개관하였다. 물론 빠진 부분도 있고, 신기한 창견도 더 있을지 모른다. 일견 그들의 논증이 너무 치밀하고 실제 일반인은 이해하기 어려운 한자의 가차假借와 음운학을 '종횡으로' 구사하는 부분이 많아 그 논증의 타당성을 평가하기 어려운 부분도 적지 않다. 그러나 다행히 중국학자들은 자신의 입론과 일치하지 않는 논저들을 대단히 엄격하게 비판하고 상대가 제시하는 증거들의 증거능력을 부정한다. 필자가 그 논저들의 문제점을 나름대로 정리하고 약간의 비판을 가할 수 있었던 것은 바로 그 덕분이었다. 그러나 문제는 상대의 약점은 잘 지적하지만, 상대가 지적한 자신의 약점은 별로 개의치 않거나 이미 그 증거능력이 없다는 것이 판정된 자료도 계속 활용한다는 점이다. 예컨대, 위에서 검토한 바와 같이 요서 출토의 기후 청동기가 기자와 무관한 것이라면, 그것을 이동설의 근거로 계속 이용할 수 없는 것도 명백하고, '명이'를 결코 국명이나 지명으로 해석할 수 없다면, 그것을 근거로 '기자의 조선행'을 주장할 수 없는 것도 상식일 것이다. 또 '천독天毒'을 험독險瀆, 또는 천죽天竺 = 전죽典竹 = 담죽覃竹 = 죽담竹談으로 각각 주장하는 사람들은 상대의 추정이 왜 성립할 수 없는가를 명확히 정리한 후 자설을 전개해야 하며, 『시경』 상송의 구절이 '하대 은의 해외 식민지 조선'을 입증할 수 없는 자료라면 그것을 근거로 한 어떤 논의도 진행해서는 안 될 것이다. 그러나 중국학자들은 의연히 자설을 고집한다. 그 결과 '기자조선' 긍정 논저들은 상대에 의해서 만신창이가 된 논지들이 가득한, 따라서 설득력이 거의 없는 것이 대부분이라 해도 지나친 혹평은 아닌 것 같다. 필자가 장황함을 무릅

쓰고 그들의 논거를 일부나마 상세히 소개한 것은 그들의 결론이 무엇을 근거로 어떻게 도출된 것인가를 소개함으로써 성급히 자신에게 편리한 결론만 무비판적으로 취하여 이용하는 것이 얼마나 위험한 것인가를 보여주고 싶었기 때문이다.

그렇다면 왜 중국학자들은 사실상 설득력이 없는 논문들을 계속 양산하고 있는 것인가? 이것은 결국 어떤 방식으로든 '기자조선'의 실재를 논증해야 한다는 '사명의식' 때문인 것 같다. 객관적인 학문의 입장에서 사실 '기자조선'의 실재에 굳이 집착할 이유는 없다. 기원전 2세기 말 한이 멸망시킨 위만조선이 있었고, 그 직전에 기씨箕氏를 칭한 조선왕이 있었던 것은 분명하다. 그러므로 고조선 문제는 이 기씨왕의 조선이 어느 시대까지 소급되고 그 강역이 어떻게 변한 것인가를 탐구하며, 그 문화와 사회·경제를 객관적으로 연구하면 그만이다. 자료가 영성하여 그 실체를 밝힐 수 없는 부분은 지나친 비약과 억단을 삼가면서 '다문궐의多聞闕疑'의 원칙을 지키면, 만족스럽지도 않고 공백은 많지만 '억단과 상상에 의한 가공架空의 역사'는 피할 수 있다.

그러나 입증되지 않는 '기자조선'의 틀을 견지하면, 모든 문제가 역사상 실재한 주 초의 기자와 그와 관련된 전승과 결부되어, 고조선은 적어도 기원전 11세기까지 소급되고, 그 강역도 기자가 간 '조선'의 위치에 따라 신축할 뿐 아니라, 고조선 주민의 주체와 그 문화, 나아가 그 역사 귀속의 문제와 필연적으로 연결되지 않을 수 없다. 즉 '기자조선'은 중국인에 의한 중국 역사의 일부로서의 고조선을 주장할 수 있는 기본 틀이지만, 이것은 피할 수 없는 오류를 양산시키는 주박呪縛이다. '기자조선' 긍정론이 예외가 없을 정도로 '기자조선'은 주의 후국侯國 또는 번속국藩屬國이며, 은인 기자가 상당 규모의 중국인을 대동한 것을 강조하는 것은 결코 우연이 아니다. 여기서 우리는 중국학자들이 사료적 가치가 전무한 조선시대 자료를 인용하여 기자가 대동한 '중국인 5천 인'을 부각시키는 이유, 하대夏代 이래 은의 '식민지'였고 은족과 동일한 계통인 동이가 대거 유입되었다는 진국辰國을 기자의 후국으로 설정한 '소설' 수준의 억지가 '당당히' 학술지에 게재되어 '학설'로 통하는 이유도 짐작할 수 있다.[112]

물론 그들도 '기자조선'의 토착민 문제를 의식하지 않을 수 없었다. 그러나 많은 학자들은 고조선의 주민을 기자가 대동한 은족과 토착민이 융합한 '조선만이朝鮮蠻夷'[113] 또는 기자가 대동한 은족과 당지의 예穢, 또는 양이良夷와 결합한 '고조선족古朝鮮族'으로 명명한다.[114] 이것은 결국 '기자조선'의 주민을 예맥을 비롯한 주변의 종족 집단과 구분된 특수 집단으로 규정함으로써, 한국학자들이 주장하는 '예맥의 고조선'을 부정한 것이다. 여기서 류쯔민이 '조선'과 예맥을 애써 분리시킨 이유도 알 수 있을 것 같다. 어쨌든 예맥과 고조선의 분리는 곧 고조선과 한국사를 분리시킬 수 있는 필요조건이며, 이것은 동시에 고조선을 중국사에 편입시킬 수 있는 근거가 될 수 있다. 고조선, 즉 '기자조선'은 주민의 구성이나 그 문화에 은족의 중심적인 역할이 확보되었기 때문이다.

그러므로 '기자조선'이 '중화 동북지구의 명실공히 지방정권'이었다는 주장도[115] 별로 놀라운 일이 아니지만, 이 점을 보다 분명히 주장한 것은 먀오웨

---

112 張碧波가 '기자의 진국행'을 주장하기 이전 喩權中과 공동 집필하여 '기자조선'의 이동을 주장한 「朝鮮箕氏考」가 『詩經』 大雅 韓奕의 시를 아무 근거도 없이 '기자조선을 찬송한 시'로 단정하고, 주왕이 책명한 韓侯를 箕子로 단언한 것은 '소설'의 극치였다.

113 劉子敏, 「關于故 "辰國" 與 "三韓" 的探討」, 134쪽.

114 李德山, 『東北古民族與東夷淵源關係考論』, 102쪽. 그러나 리더산은 이런 주장은 기자 이전의 '고조선족'의 존재를 부정하는 것이라고 반박하고, 기자 이전 고조선족을 동이계인 邾婁族으로 추정한다. 그러나 그 역시 기자 이후 箕族과 고조선족의 신속한 결합을 주장함으로써, 사실상 '기자조선'의 주민을 주변의 동이와 구분된 '신新 고조선족'으로 인정하고, 아울러 기자에 의한 문명화를 강조함으로써 '신 고조선족' 주체의 '기자조선'을 주변과 다른 특수 지역으로 상정하였다. 같은 책, 103~110쪽 참조.

이였다. 그는 위만조선까지 포함한 고조선과 중원 왕조의 관계를 논한 논문의 제1절과 제2절의 제목을 각각 '고조선은 고대 중국인이 건립한 정권이다', '기씨 조선은 중원 천자가 봉한 후국이다'로, 제3장의 제목을 '위씨조선은 중원 천자의 외신外臣이었다'로 붙였다. 그러나 필자의 흥미를 더욱 끈 것은 제4장 '고조선의 고지는 이후 장기간 중국 관할에 속하였다'의 다음과 같은 내용이다. 즉 위만 조선의 멸망 후 한은 그 고지에 4군을 설치하였고, 고구려가 그 지역을 점령하였을 때도 고구려는 중국 영토의 일부였다는 것이다.[116] 이것은 결국 '기자조선'과 고구려의 귀속 문제가 서로 불가분한 연장선에 있다는 것을 폭로한 것인데, 위만조선의 성격을 '기자조선'과 마찬가지로 중화의 지방정권으로 규정한 장비보의 다음과 같은 주장은 이 점을 더욱 분명히 정리한 것이었다. 즉 "기자조선이 없으면 위만조선도 없었고, 한4군도 없었으며, 고구려 및 평양 천도도 없었고, 발해가 고구려의 구 강역을 점유하는 일도 없었다."[117] 여기서 '기자조선'이 고구려와 발해의 중국사 편입을 위한 최초의 불가결한 환절이라는 것을 분명히 인식할 수 있다면, 장비보가 고구려가 '중화민족 다원일체多元一體 격국格局 체재'에 귀속되는 것을 주장하기에 앞서 은상의 후예 '기자조선'과 연·제의 유민流民 위만조선 역시 '다원일체 체재'에 속한다는 것을 명기한 것이나,[118] 마다정馬大正이 '기자조선'과 위만조선의 귀속이 고구려 귀속 확정의 전제라고 주장한 것은[119] 모두 예상할 수 있는 것이었다.

중국학자들도 고조선에 관한 자신들의 논문들이 대부분 너무나 취약하며,

---

115 張碧波, 「中國歷史疆域的界定與文獻學考古學的根據」, 115쪽.
116 苗威, 「試論古朝鮮與中原王朝的關係」, 『博物館研究』, 2008-2.
117 張碧波, 「衛氏朝鮮文化考論」, 『社會科學戰線』, 2002-4, 184쪽.
118 張碧波, 「高句麗研究中적誤區」, 『中國邊疆史地研究』 1999-1, 36쪽.
119 馬大正, 「中國學者的高句麗歸屬研究評析」, 『東北史地』 2004-1, 5쪽.

그 원인이 '기자조선'의 틀에 집착한 때문인지 모를 리가 없을 것이다. 그들도 '기자조선'이 자유롭고 객관적인 연구를 방해하는 주박이라는 것을 잘 알고 있을 것이다. 그러나 그들은 그 주박을 벗어날 수 없다. 대중화민족주의 역사관이라는 거대한 틀에서 최초의 불가결한 환절인 '기자조선'을 포기할 수 없었기 때문일 것이다. 장비보가 주장한 바와 같이 '기자조선' 없이는 중국사의 일부인 고구려는 물론 발해도 있을 수 없다면, 과연 누가 '기자조선'을 감히 부정할 수 있을까? 그러나 이 때문에 중국학자들의 고조선 '연구'가 오히려 고조선을 더욱 오리무중에 함몰시키는 결과를 초래하였다고 해도 과언은 아닌 것 같다. 그러나 한국의 학자들 역시 고조선 연구에서 민족주의의 주박을 벗어나지 못한다면 그 결과는 중국사학계와 비슷할 것이다. 끝으로 고조선 연구의 최신 대작 김정배 교수의『고조선에 대한 새로운 해석』의 다음과 같은 구절을 소개해보자.

> (단군과 고조선의 중심지에 대해서는)『삼국유사』등의 사서에서 이미 평양설이 나타난 바 있었다. 아울러 삼조선설이 대두되면서도 평양설은 자리를 잡고 있었으며 실증사학자들도 입장은 다르지만 평양설을 갖고 있었다. 그러므로 북한학계가 단군릉 발굴을 계기로 종래의 요동설에서 평양설로 견해를 바꾸었다고 해서 이상한 시각으로 볼 필요는 없다. 물론 고고학적인 발굴 관점에서 절대연대에 대하여 논란이 있는 것은 사실이나, 이것을 학자들이 공동으로 연구하는 등 견해를 좁히는 방안을 찾는다면 단군 연구의 좋은 선례가 될 것이다." [120]

이 주장은 이 책이 고조선 연구의 사적 고찰을 '삼조선설', '민족주의사학자의 견해', '실증사학의 견해', '사회경제사학자의 견해', '북한학계'로 나누어 서술한 것과 무관하지 않은 것 같다. 역사 연구에서 이념과 사관도 중요

---

120 김정배,『고조선에 대한 새로운 해석』, 고려대학교 민족문화연구원, 2010, 57쪽.

하다. 그러나 어떤 사관과 방법론도 '엄정한 사료비판을 통하여 확보된 믿을 만한 사료에 근거한 합리적 논지'란 시험대를 면제받을 수 없다면, 역사의 진상을 탐색하는 연구에 북한학계가 따로 있고 민족주의사학이 따로 있을 수는 없지 않은가? 애초에 실증적 토대가 없는 '민족주의사학'이나 '사회경제사학'이라면 '학설'로 성립할 수도 없는 것이며, 그 결론이 특정 이념이나 주의 주장에 바람직하다는 이유로 논증되지 않는 억단을 '학설'로 대접할 이유 역시 없다. 북한이 조작한 단군릉도 그 날조를 폭로, 배격하면 그만이지, 과연 상기 인용문처럼 학문적인 배려를 할 필요가 있는 것일까? 이런 배려 역시 청산해야 할 주박을 벗어나지 못한 사정을 배려한 것은 아닐까?

고조선과 요하문명

이청규

1. 머리말
2. 고조선과 요하문명에 대한 기초적인 이해
3. 요하유역의 맹아기 문명과 고조선
4. 요하유역의 형성기 문명과 고조선
5. 결론

1. 머리말

고조선의 실체를 고고학적으로 설명하기 위해서는 신화와 문헌기록에 대한 해석이 앞서야 한다. 고고학적 자료로써 곧바로 고조선을 해석하거나 검증하는 것은 불가능하기 때문이다. 달리 말하면 신화와 문헌기록에 제시된 고조선의 시공간적 범위와 사회적 성격이 결정되어야 그것에 맞추어 고고학

李淸圭 영남대학교 문화인류학과 교수.
　저서로는『제주도 고고학 연구』(학연문화사, 1995),『한국사 연구 50년』(공저, 혜안, 2005),『중국 동북지역 고고학 연구현황과 문제점』(공저, 동북아역사재단, 2008),『요하유역의 초기 청동기문화』(공저, 동북아역사재단, 2009),『요하문명의 확산과 중국 동북지역의 청동기문화』(공저, 동북아역사재단, 2010)가 있고, 논문으로는「한국의 원시고대 남방문화론에 대하여」(『강좌 한국고대사』9, 2002),「사로국의 형성에 대한 고고학적 검토」(『신라문화제학술논문집』26, 2002),「한중교류에 대한 고고학적 접근―청동기시대에서 철기시대까지」(『한국고대사연구』46, 2003),「청동기를 통해 본 고조선과 주변사회」(『북방사논총』6, 2005),「선사에서 역사로의 전환―원삼국시대 개념의 문제」(『한국고대사연구』46, 2007),「다뉴경 형식의 변천과 분포」(『한국상고사학보』67, 2010) 등이 있다.

적 자료를 대입할 수 있는 것이다.

그러나 현재의 고대사학계는 이에 대한 의견이 각양각색이다. 따라서 고조선과 맞물리는 유적유물 갖춤새 혹은 고고학적 문화가 무엇인지 살펴보는 것은 이들 의견에 공통된 최소한의 요건을 제시하는 수준에 그칠 수밖에 없다.

고조선의 영역에 대하여 좁게는 요동 또는 서북한의 하위 지역에서부터 넓게는 요서에서 한반도 남부에 이르는 상위 지역이 제안된다. 어느 주장을 따르든 고조선이라는 정치체 자체의 형성과정과 인접한 다른 정치체와의 관계를 설명하기 위해서는 요하遼河 유역과 그 주변의 고고학적 문화에 대한 검토가 필수적이다.

여러 연구를 종합하면 고조선을 포함하여 역사기록에 등장하는 여러 집단들은 정치적으로 성장하여 다른 집단과 구분되는 정체성을 필요로 하는 정치체 혹은 복합사회로 이해할 수 있다. 단순히 혈연에 기반을 둔 수평적 공동체사회가 아니라, 수직적인 불평등사회여야 하는 것이므로, 원시, 야만단계를 벗어난 요하유역의 초기 문명과 어떤 식으로든 관련이 있을 수밖에 없다.

최근에 중국학계에서는 요하유역의 홍산문화紅山文化가 황하유역의 그것보다 이른 문명이라고 주장하고 있다. 그러나 그들의 주장처럼 신석기시대 단계의 홍산문화를 문명이라고 할 수 있는지 검토가 필요하며, 정작 요하유역에서 문명으로 규정할 만한 문화는 그다음 청동기시대의 고고학적 문화로 보아야 한다. 이러한 맥락에서 기원전 4천 년기부터 기원전 2천 년기의 여러 고고학적 문화를 넓은 의미로 요하문명이라는 이름으로 접근하고자 한다. 다소 자의적인 개념규정이지만, 특정한 집단의 명칭이 처음 문헌기록에 등장하고 청동기가 대량 생산 보급되는 시기가 기원전 1천 년기의 문화이므로 이를 형성기의 문명, 그 이전의 기원전 2천 년기 이전의 문화를 맹아기의 문명으로 구분한다.

시간과 공간은 다르나 같은 집단으로 규정할 때에는 각각의 문화를 통해 그 계승성이나 이동성을 입증해야 하는데, 그것은 문화를 구성하는 각종 유적유물의 속성과 형식의 비교를 통하여 접근할 수 있다. 하나보다는 여러 장르에 걸쳐서, 그리고 속성보다는 형식 수준에서 상호 유사성이 확인될 때 더욱 동질적인 사회집단이 될 수 있다.

2. 고조선과 요하문명에 대한 기초적인 이해

(1) 고조선에 대한 고고학적 이해

요하유역과 그 주변에 존재하였던 사회집단으로 기록에 처음 등장하는 예를 들어보면 예맥濊貊, 동호東胡, 산융山戎, 조선朝鮮 등이 있다. 그중에서 무엇보다도 조선이 예맥과 어떻게 구분되는지 논란이 많다. 전자가 후자의 일부에 해당하는지 혹은 양자가 별개인지 연구자마다 주장하는 바가 다르다. 예맥, 조선과 분명하게 구분되는 동호, 산융도 각각 연산燕山 이북과 요하 이서, 심지어는 요하 이동 어느 곳에 위치하는지 의견이 엇갈린다. 다만 산융이 동호보다 대체로 서쪽에 위치하며, 연산 이남을 벗어나지 않는다는 데 의견이 일치할 뿐이다.

문헌기록에 등장하는 이러한 집단을 살필 때 그 존속기간이 짧아 아예 이름이 전하지 않거나 같은 이름이라 하더라도 문화적인 기반과 정치적인 소속이 각기 다른 경우가 있음을 고려해야 한다. 그러한 상황이 유적유물에 반영된 고고학적 문화를 파악하기 어렵게 만든다. 또한 사회적 발전단계와 시공간적 범위를 어떻게 확정하느냐에 따라서도 대응시킬 수 있는 고고학적 문화가 달라진다.

고조선의 사회적 발전단계에 대하여 북한학계에서는 마르크스주의사관의 관점에서 계급적 차별을 강조하는 노예국가사회의 틀에서 접근한다. 남한의 고대사학계에서는 고대국가 이전의 과도기적 단계로서 부족국가, 혹은 성읍 국가 등의 개념이 제시된 바 있다.

현재 남한고고학계에서는 세계 여러 지역의 민족지와 고고학 자료를 토대로 한 서구 고고학의 신진화론을 적극 수용하고 있는 상황이다. 이에 따르면 국가State 이전에 군장사회Chiefdoms Society(족장사회, 추장사회, 수장사회 등으로 불림, 이하 군장사회로 통일함)가 있으며, 이는 다시 공동체 지향의 초기 군장사회, 개인권력 지향의 후기 군장사회의 두 단계로 구분된다. 또한 같은 국가라 하더라도 왕권이 강화되고, 중앙통치조직과 법적체계가 갖추어진 후기의 성숙 단계와 그 이전의 초기단계로 구분될 수 있다. 이러한 신진화론의 관점에 따르면 문헌상의 지역집단은 적어도 초기 군장사회 수준이어야 한다. 그리고 기원전 3～2세기경의 문헌기록을 볼 때 고조선은 최종단계에 초기국가는 물론 성숙한 국가의 사회적 발전단계까지 이른 것으로 이해할 수 있다.

고조선의 공간적 범위가 어디인지에 따라서 각 단계의 고조선에 대응되는 고고학적 문화 또한 차이가 날 수밖에 없다. 고대사서에 전하는 고조선 관련, 특히 후기의 기록 내용이 서북한을 무대로 하고 있음은 분명하며, 단군과 관련한 역사시대 이후의 유적지가 같은 지역에 전하고 있다. 따라서 고조선과 관련하여 중요한 지표 중의 하나는 공간적으로 한반도와 관련되지 않으면 안된다는 점이다. 실제로 고조선의 요하유역 중심설을 주장하는 연구자들도 그 영역이 한반도에 이른다고 주장한다.

한편 일정한 영역을 밝혀냈다고 하더라도 그 안에서 중심이 하나가 아니고, 여럿이 있는 경우 또는 중심이 고정되지 않고 이동하는 경우 등이 있음에 주의해야 한다. 그 중심은 다량의 위세품을 부장한 무덤과 큰 규모의 마을유적을 아울러 살펴서 입증해야 하는데, 실제 발굴조사로써 얻은 자료는 이를 충족시키지 못하고 있다. 따라서 어쩔 수 없이 상대적으로 많은 발굴이 이루어진 무덤유적에 중점을 두어 살펴볼 수밖에 없다.

선택하는 기록과 그 해석에 따라서 고조선의 상한연대에 대한 견해는 기원전 3천 년기 후반과 기원전 2천 년기 말로 보는 의견으로 크게 엇갈린다. 전자의 관점에서 보면 후기고조선이 후자에서는 전기고조선이 되는 셈이다. 두 의견의 차이는 두말할 것도 없이 단군이 고조선을 세운 시점을 어떻게 해석하느냐에 따른 것으로 이에 대응하는 고고학적 문화가 각기 다른 것은 물론이다. 이는 또한 같은 고고학적 문화에 대해 각기 다른 편년 안을 제시하는 근거가 된다. 북한의 연구자들이 전기고조선에 대응된다고 하는 지석묘와 관련한 유적유물 갖춤새의 실연대를 종전보다 무리하게 1~2천 년 올려 잡는 것이 바로 그것이다.

여하튼 고조선은 기원전 3천 년기를 넘지 못하므로 그 이전의 요서지역 홍산문화는 그 이전 단계에 속한다. 기원전 2천 년기 초의 상한설을 따를 경우 비파형동검 이전의 청동기문화를, 기원전 2천 년기 말 상한설을 따를 경우에는 비파형동검 이후의 문화를 중심에 두고 논의할 수 있다.

무엇보다도 중국 문헌에 기록된 요하유역의 여러 집단을 기원전 1천 년기 이전의 것으로 보기 어렵다. 비파형동검문화가 기록에 나오는 당대의 문화이므로 그 이전의 문화를 고조선이라 주장하기 위해서는 동일한 공간에 형성된 비파형동검문화와의 일정한 계승성을 입증해야 한다.

(2) 요하문명론의 검토

서구 고고학에서 고대문명Ancient Civilization은 문자, 도시, 그리고 청동야금술의 3요소를 기본으로 논의해왔는데, 그것은 대체로 구대륙문명에 적용된다. 아시아지역의 경우에는 갑골문자, 청동예기, 궁정지 등의 고고학 자료가 확보된 황하유역의 은허문명殷墟文明이 그 대표적인 고대문명이다.

그런데 최근에 중국 동북지역의 요서지역에 신석기시대 후기의 홍산문화가 문명단계에 진입하였다는 궈다순郭大順 등의 중국연구자들이 주장하는 요하문명론은 이러한 관점과 거리가 있다. 신대륙문명의 예처럼 문명의 요건으로서 청동야금술은 생략되어도 좋지만, 도시와 국가에 대해서는 설명할 수 있어야 한다. 도시는 종교, 정치, 경제의 중심지로서 일정규모 이상의 인구 거주공간에 전문장인의 공방시설, 제사장의 종교적 행위, 권력자의 통치행위가 이루어지는 신전이나 궁정, 상인의 활동공간 등과 도로 같은 공공시설 등의 고고학적 증거가 뒷받침되어야 문명이라고 주장할 수 있다.

지금까지 요하유역에서는 거주공간에 대한 발굴조사가 충분하지 않아 그러한 증거를 제대로 확보하고 있지 못하다. 지표 관찰을 통해 마을유적의 규모에 일정한 서열이 있다고 주장하지만, 그 내부구조가 제대로 확인되지 않고 있다. 설혹 발굴된다고 하더라도 황하문명의 이리두 유적의 예처럼 궁정지가 발견될 가능성이 높아 보이지는 않는다. 메소포타미아지역에서 비슷한 시기에 도시형태의 구조가 드러난 우르크Uruk 등의 사례를 통해 입증되는 문명과는 일정한 차이가 있는 것이다. 그것은 마치 중동의 신석기시대 단계의 에리두Eridu 마을이나 일본 조몬시대의 산나이 마루야마三內丸山 환호취락을 도시라고 주장하는 맥락과 유사하다.

이처럼 주거공간 혹은 도시유적의 조사성과가 충분하지 않으므로 무덤과 제의시설을 통해서 설명할 수밖에 없다. 요하문명론은 고대국가의 기본질서인 예제禮制에 입각한 엄격한 등급사회가 홍산문화 단계에 형성되었다고 설명하고 있다. 그리고 그 증거로 제시한 것이 능원凌原 우하량牛河梁 일대에서 옥기玉器만을 부장한 이른바 유옥위장唯玉爲葬의 무덤이다. 그러나 이 같은 중국학자들의 주장과 달리 옥기 최다 부장묘가 규모가 크고 중심 위치에 있는 중심대묘가 아닌 사실로 보아 최상급의 실력자를 따로 구분할 정도로 계층에 대한 기준이 명확하게 설정되어 있는 사회가 아니었음을 알 수 있다. 그 무덤이 국가의 권력, 왕의 출현을 입증할 수 있는 왕릉급이라고 보기 어려운 것은 물론이다.

이처럼 충분하지 않은 근거만을 가지고 문명이라고 한다면 종전의 고전적인 문명에 비해 훨씬 포괄적이고 느슨한 의미의 문명이라 규정할 수밖에 없다. 중국학자들이 서구학계와 다른 이러한 광의의 문명개념에 근거하여 요하문명론을 제시한 배경에는 원로 고고학자 쑤빙치蘇秉琦가 제창한 구계문화유형론區系文化類型論, 고문화古文化-고성古城-고국古國 이론이 있다. 구계문화유형론은 현재의 중국 영토를 공간적 범위로 하여 6개의 문화구로 구분하며, 각 구별로 일정 계통에 따라 통시적으로 문화가 발전하는 것으로 설명한다. 이에 따르면 요하유역을 포함한 중국 동북지역은 6개 문화구 중의 하나인 북방지구에 속하고, 홍산문화에 대하여 고국 단계에 이른 것으로 설명하고 있다. 일찍이 고국의 문명단계에 이른 북방문화지구를 필두로 하여 6개 지역의 문화가 상호 융합하면서 현대 중국이라는 다민족통일국가를 지향한다고 주장하는 것이다.

이와 같은 홍산문화의 요하문명론은 황하, 장강(양자강) 유역을 중심으로 한 중원지역과의 교류를 강조하는 것이지, 몽골초원지역을 포함하는 북방지역이나 한반도를 포괄하는 동방지역과 관계한 것은 아니다. 삼황오제三皇五帝의 신화를 역사적 사실로 이해하고, 요순집단의 앙소문화仰韶文化와 황제집단의 홍산문화가 하북지역에서 융합 교류하는 것을 상징한다고 하는 설명 또한 같은 맥락이다. 실제로 홍산문화의 무덤유적에서 다량 발견되는 채색토기와 공예옥기는 중원의 황하, 장강 유역에서도 발달하고 상호 교류가 있었음이 주장되지만, 한반도는 물론 중국 동북지구의 동부에서는 정교한 옥기가 거의 확인되지 않는다.

　따라서 중국학계의 요하문명론은 중국 동북지역을 그들의 중국 국가 속에 편입시키고자 하는 동북공정과 관련된 그들 중심의 역사관에 근거한 것임에 주의해야 한다. 그것은 그 동북지역을 한반도와 연계하여 접근하고자 하는 우리의 관점과는 확실히 거리가 있다.

3. 요하유역의 맹아기 문명과 고조선

　앞서도 지적하였듯이 이 단계의 요하문명은 소극적이고 제한적 의미로 정의될 수 있는 문명이다. 이 요하문명의 시기는 청동기가 제작되지 않은 신석기시대 단계와 소형 장식품 정도의 청동기가 제작되는 초기 청동기시대로 구분된다. 이것은 기원전 1천 년기 고조선 등과 같은 기록상에 등장하는 집단 이름과 직접적으로 대응되지 않으며, 다만 그 시원적 조형집단으로서의 관계에 대해서 검토할 수 있을 뿐이다.

(1) 기원전 4~3천 년기의 고고학적 문화

　요하 상류와 대릉하 상류에 분포하면서 문명 단계에 진입하였다고 하는 홍산문화는 반복하여 강조하지만 기원전 3천 년 이전의 것으로 절대연대상 고조선 이전 단계에 속한다. 앞서 설명하였듯이 중국학계에서는 정교한 옥기를 부장한 무덤 자료를 근거로 적어도 엄격한 등급사회에 진입하였다고 주장하지만, 기원전 2천 년기 이 지역에 등장한 청동기시대의 하가점하층문화夏家店下層文化의 예와 비교할 때 홍산문화는 국가 이전의 군장사회 중에서도 더욱 초보적인 단계였을 것으로 판단된다.

　홍산문화에 속하는 토기는 지자문之字文의 통형관筒形罐이 일반적인데, 이는 요하유역 자체 내에 기원전 6천 년 이래 신석기시대 전기의 흥륭와문화興隆窪文化 단계부터 계승되는 양식의 토기이다. 이와 같이 출토되는 채색토기는 중원지역의 토기양식과 통하며 이 단계에 들어서 비로소 보급되기 시작한 것이다. 옥기 또한 흥륭와문화 단계에 귀고리 모양 등의 단순한 예가 있지만, 통형, 구운형勾雲形, 용, 봉황, 거북, 사람 모양 등 다양하고 정교한 형태는 이 단계에 갑자기 성행한 것이다. 이처럼 요서지역에 갑자기 등장한 채색토기와 옥기는 중원지역에서 널리 성행한 흔적을 찾을 수 있는 반면, 요동지역에서는 거의 확인되지 않는다. 요동이나 한반도에서 간헐적으로나마 발견되는 옥기는 귀고리 모양뿐으로 흥륭와문화 단계부터 주변으로 확산된 것이지 홍산문화와는 직접적으로 관련된 것은 아니다.

기원전 3천 년기에 홍산문화의 뒤를 이어 소하연문화小河沿文化가 등장하는데, 그 범위는 홍산문화의 분포권역을 크게 벗어나지 못한다. 이를 대표하는 내몽골 적봉시赤峰市 옹우특기翁牛特旗 대남구大南溝 무덤에 부장되어 있던 유물은 토제용기와 석기, 골각기가 대부분으로는 홍산문화에서 성행한 공예옥기는 거의 부장되어 있지 않았다. 이곳에서 사회의 계층화가 더욱 진전되거나 상위급 실력자의 존재를 인정할 만한 마을과 무덤 유적은 아직 조사된 바가 없다.

이러한 요서지역의 신석기문화에 대한 조사성과에 따르면 장래 상위급 마을이나 수장급 무덤이 조사되지 않는 한 홍산문화의 문명적 요소는 당대에 그쳤을 뿐만 아니라, 서북한은커녕 요동지역에서조차도 제대로 확산되지 못하였음이 분명하다. 요동지역에서 기원전 3천 년기 신석기시대 후기에 속하는 편보문화偏堡文化, 소주산小朱山 상층문화가 있었고, 동질적인 지자문 관형토기가 성행하였지만, 이들 또한 문명 단계 혹은 복합사회로 진입하였다고 할 만한 증거는 제시되지 않고 있다.

홍산문화로 일컫는 요서지역의 신석기시대 문화를 요동과 어떠한 식으로든 관계가 있을 고조선, 예맥은 물론이거니와 요서지역을 중심으로 자리 잡았다고 주장되는 동호, 산융 등과도 곧바로 연결시킬 수 없다. 그 시간적 차이가 2천 년 이상이기 때문이다. 이들 집단의 명칭은 앞에서 지적하였듯이 기원전 1천 년기에 같은 요서지역에 등장한 청동기문화에 대응시켜야 마땅하다.

건평 우하량을 중심으로 한 홍산문화의 지역집단이 다른 집단과 구분되는 자기 나름대로 음성언어상의 명칭을 얼마든지 가질 수는 있다. 그러나 그 명칭이 후대에 그대로 기록되었다고 하려면 그 계승관계가 입증되어야 하는데, 다음에 보겠지만 기원전 1천 년기의 후기 청동기시대문화는 물론 기원전 2천 년기의 초기 청동기시대문화와 유적유물 갖춤새에서 상호 공통되는 요소는 지금까지 확인되지 않고 있다.

(2) 기원전 2천 년기의 고고학적 문화

기원전 2천 년기에 등장한 하가점하층문화는 그 범위가 확장되어 요하 상류와 대릉하 상류를 중심으로 하여 동쪽으로 의무려산醫巫閭山, 서쪽으로 연산산맥燕山山脈, 남쪽으로 발해만에 이르는 요서지역을 공간적 범위로 한다. 이들 지역집단의 사회적 모습은 요하 상류의 영금하英金河 등지에서 실시한 지표조사로써 확인된 석성과 토성의 마을유적을 통해 설명할 수 있다.

마을의 공간적 규모와 성곽시설의 구조를 통해 중심마을과 연결된 다수 주변마을 간의 관계가 확인되었으며, 이러한 성곽 마을유적의 연계구조를 중국 연구자들은 외적의 침입으로부터 방어하는 후대의 장성과 같다는 의견을 제시한 바 있다. 그들은 이러한 성곽 마을의 해석을 근거로 하가점하층문화의 사회집단에 대해서 쑤빙치가 제창한 고국古國-방국邦國-제국帝國 중 방국 단계에 진입한 것으로 주장한다. 방국은 왕권이 확립된 국가체제로 이해되는

데, 이를 입증하는 데 필요한 궁정이나 왕릉 등의 고고학적 증거를 확보하지는 못하였다.

하가점하층문화의 상위급 마을로서 토성으로 둘러싸인 마을과 그 외곽에 조성된 800여 기의 공동묘지가 발굴된 내몽골 오한기熬漢旗 대전자大甸子 유적이 있다. 홍산문화 양식을 따른 옥기가 부장되어 있었지만 소형에 불과하며, 청동기 또한 생산공구와 소형 장식품이 부장되어 있는 사실로 볼 때 그 수월성으로 보아 옥기와 청동기가 최고의 위세품威勢品이 아닌 사실을 확인할 수 있다. 부장된 토기의 기종과 수를 통해 이에 속하는 지역집단 구성원 간의 계층화 현상이 있었음이 확인되지만, 그러한 계층이 엄격하게 제도화된 것으로 보이지는 않는다.

대전자 무덤에는 재지계在地系 토기와 함께 중원지역의 백색 규鬹(세 발 달린 가마솥)와 작爵(술잔) 모양의 이리두계二里頭系 토기, 요중遼中지역의 고태산계高台山系 적색 토기가 부장되어 있었다. 이리두계 토기는 상위급 무덤에, 고태산계 토기는 낮은 등급의 무덤에 부장되어 있어 신분에 따라 교역 혹은 생산 물품이 달랐음을 알 수 있다. 전자가 더욱 전문 기술이 구사되고 원거리에서 구해진 의기라 한다면 후자는 그보다는 다소 떨어지는 기술로 제작되는 근거리 생활용기이다. 의례와 관련되거나 높은 기술이 요구되는 토기와 공예유물은 중원지역으로부터 유통 또는 전파된 것인 반면, 생활용기나 생산공구의 일부는 요중이나 요동지역과 관련이 있는 것이다.

문헌기록에 등장하는 요서지역의 집단 명칭이 대응되는 기원전 1천 년기 하가점상층문화는 하가점하층문화로부터 계승되는 문화적 요소가 미약하다는 의견이 많다. 하가점하층문화의 감실 혹은 이층대가 있는 토광 무덤의 구조에서 단실의 적석 석곽무덤, 부장품으로 토제용기와 석제생산도구에서 청동제 무기, 용기 등 하가점상층문화로의 변화는 매우 갑작스럽다.

그러나 하가점상층문화에 청동기 갖춤새가 갑자기 다양하고 풍부하여지는 것은 기왕에 습득된 야금술을 토대로 주변지역과의 활발한 교류와 새로운 기술의 개발이 이룩한 성과로서 문화적 계승문제와 별개일 수 있다. 하가점상층문화에 요중지역과 유사한 적색토기가 크게 증가하는 것이 다르지만, 타날문打捺紋 회색의 삼족토기가 여전히 유행하는 사실도 제한적이나마 하가점하층문화로부터의 계승성을 인정할 수 있는 근거가 된다. 따라서 많은 연구자들이 산융 혹은 동호라고 주장하는 하가점상층문화집단이 앞선 하가점하층문화집단을 동일한 종족의 선조집단이라고 인식할 가능성을 전혀 배제하지 못하므로 그것은 홍산문화와 하가점하층문화와의 관계와 차별된다 하겠다.

하가점하층문화와 같은 시간적 단계에 속하는 문화로는 요중의 고태산문화, 요북의 마성자문화馬城子文化, 요동반도의 쌍타자문화雙砣子文化 등이 있다. 우선 고태산문화는 지리적으로 인접한 요하 중류지역에 위치한다. 생활유적에서는 중원이나 요서지역에 유행한 삼족토기가 확인되지만, 무덤에 적색토기만 부장되어 하가점하층문화와는 명확하게 구분된다. 지금까지 조사된 무덤은 많지 않은데 대부분 토광묘 계통으로서 우월한 신분의 존재를 인정할 만큼의 유물이 부장된 예가 없다. 앞서 지적하였다시피 같은 문화에 속하는 토기가 요서지역의 하가점하층문화, 요하 이동의 마성자문화의 권역에서도 다수 발견되고 있다.

마성자문화는 태자하太子河유역을 중심으로 분포하는데, 제대로 조사된 유적은 대부분 무덤으로서 마성자, 산성자山城子, 장가보자張家堡子 등의 동굴무덤이 있다. 대체로 20~50여 기가 군집을 이루어 조성되었는데, 1기의 토광무덤에 다수의 인골이 세골洗骨된 상태로 매장된 예가 적지 않다. 일상생활에 사용되었을 토기, 석기 등이 무덤에 부장되어 있지만 청동기나 옥기 등과 같은 위세품은 전무하다시피 하다. 토기 갖춤새를 보면 적색의 단지와 고배 등과 함께 일부 삼족기가 포함되는데, 상당수가 고태산문화계이다. 그중에서 돌대문突帶文이나 이중구연二重口緣의 토기는 압록강 중상류와 청천강 상류를 포함하는 서북한지역으로 일부 전파되었다. 또한 많은 연구자들이 이들 토기가 동 지역의 다음 기원전 1천 년기의 쌍방문화雙房文化에 계승되는 문화적 요소가 분명하다고 주장하는데, 이중구연 발형토기와 미송리식 단지형 토기가 그 대표적인 예이다.

이러한 마성자와 고태산문화는 대외적으로 정체성을 과시할 만큼의 사회적 발전단계에 이르지 못하였다. 부장유물이나 무덤의 규모 등에서 이들 문화는 씨족공동체사회의 수준을 벗어나지 못하여 홍산문화 수준의 문명단계로 진입하였다고 보기 어렵다. 따라서 기원전 1천 년기에 요동지역을 중심으로 기록에 등장하는 고조선이나 예맥과 관련이 있을 가능성은 낮으나, 그 계승성으로 보아 각각 그 시원적인 모체 중의 하나일 가능성은 충분히 있다.

쌍타자문화의 경우 요동반도 남단을 중심으로 분포한다. 쌍타자의 집자리 조사 예가 있는데, 중심취락으로서의 마을 구성이나 상위신분의 가옥구조가 확인되지 않고 있다. 무덤의 경우에는 같은 적석묘역에 석곽이 연접하여 조성되어 있는 적석총으로서 각 석곽에는 마성자문화의 경우처럼 다수의 인골이 세골하여 부장된 예가 많다. 부장유물로 간단한 청동제품이 있지만, 구성원 간에 분명한 계층 차이를 입증할 만한 수준은 아니다. 토기 갖춤새의 상당수는 흑색마연토기계 고배高杯, 장경호長頸壺 등으로 산동반도의 예와 같다. 이 지역에 신석기시대 후기부터 중원계의 토기가 지속적으로 유입된 것으로 보이는데, 이는 일정규모 이상의 인구가 묘도열도廟島列島를 거쳐 이동하였음을 반영한다. 요서나 요동의 다른 지역, 서북한지역에도 상호 유사한 토기가 있지만, 양적으로 산동지역에 비할 바가 못 된다. 그러한 이유로 쑤빙치는 요동반도 남단을 다른 요하유역과 구분하여 산동반도와 동일한 동방지구로 구분한 바 있다.

다음으로 기원전 1천 년기의 같은 지역에서 형성된 강상문화崗上文化 단계에 위와 같은 형식의 토기 갖춤새와 무덤양식이 계승된다. 따라서 이들 요동반도 집단이 독자적인 문화권을 형성하고 있음이 인정되는데, 실제 이를 따로 구분하여 부를 만한 문헌기록상의 집단 명칭은 분명하게 제시하기 어렵다.

4. 요하유역의 형성기 문명과 고조선

이 단계 또한 문명이라고 하나 도시, 국가의 존재를 분명히 입증할 수 있는 자료는 한정되어 있다. 다만 제사 의례용, 군사 방어 무기, 차마구 등의 청동기가 널리 제작 보급되었으므로 그나마 문명 개념으로 접근할 수 있다. 그러한 청동기가 보급되는 분포 상황을 고려하여 편의상 요서와 요동 지역으로 구분할 수 있는데, 연대상으로 보아 고조선 등의 집단명칭과 직접 대응이 되는 단계이기도 하다.

(1) 요서지역의 문화와 고조선

기원전 2천 년기 말에 등장하는 위영자문화魏營子文化는 청동 예기와 무기를 포괄하는 고고학적 문화로서 대릉하유역을 중심으로 분포한다. 이 문화에 해당하는 고고학 자료로서 청동기가 매납埋納된 제사유적이나 부장된 무덤이 다수 확인된 바 있다.

매납유적에서 출토한 청동기는 전부 제사용으로 사용되는 각종 용기이다. 이들 청동예기는 은말주초에 속하는 것으로 명문의 내용으로 보아 중원지역에서 제작된 것이다. 이들 청동기는 연산 남쪽과 연계된 세력이 요서지역으로 진출하면서, 아니면 요서의 토착세력이 연산남쪽으로 진출하면서 반입한 것이라는 상반된 의견이 있다. 그러나 어느 주장도 요동이나 서북한지역의 집단과의 관계를 설명하는 것이 아니다.

이 문화에 대하여 청동기의 명문에 근거하여 고조선과 관련된 기자箕子 집단으로 설명하는 주장이 있다. 그러나 이에 대응되는 토기 갖춤새가 확실하지 않고, 이 같은 문화를 담당한 집단이 일정한 정치체로서 성장하였는지, 그리고 다음 기원전 1천 년기의 고고학적 문화로 계승되었는지 여부를 입증할 만한 고고학적 문화는 아직 정리되어 있지 못하다.

앞서 위영자문화와 달리 하가점상층문화와 십이대영자문화十二臺營子文化는 요서지역에서 자체 생산되는 청동기를 갖추고 있는 고고학적 문화이다. 하가점상층문화는 요하 상류를 중심으로 분포한다. 20~30km의 근거리에 인접한 영성현 소흑석구小黑石溝와 남산근南山根 유적의 예에서 보듯이 다량의 청동기를 부장한 무덤유적이 있다. 이들 무덤유적에서 발견된 청동기는 무기를 비롯하여 각종 용기, 차마구와 장신구 등 기종이 다종다양하다. 작酌, 소형관小形罐 등의 상당수 용기와 공병식동검銎柄式銅劍 등의 무기, 차마구와 방어구 등은 그 독특한 형식으로 보아 현지에서 창안되고 제작된 것이다.

그러나 현지에서 제작되었다고 하더라도 다른 권역에 그 원형이 있거나 아예 제작되어 유입된 사례도 다수 포함되어 있다. 비파형동검과 다뉴경은 인접한 십이대영자문화권에서, 동물형 장식품은 내몽골 서부의 오르도스문화권에서, 그리고 역鬲, 정鼎, 궤簋 등의 명문이 있는 예기는 연산 이남의 중원문화권에서 유입된 것이다.

이처럼 다양한 계통과 기종의 청동기가 영성현 소흑석구 8501호, 남산근 3호 무덤의 예처럼 특정의 무덤에 다량 부장되어 있는 사실이 주목된다. 이를 통하여 현지 청동기의 제작을 후원하고 외래 청동기의 수입과 유통을 관장하는 권력을 소유한 수장이 등장하였음을 알 수 있다. 이들 수장은 조직 구성원의 인력을 동원할 수 있는 실력 그 이상의 정치적 권력을 갖추었으며, 그가 이끄는 지역집단은 공동체 지향의 군장사회가 아니라 개인 지향의 더욱 계층화가 진전된 군장사회에 이른 것으로 보인다.

십이대영자문화는 하가점하층문화와 노로아호산努魯兒虎山을 경계로 하여 동쪽으로 인접한 대릉하유역을 중심으로 분포한다. 이 문화 또한 대부분 수혈무덤과 그 부장유물을 통해서 확인된다. 하가점상층문화와 달리 북방계와 중원계의 청동기가 거의 함께 출토되지 않는다. 수장급 무덤으로 십이대영자 무덤의 예가 있는데, 소흑석구 무덤에 비해 기종과 수량이 월등히 적은 편이다. 용기는 전혀 전하지 않고, 공구나 장식품 또한 최소한 부장되었을 뿐이다. 그러나 이를 통하여 무기를 표지로 한 전사적 엘리트가 주도하는 개인 중심의 군장사회가 형성되었음을 확인할 수 있다.

비파형동검은 요동지역에서 기원하였다는 주장이 있는데, 이 주장을 수용한다고 하더라도 현재까지 알려진 자료에 따르면 그것이 널리 유행한 곳은 대릉하유역이다. 비파형동검과 다뉴경은 서쪽으로 요하 상류, 동쪽으로 요동과 한반도, 그리고 길림吉林지역에까지 널리 전파된다.

기원전 1천 년기에 중국 동북지역과 한반도에 걸쳐 요서지역의 십이대영자문화와 하가점하층문화 수준으로 청동기가 보급된 예는 없다. 바꾸어 말하면 청동기 제작과 보급의 중심지는 요서지역, 그중에서도 요하 상류와 대릉하 중류가 되는 셈이다. 그중에서 요하 상류의 하가점상층문화 집단이 앞서 보듯이 북방, 중원, 동방과 연계된 청동기를 다종다양하게 갖추고 있어 더욱 청동기 제작과 보급, 대외교류의 중심에 있었음을 추측할 수 있다. 대릉하 중상류는 하가점상층문화권과 가장 가까운 거리에 있어 이곳의 집단이 십이대영자문화권 중 기술정보와 물자의 교환이 가장 활발하게 이루어진 중심집단으로 성장한 것이다.

이러한 하가점상층문화와 십이대영자문화는 문헌기록의 여러 명칭 중 무엇에 해당하는가. 요동과 서북한과의 관계로 보아 후자가 고조선 혹은 예맥에 가깝다. 하가점상층문화는 동호 혹은 산융이거나 넓은 의미의 예맥집단 등에 해당될 것이다. 그리고 요동과 한반도 지역에 분포하는 동방계 청동기를 표지로 하여 고조선의 중심지를 제시한다면 요서지역 중 십이대영자문화의 수장묘가 확인되는 대릉하 상류가 된다.

(2) 요동지역의 문화와 고조선

기원전 1천 년기에 요동지역에 등장하는 고고학적 문화는 강상문화崗上文化와 쌍방문화雙房文化이다. 쌍방문화에 속하는 것이라는 의견이 있지만, 강상문화는 요동반도 남단에 분포하면서 같은 지역의 앞선 쌍타자문화의 토기 갖춤새는 물론 무덤의 양식도 계승한다.

여순 강상무덤에서 보듯이 적석묘역을 갖춘 군집묘로서 전 단계와 다른 점은 중심묘와 주변묘가 단일묘역에 구축되고, 비파형동검을 비롯한 청동기가 다량 부장되었다는 사실이다. 북한학자들은 이를 노예소유자와 순장노예의 공동무덤이라고 주장하고 있는데, 한 무덤에 다수의 인골이 화장 세골되어 묻혀 있으므로 그 같은 주장을 뒷받침할 증거는 없다. 부장되는 청동기 또한 비파형동검과 공구 및 소형 장식품 위주로서 노예소유자 계급이 지배하는 사회가 아니라, 초기 군장사회 수준인 것으로 이해된다. 따라서 요동지역에 고조선이 있었다 하더라도 강상문화를 그 중심적 지역집단으로 인정하기 어렵다.

쌍방문화는 요동반도 남단을 제외하고 대체로 요동지역의 전 지역에 분포하는데 이중구연토기와 조롱박 모양이나 이를 변형한 여러 단지 모양의 토기를 표지로 한다. 이에 속하는 무덤유적이 상당수 조사되었는데 석관묘, 대석개묘大石蓋墓, 지석묘 등이 있다.

대석개묘는 군집을 이루는 경우가 적지 않은데, 본계 신성자新城子 대편지大片地와 봉성현 동산東山유적이 그 대표적인 사례이다. 탁자식 지석묘보다는 청동기가 부장된 사례가 많지만 대부분 단검, 화살촉 등의 무기나 도끼, 끌 정도의 공구로서 빈약하여 요서지역에 비할 바가 못 된다.

탁자식 지석묘는 높이 1m의 지석, 길이 3m 이내의 상석을 갖춘 예가 대부분이나 개주 석붕산石朋山의 예처럼 높이 3m의 지석, 길이 7~8m의 상석을 갖춘 것도 있다. 일정한 거리를 두고 1기씩 조성된 예가 많으며, 부장유물로 토기와 생활도구 몇 점이 있을 뿐 청동기는 거의 보이지 않는다.

대석개묘와 지석묘를 축조하기 위해서는 다수의 인력을 조직적으로 동원할 수 있는 리더십이 있어야 했지만, 그러한 리더십은 아직까지는 대외적 교역이나 대내적 기술체계를 운용하거나 군사력을 동원할 수 있는 능력까지는 아니었다. 쌍방문화의 지석묘와 대석개묘 축조집단은 공동체 지향의 군장사회 수준을 크게 벗어나지 않는 것으로 이해된다.

지석묘와 대개석묘는 요서지역에서는 전혀 보이지 않는 반면, 서북한지역에서는 오히려 더 많은 숫자가 성행할 뿐만 아니라, 요동지역과 동일한 형식의 사례가 적지 않다. 요동의 개주 석붕산의 지석묘와 입지여건은 물론 형식, 그리고 규모 등에서 유사한 황해도 관산리冠山里 탁자식 지석묘가 그 대표적인 예이다.

대동강유역을 중심으로 한 서북한지역에는 신흥동문화新興洞文化가 형성되어 있다. 앞선 신석기시대의 금탄리식 토기의 전통을 이어받은 이중구연의 팽이형 토기를 표지로 한다. 일부 기종과 형식 면에서 유사한 예가 있지만, 요동과 서북한 지역의 토기 갖춤새가 쌍방형과 신흥동형으로 상호 구분되는 사실로 보아 두 문화집단은 인구의 전면적인 왕래 없이 각기 다른 인구

집단이 정착하였음을 알 수가 있다. 그러한 두 집단이 동일한 장송의례를 발전시켜 더욱 대형화하고, 정교한 같은 형식의 돌무덤을 상호 경쟁적으로 모방하면서 축조한 것이다.

이처럼 요동지역의 지석묘와 대석개묘 축조집단에 대하여 서북한지역과 상호 공통되는 묘제의 특성을 근거로 다수의 남북한연구자들은 이들을 고조선과 연관 지어 설명한다. 그런데 그 고조선은 다량의 청동기가 제작 생산되는 요서지역의 하가점상층문화와 십이대영자문화의 수장 무덤을 축조한 집단과 달리 초기 군장사회의 수준이었음에 주의해야 한다. 바꾸어 말하면 고조선이 비파형동검 등을 비롯한 청동기문화의 핵심과는 거리가 있음을 인정할 수밖에 없다.

요서지역의 소흑석구나 십이대영자 무덤 수준으로 청동기를 부장한 후기 군장의 무덤은 기원전 1천 년기 중반에 이르러야 요동지역에 등장한다. 심양 정가와자鄭家窪子 6512호 무덤이 바로 그것으로 다량의 무기와 마구, 장식품, 의기 등의 청동기가 부장되어 있었다. 이 무덤에 공반되는 토기를 보면 이중구연 점토대토기와 흑도장경호를 표지로 한다. 이러한 토기 갖춤새가 생활유적에서 충분하게 조사되지 않아 그 확실한 유형이 정리되지 않고 있다. 연구자에 따라서는 양천凉泉 유형이라고 하기도 하고, 아예 정가와자 유형이라고 하기도 한다.

이러한 정가와자 유형의 토기 갖춤새는 동검, 동경 등의 청동기 갖춤새와 함께 한반도에 널리 유행한 것이 일찍이 확인된 바 있다. 아산 남성리南城里 등 서남한지역을 중심으로 수장급의 무덤이 확인되었는데, 유사한 갖춤새의 청동기부장묘는 서북한지역의 평양 신성동 사례가 있다. 따라서 이미 전단계에 한반도에 보급되었던 정가와자 유형의 청동기, 토기문화가 이 단계에 이르러 한반도 남부에까지 널리 보급되면서 동 지역이 주변이 아닌 중심으로 자리 잡았다고 이해할 수 있다.

이러한 정가와자 유형의 청동기문화가 고조선의 중심집단에 대응될 가능성은 매우 높다. 첫째는 동일한 유적유물 갖춤새가 총체적으로 한반도 서북한은 물론 남한지역에까지 확산되었기 때문이다. 이는 서북한과 요동지역의 지석묘나 대석개묘가 속한 문화가 각기 다른 유형의 토기 갖춤새를 유지하고 있는 것과 분명하게 구분된다. 두 번째는 무기나 의기 등 각종 청동기의 제작과 보급 체계를 구축하고 있어서 이미 초기 군장사회를 벗어나 성숙한 군장사회에 진입한 정치체 단계에 이르렀기 때문이다. 요동지역의 지석묘에서 청동기가 부장된 사례가 드물고 대석개묘의 경우도 동검, 동부 등 수점을 부장하는 정도에 그치고 있다.

이러한 정가와자 유형의 토기 갖춤새는 같은 요양 이도하자二道河子 등의 사례가 있는 요동지역은 물론 조양 원대자遠台子 등에서 보듯이 요서지역에서도 전 단계 비파형동검과 공반하는 무덤의 사례가 있다. 그렇다고 한다면 십이대영자문화의 토기 갖춤새 유형이 정가와자 유형과 같을 수도 있는 것으로 이해할 수 있다. 또한 비슷한 시기에 객좌 남동구南洞溝 무덤의 사례에서 보듯이 비슷한 수장급 수준의 청동기부장묘가 요서지역의 대릉하 중상류지역에서도 확인된다.

기원전 1천 년기 중반에 요서와 요동지역의 이러한 청동기문화 지역집단에 대해서 문화적으로는 같으나 정치적으로 구분되는 집단으로 설명할 것인가, 그렇지 않으면 아예 각기 다른 집단으로 구분할 것인가는 고조선과 관련하여 중요한 문제이나 판단하기 쉽지 않다. 또한 각 집단이 당대 중국 측의 기록에 명시되어 있는지 아니면 명시되지 않았는지 판단하기도 어렵다. 분명한 것은 이들 청동기문화가 문헌기록으로 보아 요하유역의 군장사회를 벗어나 성숙된 국가 직전의 수준에 이르렀던 고조선, 동호 등의 지역집단에 대응되는 문화라는 것이다.

5. 결론

중국의 요하문명론이 1990년대를 전후하여 강화된 남북한 민족중심주의
적 경향에 대응하여 제시된 것이라는 의견이 있다. 북한의 대동강문명론이
바로 그것으로 평양정권의 역사적 정통성을 강화할 목적으로 대동강유역이
기원전 3천 년기 단군이래 시종 고조선의 중심이라고 주장하는 것을 내용으
로 한다. 북한의 연구자들은 이를 뒷받침하는 문명의 요소로 지석묘와 청동
기를 제시하였는데, 그 연대를 무리하게 종전보다 2천 년 이상 끌어올렸다.

신석기시대의 홍산문화를 요하문명이라고 하는 주장은 중국의 다민족통
일국가론을 목적으로 지향한 것이다. 그것을 뒷받침하는 것은 적석묘와 제
사신전, 옥기로서 쑤빙치의 고문화-고성-고국 이론 중에서 고국단계에 해당
한다고 주장한다. 이는 서구 고고학의 신진화론에 근거하면 초기 군장사회
에 해당되므로 문명이 곧 국가라는 전통적인 문명론과 사뭇 다르다.

요하유역에서 전통적인 문명의 요소인 청동기가 본격적으로 보급되는 것
은 기원전 2천 년기 후반으로서 요하 상류와 대릉하 중상류지역에 각각 위치
한 하가점상층문화와 십이대영자문화가 이에 해당한다. 청동기부장묘로 보
아 국가 직전 단계의 후기 군장사회로 진입한 것으로 이해되며, 요하 하류와
요동반도에서는 기원전 1천 년기 중엽경에 군장급의 청동기부장묘가 비로소
등장한다. 이러한 청동기의 중심 집단이 고조선이라고 하는 정치체를 확립
하고 그 정체성을 부각하기 위해서 단군신화의 기본 틀을 마련한 것이라고
할 수 있다.

많은 연구자들이 고조선을 주도한 집단이 곧 요동과 서북한지역의 지석묘

축조집단이라고 주장한다. 그러나 지석묘사회는 고조선을 구성하는 기반세
력인 초기 군장사회이다. 나름대로의 '國'으로서의 분명한 정체성을 확립
하거나 자발적으로 신화의 내용을 안정화시키지 못한 것으로 이해된다.

참고문헌

국문
궈다순·장싱더 지음, 김정열 옮김, 『동북문화와 유연문명』(상·하), 동북아역사재
　　단, 2008.
김정배, 『한국고대사와 고고학』, 신서원, 2000.
노태돈, 「고조선 중심지의 변천에 대한 연구」, 『단군과 고조선사』, 사계절, 2000.
미야자토 오사무, 『한반도 청동기의 기원과 전개』, 사회평론, 2010.
리지린, 『고조선 연구』, 과학원출판사, 1963.
복기대, 『요서지역의 청동기시대 문화연구』, 백산자료원, 2002.
사회과학원출판사, 『고조선 력사개관』, 중심, 2001.
서영수, 「고조선의 발전과정과 강역의 변동」, 『백산학보』 76, 2006.
석광준, 『조선의 고인돌무덤 연구』, 중심, 2002.
송기호, 「중국의 동북공정, 그 후」, 2011 발표예정.
송호정, 『한국고대사 속의 고조선사』, 푸른역사, 2003.
신용하, 『고조선 국가형의 사회사』, 지식산업사, 2010.
윤내현, 「한국고대사신론」, 일지사, 1986.
오강원, 『비파형동검문화와 요령지역의 청동기문화』, 청계, 2006.
우실하, 『동북공정 너머 요하문명론』, 소나무, 2007.
이종욱, 『고조선사연구』, 일조각, 1993.
이청규, 「중국 동북지역과 한반도 청동기문화 연구의 성과」, 『중국동북지역 고고학
　　연구현황과 문제점』(동북아역사재단 연구총서 45), 동북아역사재단, 2008.
＿＿＿, 「청동기를 통해본 고조선과 주변사회」, 『북방사논총』 6, 고구려연구재단,
　　2005.

이형구, 「대릉하유역의 은말주초 청동기문화와 기자 및 기자조선」, 『한국상고사학보』 5, 한국상고사학회, 1991.
조법종, 『고조선 고구려사 연구』, 신서원, 2006.

중문
郭大順, 『紅山文化』, 文物出版社, 2005.
郭大順·張星德, 『東北文化幽燕文明』, 江蘇敎育出版社, 2007.
蘇秉琦, 『中國文明起源新探』, 遼寧人民出版社, 2009.
烏恩岳斯圖, 『北方草原 考古學文化硏究－靑銅時代至初期鐵器時代』, 科學出版社, 2005.
田廣林, 『中國東北西遼河地區的文明起源』, 中華書局, 2004.
趙賓福, 『中國東北地區夏至戰國時期的考古學文化硏究』, 科學出版社, 2009.
華玉冰, 「中國東北地區石棚硏究」, 吉林大學博士學位論文, 2008.

이병도와 천관우의 고조선사 연구

조인성

1. 머리말

조선사편수회 소속 학자들을 중심으로 구성된 조선사학회에서는 시대별 통사인 『조선사대계』(전 5권)를 1927년에 간행하였다. 여기에는 식민주의사학의 한국사 인식이 잘 드러나 있는데, 고조선과 관련해서는 우선 단군조선의 실재를 부정하고, 기자조선과 위만조선만을 역사적 사실로 인정하였다. 기자동래설을 의심하고, 기자를 "고조선의 전설적 건국자"라고 하였다. 그러면서도 '기자조선'이라는 제목하에 건국, 기자의 치적, 연혁, 기자조선의

趙仁成 경희대학교 사학과 교수.
　저서로는 『태봉의 궁예정권』(푸른역사, 2007), 『일제시기 만주사·조선사 인식』(동북아역사재단, 2009), 『중국 동북공정 고구려사 연구논저 분석』(동북아역사재단, 2010) 등이 있으며, 논문으로는 「신채호의 고구려사인식─북한에 미친 영향을 중심으로」(『동북아역사논총』 23, 2009), 「이병도의 한국고대사연구─한사군·삼한의 역사지리연구를 중심으로」(『한국고대사연구』 55, 2009), 「실학자들의 한국 고대사 연구의 의의─김정희의 진흥왕 순수비 연구를 중심으로」(『한국고대사연구』 62, 2011) 등이 있다.

후계자 등을 자세히 다루었다. 반면 위만조선은 소략히 취급하였는데, 그 멸망 후 한반도의 북부지역이 "4백 수십 년의 오랜 동안 직접 지나支那(중국)의 영토가 되어 군현에 의해 지배" 되었음을 강조하였다. 널리 알려진 바와 같이 식민주의사학에서는 고대 한반도의 남부가 이른바 임나일본부를 통해 일본의 지배하에 있었다고 보았다. 요컨대 일찍이 한국은 중국과 일본의 식민지 내지는 그와 비슷한 처지였다는 역사상歷史像을 만들어냈던 것인데, 이는 한국인에게는 독립된 국가를 운영할 능력이 없다는 저들 주장의 역사적 근거가 되었다.[1]

한말 애국계몽 운동기에 '국조國祖' 단군에 대한 인식이 크게 고양되면서 신채호를 비롯한 민족주의 사학자들의 단군조선 연구가 시작되었다. 단군조선이 본격적으로 한국사의 첫머리에 자리를 잡게 된 것은 이때부터였으며, 그로부터 한국 역사의 뿌리이자 민족의 유구성과 독자성의 원천인 것으로 여겨지게 되었다. 식민주의사학에서 단군조선을 애써 부정하였던 것은 그것이 한국인들의 민족의식을 고양시킬 수 있다는 우려에서이기도 하였는데, 이러한 민족주의적 인식은 자칫 국수주의적인 인식으로 변할 소지를 내포한 것이기도 하였다. 1970년대 중반부터 흔히 '재야사학자'들이라고 불리는 일부 인사들은 합리적인 근거가 없음에도 단군조선이 기원전 2,333년 혹은 그 이전에 건국하였고, 이미 그 무렵부터 중국의 북부와 한반도를 아우르는 광역의 영토를 확보하였으며, 또 중국보다 우수한 문화를 갖고 있었다고 주장하고 나섰다. 이러한 주장은 그간 학계의 연구 성과와는 전혀 다른 것인데, 이들은 학계가 식민주의사학에 물들었다고 맹비난하였다. 또 학계의 연구 성

---

1 小田省吾, 『조선사대계 상세사』, 조선사학회, 1927, 31~60쪽. 기자조선은 33~43쪽, 한의 군현은 45~60쪽에서 다루었다. 이상과 관련하여서는 이만열, 「일제관학자들의 식민주의사관」 (『월간 독서생활』 1976년 6월호 ; 『한국근대역사학의 이해—민족주의사학과 식민주의사학』, 문학과 지성사, 1981, 273~274쪽)을 참고.

과에 기초하여 서술된 국정 국사교과서의 고조선사 서술을 자신들의 주장대로 수정할 것을 요구하였다. 일부 언론이 이들의 입장에 동조하였고, 이에 대해 관심을 갖는 시민들도 적지 않았다.[2] 현재도 이들은 인터넷을 중심으로 무시할 수 없는 영향력을 행사하고 있다.

한국고대사학계는 식민주의사학의 고조선사 왜곡을 극복하고 새로운 역사상을 정립하는 과제에 더하여 우리 사회 일각의 국수주의적 인식에 대응하여 합리적 이해를 시민들과 공유해야 할 책임도 맡게 되었다. 이 글에서는 이두 가지 점에 유의하면서 이병도와 천관우의 고조선사 연구를 정리하도록 하겠다.[3]

2. 단군조선

(1) 아사달사회

이병도는 1923년부터 1924년에 걸쳐 『동아일보』에 '조선사개강朝鮮史概講'이라는 제목으로 일종의 한국사 개설을 연재하면서 『삼국유사』에 실린 '단군설화'를 소개하였다. 일본학자들이 이를 가치가 없는 것으로 간주하여 한국사 서술에서 완전히 배제해버리는 경향을 지적하고, 자신은 "그중에 나타나는 사상은 매우 뿌리가 깊어 적어도 고대 북방민족의 전설의 일부를 전

---

2 조인성, 「국수주의사학과 현대의 한국사학」, 『한국사 시민강좌』 20, 1997, 2~6쪽.
3 이병도의 생애와 연구에 대해서는 다음을 참고. 진단학회 편, 「두계선생 연보」·「두계선생 논저목록」, 『역사가의 유향(遺香)—두계(斗溪)이병도선생추념문집』(일조각, 1991) ; 민현구, 「현대 한국사학의 태두로서의 이병도」(『한국사 시민강좌』 24, 1999) ; 민현구, 『한국사학의 성과와 전망』(고려대학교 출판부, 2006). 천관우의 생애와 연구에 대해서는 다음을 참고. 천관우, 「나의 한국사연구」(『한국사 시민강좌』 2, 1988)〔본래는 「육십자서六十自敍」라는 제목으로 『천관우선생환력기념 한국사학논총』(정음문화사, 1985)에 실렸던 것임〕 ; 이기동, 「서평 : 『고조선사·삼한사연구』」(『한국고대사논총』 1, 한국고대사회연구소, 1991) ; 문창로, 「천관우(1925~1991)의 사학과 고대사연구」(『한국고대사연구』 53, 2009).

하는 것으로 생각한다"라고 하였다. 다만, 단군을 부인하는 것은 아니지만, 관련 자료가 부족하여 구체적인 역사상을 알 수 없다고 하였다.[4]

해방 후 이병도는 '단군설화'에 대한 설화학적·민속학적 연구를 통해 단군조선의 역사를 밝히려고 하였다. 그 내용은 다음과 같이 정리할 수 있다.

환웅천왕은 단군조선사회의 시조신인 동시에 나라 사람들의 생명·신체·재산·선악·길흉을 맡았던 수호신이었을 것이다. 환웅이 하늘로부터 내려왔다는 태백산은 신읍神邑·신시神市이고, 신단수는 환웅이 내려왔던 계단이며, 또 그가 머무는 곳의 상징으로 풀이된다. 훗날 삼한의 소도蘇塗와 그곳에 있었던 큰 나무(솟대)가 각각 신시와 신단수에 해당할 것이다. 단군왕검은 천신족인 환웅과 지신족인 곰 토템 족의 여성 사이에서 태어난 존재로 생각된다. 단군은 삼한의 제사장 천군에 비견되는 것으로 제사장을 뜻하고, 왕검은 정치적 군장을 뜻할 것이다.[5]

단군신화에는 단군왕검이 아사달阿斯達에 도읍하였다고 전한다. 이병도에 따르면 아사달은 우리말 아사돌을 한자로 표기한 것인데, 아침이라는 뜻이라고 한다. 해가 뜨는 곳을 신성하게 여긴 고대 선민先民들이 자신들이 살던 곳에 붙인 이름이며, 후에 이를 한자로 번역(아역雅譯)한 것이 '조선'일 것이라고 하였다. 고대 여러 나라들이 처음에는 조그만 부락이나 도시에서 출발하였고, 나라 이름이 그 부락이나 도시의 이름에서 비롯되는 경우가 종종 있다는 점에서 이병도는 단군조선을 아사달사회로 명명하였다.

단군신화에 따르면 단군왕검은 1천 5백 년 동안 나라를 다스리다가 중국

---

4 「조선사개강」(3), 『동아일보』 1923년 10월 1일자. 「조선사개강」과 관련하여서는 조인성, 「이병도의 「조선사개강」—고대사 인식을 중심으로」(2010년 9월 25일 한국사학사학회 발표요지) 참고.

5 이병도, 「단군고기에 대한 신해석」, 『조선사대관』, 동지사, 1948, 20~26쪽 및 「단군설화의 해석과 아사달문제」, 『한국고대사연구』, 박영사, 1976, 27~35쪽.

주周 무왕이 기자를 조선에 봉封하자 장당경藏唐京으로 옮겨 갔다고 한다. 이 병도는 이를 지배씨족의 교체로 설명하였다. 평양 부근에 있던 본래의 아사달에는 새로운 지배씨족이 세력을 잡게 되었고, 단군왕검 이래의 옛 지배씨족은 황해도 안악安岳 부근으로 옮겨 또 다른 아사달사회를 건설하였으며, 이것이 후에 진번眞番이 되었다고 보았다. 단, 곧 보게 될 바와 같이 기자동래설을 인정하지 않고, 새로운 지배씨족이 건설한 국가를 한씨조선이라고 하였다.

널리 알려진 바와 같이 최남선은 식민주의사학의 단군신화 부정론을 비판하고, 신화학·종교학·역사학 등 다양한 측면에서 그것을 고찰하였다.[6] 이병도의 단군조선 연구는 기본적으로 이와 궤를 같이한다.

(2) 민족의 형성과 농경의 개시

천관우는 상고사에 대한 관심 가운데 흔히 보는 문제점의 하나가 "단군은 신화인가, 실지의 역사인가" 하는 물음이라고 전제하고, "단군이 전형적인 신화의 주인공인 것은 더 말할 것 없다"고 단정하였다. 그리고 신화에는 역사적 사실이 반영되어 있으므로 그것을 파악해야 한다고 하였다.[7] 이는 지극히 상식적인 견해인데, 굳이 이렇게 언급하였던 것은 단군조선의 건국을 기원전 2,333년으로 보아야 한다는 등 단군신화를 역사인 것처럼 간주하는 일각의 잘못된 주장을 바로잡기 위함이었다.

천관우는 단군신화가 곰과 호랑이를 숭배하던 선주先住의 어렵민(고아시아인 혹은 고시베리아인)과 천제 혹은 태양의 아들(환웅)로 상징되는 후래後來의 농경민(북몽골인 혹은 알타이인·퉁구스인)의 동화 내지 교체를 통해 오늘날 한

---

6 최남선, 「檀君及其硏究」, 『별건곤』 3-2, 1928 ; 이기백 편, 『(증보판) 단군신화논집』, 새문사, 1990.

7 천관우, 「고조선에 관한 몇 가지 문제」, 『한국 상고사의 제문제』, 한국정신문화연구원, 1987 ; 『신동아』 1987년 5월호 ; 『고조선사·삼한사연구』, 일조각, 1989, 21쪽.

민족의 직계 조상이 형성되는 과정, 농경의 본격적인 시작을 반영한다고 보았다.[8] 그런데 곰과 호랑이는 일상생활에서부터 종교생활에 이르기까지 고아시아족뿐만 아니라 퉁구스족과도 밀접하게 연관되어 있다고 한다.[9] 또 고고학적으로도 고아시아족(신석기시대)-퉁구스족(청동기시대)이라는 종족 교체의 가설은 성립하기 어렵다고 한다.[10] 따라서 현재 위의 설은 그 입지가 좁아졌다고 할 수 있다.

천관우에 따르면 단군은 본래 고조선 어느 지역의 어느 대표적인 족단族團의 지배자로서 뒤에는 그 조상신으로 받들어졌을 것인데, 신라의 삼국통일 이후 어느 시기인가부터 한국인 공통의 조상신으로 모셔졌을 것이라고 하였다. 이는 고구려·백제·신라가 저마다 시조신을 제사하였던 때에 단군이 삼국을 아우르는 조상으로 생각되지는 않았을 것이라는 점을 고려한 것으로 보인다. 또한 그 후 나라에 어려운 일이 있을 때에는 단군을 기리는 마음이 한층 깊어졌으며, 일본이 대한제국을 병탄할 때 이에 맞서 단군신앙을 기본으로 하는 대종교가 탄생하기에 이르렀던 것으로 보았다.[11] 천관우는 단군과 민족의식의 관계를 강조하는 입장이었지만, 한편으로는 단군＝국조라는 인식이 역사적으로 형성되고, 고양되었음을 지적하였다는 점도 눈여겨보아야 할 대목이다.

『규원사화揆園史話』에는 단군시대에 이미 한반도는 물론 요령성에서 하북성, 산동성에서 산서성 일대를 차지한 대제국을 건설하였다고 나온다. 이 책은 '재야사학자'들이 매우 중요시하는 것인데, 위서僞書로 밝혀진 만큼 일단 논외로 한다. 그런데 학계 일각에서도 이와 비슷한 주장이 제기되었다. 단군

---

8 천관우, 「고조선에 관한 몇 가지 문제」, 2~5쪽.

9 서영대, 「논평 3」, 『한국상고사의 제문제』, 200~202쪽.

10 안승모, 「고고학으로 본 한민족의 계통」, 『한국사 시민강좌』 32, 2003, 87~88쪽·103쪽.

11 천관우, 「고조선에 관한 몇 가지 문제」, 5~8쪽.

조선이 이미 고대국가 단계에 진입하였으며, 그 영역은 난하 하류로부터 청천강 하류(하북성 일부, 요령성, 길림성, 한반도 북부)에 걸쳤다는 것이다.[12] 이에 대해 천관우는 농경이 본격적으로 시작된 문화 단계에서 위와 같이 넓은 영역의 국가가 있었다는 것은 인류사 전체의 진행과정으로 보아 있기 어려운 일이라고 하였다. 다른 나라 고대사회의 초기 국가가 그러하였듯이 단군조선도 작은 도시국가(성읍국가城邑國家)에서 시작하였을 것이기 때문이었다. 천관우는 어느 지역에서 문헌적으로나 고고학적으로 어떤 문화적 동질성 내지는 유사성을 찾을 수 있다면 그것을 강역 혹은 영토로 보는 대신, 일정한 시대에 있던 동일한 문화권 혹은 같은 계통 종족의 분포범위라는 시각에서 이해하자는 대안을 제시하였다.[13] 국정의 국사교과서에는 고인돌과 비파형 동검의 분포지역을 '고조선의 세력 범위'라고 표시한 지도가 실렸고, 최근 발행된 검정 중학교 교과서『역사(상)』에는 이를 '고조선 관련 문화 범위'라고 표시한 지도가 실렸다. 그 분포지역이 반드시 고조선과 관련되는 것이라고 할 수는 없지만, 천관우의 제안을 어느 정도 반영한 것이 아닌가 한다.

3. 기자조선

(1) 한씨조선의 성장

이병도는「조선사개강」에서 기자동래설을 부인하면서 춘추전국시대 요동 일대에 이주한 한인漢人 중 기자의 후예를 자칭하는 자가 세력을 키워 평양에 도읍한 것이 기자조선일 것으로 보았다. 그 뒤를 이어 연인燕人 위만이 위씨

---

12 윤내현,「고조선의 강역과 사회」,『한국상고사의 제문제』, 140~146쪽. 이 글은 윤내현 자신의『한국고대사신론』(일지사, 1986)에 의거한 것이라고 한다.
13 천관우,「고조선에 관한 몇 가지 문제」, 8~9쪽·22~23쪽.

조선을 세웠다고 하였으며, 이 두 나라는 한인국가였다고 파악하였다. 그런데 그는 북방의 부여와 그 주변의 여러 국가·사회 그리고 삼한의 여러 나라들을 서술한 후에 한인국가를 서술하였다.[14] 한국사의 첫 장을 중국인이 세웠다는 기자조선이나 위만조선으로부터 시작하는 것을 피하려고 한 것으로 여겨진다.

『삼국지』위지 동이전(예전濊傳) 등에는 기자가 와서 여덟 조목의 가르침(팔조법금)을 만들어 조선의 풍속을 교화하였다고 전한다. 그런데 이병도에 따르면 이는 그 근거가 되는 『한서漢書』지리지(연조燕條)의 관련 기사를 오독誤讀한 결과라고 한다. 기자가 예의, 농사, 누에치기, 그리고 천 짜는 것(직작織作)을 가르쳤다고 되어 있을 뿐이고, 뒤이어 나오는 팔조법금 기사는 그와 별개의 기사라는 것이다. 팔조법금 중 현재 전하고 있는 생명, 신체, 재산 등에 대한 법조항이 고대사회 어디에서나 찾아볼 수 있는 것이라는 점에서 그것이 본래 아사달사회에서 만들어졌을 것으로 보았다. 다만 곡물로 배상한다든가, 노비로 삼는다든가 하는 규정을 볼 때 지금 전하는 것과 같은 내용을 갖춘 것은 어느 정도 사회분화가 진행된 후 곧 보게 될 한씨조선韓氏朝鮮 때의 일일 것으로 생각하였다.[15]

후한後漢 왕부王符의 『잠부론潛夫論』(권9, 지씨성조志氏姓條)에 한성韓姓을 가진 자가 위만에게 정벌당해 해중海中에 옮겨 살았다는 기사가 전한다. 『삼국지』위지 동이전(한전韓傳) 등에 위만에 쫓긴 준왕準王이 바다에 들어가 한韓의 땅에 살면서 한왕韓王이라고 자칭하였으며, 옛 거주지에 남은 그 아들과 친족들이 한씨 성을 사용하였다고 나온다. 이에 이병도는 기자조선 왕실의

14 「조선사개강」(4)~(7), 1923년 10월 2일~10월 5일.
15 李丙燾, 「所謂 箕子八條敎に 就いて」, 『市村博士古稀記念東洋史論叢』, 東京 : 富山房, 1933 ; 「기자조선의 정체와 소위 기자팔조교에 대한 신고찰」, 『한국고대사연구』, 박영사, 1976, 57~64쪽.

성이 한씨일 것으로 보고, 기자조선을 한씨조선이라고 이름하였다. 그러면서 한씨조선의 지배씨족은 기자와 상관이 없는 토착사회의 씨족으로서 요동 방면에서 대두하였을 것으로 보았다. 기자동래설은 왕실에서 그 가계를 빛내기 위하여 기자를 시조로 삼으면서 비롯된 것에 불과하며, 그 성립 시기는 기자가 동래하였다는 은말 주초보다는 춘추시대 초(기원전 8세기 무렵)일 것이라고 추정하였다.[16]

『삼국지』 위지 동이전(한전) 배송지裵松之의 주註에 인용된 『위략魏略』에는 다음과 같은 요지의 기록이 전한다. 기원전 4세기경 연燕이 스스로 왕을 칭하고 동쪽을 공략하려고 하였다. 이 무렵 기자의 후손 조선후朝鮮侯도 왕을 자칭하고 오히려 연을 치려고 하였다. 대부大夫 예禮의 건의에 따라 조선후는 공격을 그만두었고, 또 예가 연을 설득하여 전쟁을 피하게 되었다. 그 후 조선후의 자손들이 점차 교만하고 포학해지자(교학驕虐) 연이 진개秦開를 보내 그 땅 2천여 리를 빼앗아 만번한滿潘汗을 경계로 삼음으로써 드디어 조선이 약해졌다.

이병도는 한씨조선이 전국 7웅 중의 하나였던 연을 공격하려고 할 정도였다는 점, 중국식 왕호를 사용하였고 대부와 같은 관직이 나타난다는 점 등에 주목하였다. 그리하여 이 무렵 한씨조선이 국왕을 중심으로 고대국가의 국가체제를 정비하였던 것으로 파악하였다. 그리고 당시의 영역은 요동지방과 한반도의 북서부를 아울렀으며, 주위의 진번, 임둔臨屯 등 여러 국가들의 맹주 노릇을 하였던 것으로 보았다.[17]

최남선은 기자동래설을 부정하고, 기자조선을 단군조선의 연장으로 보면

---

16 이병도, 「삼한문제의 신고찰 (3)—진국 및 삼한고」, 『진단학보』 3, 1935, 93~103쪽 ; 『한국고대사연구』, 박영사, 1976, 47~56쪽.
17 이병도, 「위씨조선흥망고」, 『서울대학교논문집 인문사회과학편』 4, 1956 ; 『한국고대사연구』, 박영사, 1976, 66~76쪽.

서 이를 태양의 아들이라는 뜻인 '기ㅇ지'의 조선이라고 하였다.[18] 이병도의 한씨조선설도 이것과 맥이 닿는다고 볼 수 있다. 이러한 견해들은 기자조선을 한족漢族의 식민국가라고 보는 일부 식민주의사학자들의 시각을 겨냥한 것이었다고 할 수 있다. 현재 한씨조선설 자체에 대한 학계의 호응은 크지 않지만 기자동래설을 부인하고 기자조선이라는 것이 고조선 내부의 어떤 변동을 반영한다고 본 큰 틀은 대체로 지지를 받고 있다.

(2) 기자족의 이동과 기자조선

천관우는 기자동래설을 부정하였던 여러 설들이 갖는 민족주의적 의의를 인정하면서도 기자의 국적을 따지는 것은 무의미하다고 보았다. 기자가 동래하였다고 하더라도 오늘날 한국인을 형성하는 많은 요소 중의 극히 일부에 지나지 않는다는 것이다.[19] 이에 관련 기록을 합리적으로 해석함으로써 기자조선의 실체를 밝힐 수 있을 것으로 보았다. 첫 구상은 다음과 같았다.

기자를 대표로 하는 기자족은 한족 계통이 아니라 동이계로 추정된다. 이들은 은말·주초에 '기국箕國'(산서성山西省 태곡太谷 지역)을 근거지로 하였는데, 주의 압력에 의해 그 주력이 동쪽으로 이동하였다. 그중 일부는 난하 하류의 고죽국孤竹國(북경北京 동쪽 하북성河北省 노룡盧龍 지역)에서 한동안 머무르면서 조선이라고 불렸고, 그 뒤 점차 요서-요동으로 이동하면서도 조선으로 불렸다. 이 과정에서 기자는 죽었겠지만 그를 조상신으로 하는 기자족이 이동을 계속한 끝에 연대를 알 수 없는 어느 시기에 대동강 하류에 도달하여 그 지역의 지배권을 장악하고 단군조선을 대체하였다.[20]

---

18 최남선, 「兒時조선」, 『조선일보』, 1926년 4월 ; 『육당최남선전집』 2, 현암사, 1973, 158~
   159쪽 및 「조선사의 기자는 支那의 기자가 아니다」, 『월간 怪奇』 2, 1929 ; 『육당최남선전
   집』 2, 현암사, 1973, 366~374쪽.
19 천관우, 「기자고」, 『동방학지』 15, 1974 ; 『고조선사·삼한사 연구』, 일조각, 1989, 34~37쪽.

그런데 기자족의 이동 방향이 주로 산동성이었다고 하는 견해,[21] 일정 기간 난하 하류에 있었던 기자국은 춘추-전국 이행기에 소멸했다고 보는 견해[22] 등이 나와 기자족의 대동강 방면 정착 여부가 문제로 부각되었다. 이에 천관 우는 기자조선을 '조기早期 기자조선'(기원전 12세기~)과 '만기晩期 기자조 선'(기원전 4세기~기원전 2세기)으로 구분하였다. 그리고 전자는 단군조선을 교체하였으며, 중심지는 요서(후에는 요동)였고, 청동기문화를 배경으로 한다 고 보았다. 후자는 위만조선으로 교체되었고, 중심지는 대동강 하류였으며, 철기문화를 배경으로 하는 것으로 보았다.[23]

앞에서 잠시 소개하였던 '기자의 후손 조선후'에 대한 기록이 '만기 기자 조선'에 대한 최초의 것으로 주목되었다. 당시 조선이 전국 7웅의 하나인 연 에 필적할 만한 세력을 형성하였음은 이미 이병도가 지적하였다. 이에 더하 여 천관우는 조선후가 왕을 칭하였다는 것은 단지 지배자 칭호가 달라졌음만 을 의미하는 것이 아니라 부족사회가 분명한 국가의 형태를 갖추게 되었음을 선포하는 정치적 변화라고 풀이하였다. 또 당시 조선의 영역은 한반도 서북 부-요동-요서에 걸쳤다고 보았다. 이러한 점들을 고려하여 천관우는 늦어도 기원전 4세기에 '만기 기자조선'이 영역국가 단계의 국가였으며, 한국사의 고대는 늦어도 이 무렵에 시작된 것으로 생각하였다.[24] 1970년대 이후 한국 고대사학계의 주요 논점 중의 하나는 고대국가 형성 혹은 그 발달 단계에 관 한 것이었다. 천관우는 '부족→성읍국가→영역국가'라는 단계를 제시하면

20 이상은 복잡하고 긴 고증을 바탕으로 하고 있다(천관우, 「기자고」, 37~86쪽). 여기에서는 천관우가 요약한 바(「기자고」, 87~88쪽)를 정리하였다.
21 윤무병, 「요령지방의 청동기문화」, 『한국상고사의 제문제』, 26~27쪽.
22 서영수, 「논평 6」, 『한국상고사의 제문제』, 211~212쪽·214쪽.
23 천관우, 「기자고」, 85~86쪽.
24 천관우, 「삼한고 제1부—삼한의 성립과정」, 『사학연구』 26, 1975 ; 『고조선사·삼한사 연 구』, 154~157쪽.

서 논의를 이끌었거니와, 한국고대사의 초기 단계에 대한 체계적 이해에 크게 기여하였다.[25]

천관우는 푸쓰녠傅斯年의 '이하동서설夷夏東西說'에서 상商·은인殷人이 동이의 일부였고, 은인이었던 기자의 족단도 그러했을 것이라는 점을 끌어내 기자조선설의 출발점으로 삼았다. 그리고 동이 계통의 한韓을 중심으로 한예濊·맥貊족이 중국의 서북쪽으로부터 남만주 및 한반도 방면으로 이동하였고, 후조선(기자조선)은 이를 배경으로 성립하였을 것이라는 김상기의 설에 영향을 크게 받았다.[26] 그런데 '이하동서설'은 이제 입론의 근거를 상당 부분 잃었으며, 동이족 이동설이 성립하기에는 더 많은 증명이 선행되어야 한다는 지적이 있다.[27] 또 은말주초 대릉하 유역 일대에는 은 계통이 아니라 이른바 비파형(요령식) 동검을 특징으로 하는 청동기문화가 주류를 형성하고 있었는데, 이는 그 무렵 그 지역에 진출하였던 은·주계 세력이 주도권을 장악하지 못하였음을 반증한다는 견해도 있다.[28] 이처럼 현재 천관우의 기자조선설(특히 '조기 기자조선')은 여러 가지 문제점이 있는 것으로 지적되고 있지만, 고대 동북아시아의 주민과 문화의 이동이라는 거시적 관점에서 기자조선을 비롯한 한국고대사의 여러 논점을 재검토하는 계기가 되었다. 이것은 실학자들의 지명 이동설, 신채호의 주민 이동설의 전통을 잇는 의의를 지닌다.[29]

---

25 천관우, 「삼한고 제3부―삼한의 국가형성」, 『한국학보』 2·3, 1976 ; 『고조선사·삼한사 연구』, 263~275쪽.
26 천관우, 「기자고」, 45~63쪽.
27 이성규, 「선진 문헌에 보이는 '동이'의 성격」, 『한국고대사논총』 1, 100~108쪽·142쪽.
28 이성규, 「고대 중국인 본 한민족의 원류」, 『한국사 시민강좌』 32, 139쪽.
29 이기동, 「고조선 강역 '논쟁'의 시말」, 『월간 중앙 1990년 신년호 별책부록』, 1989 ; 『전환기의 한국사학』, 일조각, 240~241쪽.

4. 위만조선과 낙랑군

(1) 위만＝조선인설

『사기』(조선전) 등에 위만은 연인燕人이었다고 하고, 앞에서 소개하였듯이 이병도는 위만을 한인漢人으로 본 적이 있었다. 그 후 이병도는 위만에 대해 "연인이라고 하나 요동의 토인土人인 듯?"이라고 하여[30] 요동 방면의 (조선계) 토착인이었을 가능성을 잠시 내비친 적이 있었다. 이는 위만이 국적으로는 연인이지만 민족적(종족적)으로는 요동지방에 토착한 조선인 계통이었다고 정리되었다. 그 근거는 대략 다음과 같다.

요동은 본래 한씨조선의 영토였으므로 비록 연의 영토가 되었어도 그대로 눌러살던 조선인들이 많았을 것이며, 위만 당시에도 역시 그러하였을 것이다. 위만이 조선에 입국할 때 "상투를 틀고(추결魋結), 오랑캐의 옷을 입었다(만이복蠻夷服)"(『사기』조선전)라고 되어 있는데, 이것은 위만이 본래의 풍습에 따라 조선식 상투와 조선식 옷을 입었음을 의미할 것이다. 고조선의 준왕이 위만에게 국경수비의 책임을 맡길 정도로 신임하였던 이유 중의 하나는 그가 조선인 계통의 인물이기 때문이었을 것이다. 위만은 왕위에 오른 후에 중국식으로 진·한과 같은 외자 국호를 사용하지 않고, 그대로 조선이라고 하였다. 위만조선에서는 중국과 달리 중앙과 지방의 장관을 구별하지 않고 모두 상相이라고 하였는데, 이는 원시부족장제의 유풍이 반영된 것이다.[31]

천관우도 이병도의 설을 따라 위만이 진개의 침입 이후 비로소 연의 영토가 된 지역을 근거지로 한 조선인계일 것으로 생각하였다. 이러한 파악은 식민주

---

30 이병도, 「삼한문제의 신고찰」(4), 『진단학보』 5, 1936, 102쪽.
31 이병도, 「위씨조선흥망고」, 76~83쪽. 그 골자는 이미 이병도의 『조선사대관』 28쪽에서 찾을 수 있다.

의사학의 일각에서 위만조선을 중국인 이주자들에 의하여 지배되었던 식민지적 성격의 정권이라고 보았던 것에 대한 비판의 의미를 지니는 것이었다. 그런데 위만＝조선인설의 근거로 제시된 것들 중 일부는 위만이 중국인으로서 지배 대상이 될 민족(종족)의 습속을 존중한 예에 불과하다는 견해도 있다.[32] 현재 학계에서는 위만의 국적을 따지기보다는 중국계 망명 집단과 고조선의 토착세력 집단의 결합이라는 면에서 위만조선의 성격을 이해하고 있다.

(2) 낙랑군의 위치

한무제는 위만조선을 멸망시킨 후 그 땅에 4개의 군을 두었다. 그런데 그 위치에 대해서는 종래 학설이 구구하였다. 이병도는 낙랑군은 조선의 중심지였던 대동강 유역 일대, 진번군은 현 황해도 일대, 임둔군은 함남 일대, 현도군은 압록강 중류 일대로 비정하였다. 현도군의 위치에 대해서 다른 의견이 있기는 하지만 대체로 정설로 인정받고 있다.

식민주의사학의 일각에서는 한군현의 범위를 되도록 넓게 잡아 한의 직할령이 한반도의 거의 전부를 덮었던 듯이 설정하여 초기 한국사의 식민지적 성격을 부각시키려고 하였다. 이에 ‘재야사학자’ 들을 중심으로 한 일부에서는 한사군의 위치를 한반도 내에 비정하는 설이 식민주의사학의 영향을 받았다고 간주하기도 한다. 하지만 이 설은 한백겸의 『동국지리지』 이래 유력한 학설로 인정되어왔다. 이병도는 진번군의 위치에 대한 한백겸의 설을 높이 평가하였거니와, 일본 초기 동양사학의 실증적 연구방법론을 기초로 하고 실학자들의 역사지리 연구의 성과를 계승하였다.[33]

---

32 김한규, 「위만조선관계 중국 측 사료에 대한 재검토」, 『부산여대논문집』 8, 1979, 132~135쪽.
33 이와 관련하여서는 조인성, 「이병도의 『한국고대사연구』 ─ 한사군·삼한의 역사지리 연구를 중심으로」, 『한국고대사연구』 55, 2009, 11~12쪽을 참조.

한편 식민주의사학에서 한군현을 강조하였던 것에 대한 반발로 한군현, 특히 낙랑군과 그 전신이라고 할 위만조선의 위치를 요하나 난하 등 발해 연안에 비정하는 설이 등장하였다. 중국의 지배를 받았던 지역이 적어도 압록강 이남에는 없다는 것이다. 1920년대부터 성행하였던 이 설은 문헌적으로나 고고학적으로 약점이 많은 것이어서 해방 이후에는 크게 인정받지 못하였는데,[34] 1970년대에 일부 '재야사학자'들의 주목을 받았다. 또 학계 일각에서도 이와 유사한 주장이 제기되었다. 기자조선-위만조선-낙랑군은 모두 북경에 가까운 난하 하류에서 차례로 나타나고 없어진 '조선'의 변경세력이었을 뿐이며, 동방에서는 고조선(단군조선)에 이어 부여, 고구려, 삼한 등이 독립한 '열국시대'가 되었다는 것이다.[35]

이에 대해 천관우는 위만조선-낙랑군은 대동강 하류에서 시간적으로 앞뒤에 존재하였다고 하여 종래의 통설을 재확인하였다. 그 근거는 다음과 같다. 첫째, 한무제가 설치한 낙랑군과 그 관할하의 조선현은 본래 유주幽州에 속했다. 유주가 유주와 평주平州로 갈린 후에는, 후한 말 낙랑군 남쪽에 설치되었던 대방군과 함께, 평주 소속이 되었다. 그런데 유주의 치소는 북경 방면, 평주의 치소는 요양 방면에 있었으므로 낙랑군도 요양에서 가까운 곳에 있었다고 보아야 한다. 둘째, 『삼국지』(예전·한전) 등에 나오는 대방군과 한·예의 전투 기사로 보아 양자가 근접해 있었음을 알 수 있다. 그러므로 기왕의 설과 같이 대방군은 황해도 일대에 있었다고 보아야 한다. 그렇다면 낙랑군의 위치도 대방군의 북쪽, 즉 현 평안도 일대에서 구해야 한다.[36]

한편 천관우에 따르면 난하 하류 유역에 조선이라는 명칭이 남게 되었던

---

34 천관우,「王調」,『인물로 본 한국고대사』, 정음문화사, 1982, 68~70쪽.
35 윤내현,「고조선의 강역과 사회」, 146~149쪽.
36 천관우,「난하 하류의 조선―중국 동방주군의 치폐와 관련하여」,『사총』 21·22, 1977 ;『고조선사·삼한사연구』, 92~99쪽.

것은 두 차례에 걸쳐서라고 한다. 앞에서 소개한 바이지만, 우선 기자족이 동쪽으로 이동하는 과정에서 고죽국에 머물면서 조선이라고 하였음에서 연유한다고 보았다. 다음으로는 낙랑군이 4세기에 고구려에 의해 축출되어 대릉하 방면으로 옮겨졌다가 다시 난하 하류 유역을 거치면서 생긴 것이었다고 하였다. 『위서魏書』(지형지地形志), 『수서隋書』(지리지地理志) 등에 4~6세기에 걸쳐 대릉하-난하 일대에 존재했던 것으로 나오는 낙랑, 조선 등이 바로 이것으로 고조선 멸망 직후의 것이 아니라는 것이다.[37]

(3) 낙랑군의 영향

이병도는 한국고대사의 전반부를 '제1기 한군현 설치 이전의 동방 제사회'와 '제2기 한군현 설치 이후의 동방사회'로 나누어 파악한 적이 있었다.[38] 한군현의 설치로 토착사회가 정치적으로는 물론이고 문화적으로도 그로부터 끊임없이 자극과 영향을 받아 한 단계 성장할 수 있는 계기가 마련되었다고 그 의의를 평가하였다. 군현과의 접촉 투쟁 과정에서 "반발적인 혹은 자각적인 단결운동"이 일어나서 고대 국가 형성에 이르게 되었다는 것이다.[39] 이에 대해서 한군현의 역할과 의의를 강조하여 그 설치 이전과 이후로 시대 구분한 것은 식민주의사학의 인식과 상통하는 면이 있다는 비판이 있었다.[40] 설치된 지 약 30여 년 만에 진번군과 임둔군은 폐지되었고, 현도군은 그 치소가 요동의 동북방으로 축출되었다. 따라서 문제는 4세기까지 존속하였던 낙랑군인데, 이것은 일종의 조계지租界地 같은 존재로서 그 영향력이 제한적이

---

37 천관우, 「고조선에 관한 몇 가지 문제」, 20쪽.
38 이병도, 「목차」, 『조선사대관』, 동지사, 1948.
39 이병도, 「(한사군) 서설」, 『한국고대사연구』, 박영사, 1976, 99~100쪽.
40 김용섭, 「우리나라 근대역사학의 발달 2—1930, 40年代의 실증주의사학」, 『문학과 지성』, 1972(가을호), 489~490쪽.

었다는 지적도 제기되었다.[41] 하지만 이병도가 한군현의 설치를 중요하게 여겼던 것이 그 식민지 지배를 말하고자 함이 아니었다는 점을 감안할 필요가 있지 않을까 한다.[42]

천관우도 기본적으로 낙랑군의 정치적 · 군사적 의의는 크지 않았다고 보았으나 그렇다고 하여 그 의의를 부정한 것은 아니었다. 위만조선이 무너지고 그 핵심적 집단이 주변 지역으로 확산한 것에 더하여 낙랑군의 자극이 주변 지역 주민들에게 새로운 자각을 가져다준 면이 있었다고 보았다. 압록강 중류 유역에서 고구려가 건국하고 한강 하류에서 백제가 건국하였던 배경의 하나로 낙랑군의 영향을 들었거니와, 이병도의 견해와 비슷하다. 나아가 천관우는 낙랑군의 자극이 경제적 · 문화적 면에서 현저하였다고 보았다. 한의 선진문화가 한반도의 일각에 자리 잡고, 그 거점을 통하여 연쇄적으로 주변 지역에 파급되었다는 것이다. 천관우는 한국문화의 기층에는 원시신앙으로서의 샤머니즘의 예에서 보듯이 '북아시아형 문화'가 저변을 이루고 있고, 그 위에 오랜 동안 '중국형 문화'가 자리하였으며, 최근에는 '구미형 문화'가 여기에 더해졌다고 보았다. 낙랑군은 우리 문화가 '중국형', 곧 한자권 문화로 전환하는 중요한 계기가 되었다는 것이다.

5. 맺음말

이병도의 고조선사 연구는 1920년대 후반 한군현의 위치 비정으로부터 시작하였다. 앞에서 언급한 바와 같이 그것은 일본 초기 동양사학의 실증적 연

---

41 김원룡, 「삼국시대의 개시에 관한 일고찰─삼국사기와 낙랑군에 대한 재검토」, 『동아문화』 7, 서울대학교 동아문화연구소, 1976, 10쪽.
42 조인성, 「이병도의 한국고대사연구와 식민주의사학의 문제─『한국고대사연구』를 중심으로」, 『한국사연구』 144, 2009, 296~297쪽.

구방법론을 기초로 하고 실학자들의 역사지리 연구를 계승한 것이었다. 이후 1930년대 중반에는 한씨조선, 해방 이후에는 아사달사회와 위만조선 등으로 연구 대상이 확대되었다. 이것들에 대한 연구 역시 문헌 고증을 바탕으로 한 것인데, 단군조선의 실재를 인정하지 않고, 한국사가 초기부터 식민지적 성격을 지녔다고 보는 식민주의사학 일각의 경향에 대한 비판의 의미를 지니는 것이었다. 단 그가 한군현의 의의를 강조하였던 것에 대해서는 논란의 여지가 있다.

천관우는 1971년 「토론 : 한국사의 쟁점」, 1972년부터 1973년에 걸쳐서는 「한국사의 조류」를 『신동아』에 연재하였다. 두 연재는 한국사 전체를 일관하는 흐름을 잡고, 그것을 시민들과 공유하려는 입장에서 기획된 것인데, 그의 고조선사 연구는 이에서 비롯되었다. 앞에서 언급하였듯이 천관우는 고대 동북아시아의 주민과 문화의 이동이라는 관점에서 고조선에서부터 삼한을 거쳐 백제·신라·가야의 국가형성에 이르는 큰 줄거리를 세우려고 하였다. 이 과정에서 '부족→성읍국가→영역국가'라는 단계를 제시함으로써 고조선사는 물론 초기 한국고대사의 체계적인 이해에 기여하였다.

이병도의 연구는 식민주의사학의 왜곡을 비판하면서 고조선사를 실증적으로 밝히려고 하였다는 데에서 의의를 찾을 수 있다. 천관우는 실증적 연구를 바탕으로 하면서 거시적·체계적 이해를 도모하였고, 이에 더하여 고조선사에 대한 합리적 이해를 시민들에게 알리는 데에도 기여하였다고 평가할 수 있다.

리지린의 『고조선 연구』 그 후

이형구

1. 머리글

고조선古朝鮮은 해방 후 분단된 남과 북에서 각각 방향을 달리하면서 연구되었다. 남한 학자들은 일제강점기 이래 고조선의 존재, 즉 단군檀君이나 기

李亨求 동양고고학연구소장, 전 선문대학교 역사학과 교수 및 대학원장.

저서로 『광개토대왕릉비 신연구』(공저, 동화출판사, 1985), 『한국고대문화의 기원』(까치, 1991), 『강화도 고인돌무덤(지석묘) 조사연구』(한국정신문화연구원, 1992), 『강화도』(대원사, 1994), 『단군을 찾아서』(엮음, 살림터, 1994), 『단군과 단군조선』(엮음, 살림터, 1995), 『고구려의 고고문물』(공저, 한국정신문화연구원, 1996), 『서울풍납토성〔백제왕성〕 실측조사연구』(백제문화개발연구원, 1997), 『단군과 고조선』(엮음, 살림터, 1999), 『발해연안에서 찾은 한국고대문화의 비밀』(김영사, 2004), 『백제의 도성』(주류성, 2004), 『코리안 루트를 찾아서』(공저, 성안당, 2009), 『고려왕조의 꿈 강화 눈 뜨다』(공저, 이너스, 2011) 등이 있다. 논문으로는 「발해연안 빗살무늬토기문화연구」, 「발해연안 석묘문화의 원류」, 「고조선시기의 청동기문화 연구」, 「한국민족문화의 시베리아 기원설에 대한 재고」, 「청동기문화의 비교 I (동북아와의 비교)」, 「청동기문화의 비교 II(중국과의 비교)」, 「요서지방의 고조선─진개(秦開)의 동정 이전의 요서지방의 기자조선」 등 100여 편이 있다. 일본어 저서로 『朝鮮古代文化の起源』(講談社, 1995), 번역서로는 『甲骨學 60年』(民音社, 1993)이 있다.

자箕子를 주로 신화나 전설이라는 측면에서 인식하였다. 그러나 위만이나 위만조선은 고조선 분야에 포함하여 논의하고 있지만 고조선의 국가적 성격과 그와 관련한 사회와 경제 측면에서의 접근은 거의 이루어지지 않았다. 단군은 민족정서에 힘입어 관념과 신화의 측면에서 주로 연구되었다. 그러나 한편에서는 단군이 나라를 연 날이라는 개천절도 제정해 기념하고 있다. 반면에 북한에서는 1993년 이전에는 단군이 신화로서만 인식되어왔고 기자는 아예 부정되어왔다.

최근에는 남과 북 모두 고조선의 강역문제에 집중되었다고 할 수 있다. 기초 문헌이나 고고학 어느 방면에서도 고조선의 강역문제를 정확하게 확인시켜줄 만한 결정적인 근거는 없고 다만 앞으로 기대할 뿐이다. 문헌과 고고학을 결합하여 당시의 사회나 경제상을 밝히는 작업도 중요하며, 대외관계를 심도 있게 검토하는 작업도 중요하다. 북한에서의 고조선 연구는 해방 이후부터 그런대로 지속적으로 이루어고 있는 것 같다. 특히 1960년대 초에 집중적으로 연구되었다. 그 대표적인 성과물이 1964년에 출간된 리지린李址麟[1]의 『고조선 연구』이다.[2] 이는 해방 이후 북한학계 고조선 연구의 결정판이었고, 그는 고조선의 강역을 중점적으로 연구하였다. 이후 그의 영향을 받은 많은

---

1 리지린은 평안남도 강동군 원탄면 문양리 34번지에서 1916년 7월에 출생하였다. 그는 1933년 3월 평양 광성光成고등보통학교를 졸업하고, 1936년 4월 일본 와세다早稲田대학 제2고등학원 문과에 입학하여 1938년 4월 같은 대학 문학부 철학과에 진학하고, 1941년 3월 졸업하였다. 동시에 같은 대학 대학원에 들어가 1년간 수학한 뒤 1942년 4월 모교인 평양 광성중학교 교사로 임명되었다. 그러나 병으로 1944년 3월 사임하였다가 1945년 4월 다시 평안북도 선천중학교 교사로 임명되었다. 8월 15일 해방과 더불어 서울에 올라와 경성법학전문학교(1946년 7월 서울대학교에 편입됨) 역사학 교수로 임명되었으나 건강이 좋지 않아 사직하고 고향에 내려갔다. 1946년 9월 평양고등사범학교(뒤에 평양교원대학) 교수로 임명된 후 오랫동안 이 자리에 있었다. 1963년에는 과학원 력사연구소 연구실장으로 있으면서 『고조선 연구』를 내놓았다. 리지린은 같은 해 력사학 학사가 되고, 다음 해(1964년)에는 력사학 박사학위를 받았다(이광린, 「북한학계에서의 '고조선' 연구」, 『학사학보』 124, 1989, 13~14쪽).
2 리지린, 『고조선 연구』, 도쿄 : 학우서방, 1964.

성과가 나왔다. 그에 따른 자료가 한층 보완되고, 아울러 고조선의 국가적 실체가 다소 도식적이긴 해도 사회와 경제 사관에 따라 구명되었다.

한편, 1963년부터 1965년까지 3년 동안 진행된 중국 동북지방의 고조선 관련 고고학 조사는 획기적인 변화를 가져왔다.[3] 리지린에 의해 정립된 연구와 중국 동북지방의 고고학 조사가 결합되어 이른바 고대노예제사회론이 정립되었다. 1950년대에 북한의 도유호都宥浩 중심의 초기 학자들 사이에서는 우리 문화의 외래전래설을 주장하는 이른바 외인론外因論이 풍미하였다. 그것은 남한의 '시베리아 기원설起源說'과도 맥락을 같이하는 것이었다. 1960년대에는 리지린의 요서와 요동 중심의 '만주중심론滿洲中心論'이 우리 역사의 무대를 넓혀놓았다. 1970년대에는 리지린이 내세웠던 고조선의 '만주중심론'이 점차 뒤로 물러나고 이른바 주체사관主體史觀이 대두하면서 리지린의 고조선 연구도 점차 '내지중심론內地中心論'으로 기울었다.

남한에서는 그동안 '금기시'되었던 고조선 문제가 필자의 중국 요령성遼寧省 대릉하大凌河유역의 '기자조선箕子朝鮮 실재론實在論'이 발표됨으로써 일대 전환의 계기를 맞았다. 필자는 1978년「중국동북지방 신석기시대와 청동기시대의 문화」라는 국립대만대학교 석사논문에서 중국 동북지방 대릉하유역에서 출토된 청동기의 '기후명箕侯銘'을 고대 문헌에 보이는 '기자箕子'로 고증하고, 그 기자와 '은유민殷遺民'들이 주周의 세력을 피해 대릉하유역에 살면서 이 지역에 유물을 남겼다고 하였다.[4] 이곳이 '기자조선'이라고 하였고 그들은 이곳에서 얼마 동안 살다가 요동지방으로 이동하였다고 보았다.

---

3 조·중합동고고학발굴대, 『중국동북지방유적발굴보고(1963~1965)』, 평양 : 과학원출판사, 1966 ; 朝·中合同考古學發掘隊, 『崗上·樓上—1963~1965 中國東北地方遺跡發掘報告』, 東京 : 六興出版, 1986.
4 이형구,「中國東北新石器時代及靑銅器之文化」, 국립대만대학교 고고인류학과 석사논문, 1978.

리지린의『고조선 연구』가 1980년대 초에 국내에 알려지기 시작하면서 일부에서 간접적으로『고조선 연구』가 이용되기도 하였다. 1986년에 리지린의『고조선 연구』를 천착 연구한 소련의 유 엠 부찐이 1982년에 발표한 것을 국사편찬위원회가 1986년『고조선古朝鮮』이란 제목으로 번역·간행한 바 있다.[5] 이것이 사회주의 국가에서 발행된 고조선 관계 연구서가 국내에 공식적으로 알려진 첫 번째이다. 이후 남한학계에서 고조선 연구는 크게 진전을 보지 못하고 오랫동안 침체기를 갖는 듯하더니 1993년 10월 북한으로부터 갑자기 충격적인 소식이 들려왔다. 그것은 다름 아닌 '단군릉' 발굴과 그를 둘러싼 단군 및 고조선에 관한 학술발표회 소식이었다. 학술발표회 발표내용은 발표요지 형식으로 쓰인 소논문이지만 향후 북한 고대사학계의 향방을 가늠하는 데 귀중한 지표가 되었다. 따라서 '단군릉' 발굴은 새삼 고조선 연구를 둘러싼 남북한학계의 연구를 재조명하고 앞으로의 연구 방향의 재정립을 촉구하는 계기가 되었다. 그래서 필자는 이 자료들을 어렵게 수집하고 편집하여 연속 3권의 단행본을 출간하였다.[6] 이에 대해 남한에서는 강한 비판이 일었다. 오직 실사구시實事求是 정신에서 진행된 일이고 많은 고통이 뒤따랐다.[7] 당시 남북한학계의 기자조선 인식은 모두 부정적이었다.

리지린의『고조선 연구』는 1장 '고조선의 역사 지리', 2장 '고조선 건국 전설의 비판', 3장 '예족濊族과 맥족貊族에 대한 고찰', 4장 '숙신에 대한 고찰', 5장 '부여에 대한 고찰', 6장 '진국(삼한)에 대한 고찰', 7장 '옥저沃沮에 대한 고찰', 8장 '고고학적 유물을 통해 본 고대 조선 문화의 분포', 9장 '고조선 국가 형성과 그 사회 경제 구성' 등으로 구성되었다. 우리 역사상 전통

---

5 유 엠 부찐,『고조선』, 국사편찬위원회, 1986.
6 이형구 엮음,『단군을 찾아서』, 살림터, 1994 ;『단군과 단군조선』, 살림터, 1995 ;『단군과 고조선』, 살림터, 1999.
7 이형구, 위의 책(1999), 2쪽.

적으로 분류되어 오고 있는 3조선三朝鮮(단군조선, 기자조선, 위만조선)에 대한 리지린의 고대사 인식은 2장에서 '단군신화 비판'과 '기자조선 전설 비판'이란 항목을 따로 설정할 정도로 강하게 비판적으로 다루고 있다.

이 글에서는 논제의 성격상 리지린이 『고조선 연구』에서 '고조선의 역사지리'를 중점적으로 거론한 취지를 살려 먼저 그의 지론과 주장을 토론하고, 다음에 우리의 또 다른 관심사인 3조선에 대한 리지린의 견해를 소개하고, 리지린의 『고조선 연구』 이후 북쪽이나 남쪽에서 긍정이든 부정이든 이를 계기로 고조선 연구가 진행, 논의되고 있는 상황을 살펴보고자 한다.

2. 리지린의 고조선사 인식

리지린은 기원전 12세기에는 선진한 부족이 국가를 형성하는 과정에 이미 들어섰다고 한다면 고조선 또한 늦어도 이 시기에는 국가형성단계에 들어섰다고 보았으며, '조선朝鮮'이란 통일국가는 기원전 8세기에 형성되었다고 보았다. 그리고 고조선 시기의 인류는 예족과 맥족으로 보았다. 리지린은 고조선의 지리위치에 대해서 중점적으로 논하였다. 중국 고대 문헌인 『관자管子』에 '조선'이란 족명 내지 국명이 기원전 7세기에 처음으로 나오는 것을 시작으로, 중국 고대 문헌을 제시하여 고조선 초기의 서쪽 경계인 열수列水는 오늘날의 난하灤河로 보고 고조선의 지리위치를 오늘의 요하 이동과 이서에 걸쳐 있었다고 하였다. 그리고 고조선의 서부 경계선으로 보는 패수浿水를 오늘의 대릉하大凌河로 추정하고, 기원전 3세기 초 이전까지는 요동, 요서, 우북평右北平까지 이르렀으나 연燕나라의 진개동정秦開東征으로 인해 기원전 3세기 초 이후에는 고조선 서방의 광대한 영역을 연에게 탈취당한 결과 오늘의 대릉하(패수) 이동지역으로 축소되었다고 하였다. 기원전 2세기 초에는 압록강 계선에서 마한馬韓과 경계를 이루고 있었다고 하였다.

한편, 리지린은 3조선에 대한 종전의 제 학설을 분석 비판하여 단군신화는 세 단계를 거쳐서 체계화된 것으로 보았다. 첫 단계는 씨족사회에서의 단순한 씨족토템이 생겼고, 둘째 단계는 군사수장으로서의 '단군'이 등장하게 되었고, 셋째 단계는 계급국가 형성 후 고조선 국왕으로서의 '단군'이 등장하게 된 것이라고 하였다. 그리고 그것은 기원전 12세기 이전 1,500년경, 즉 기원전 27세기경이라고 하였다. 단군의 등장시기를 기원전 27세기경으로 본 것이다. 그는 기자와 고조선과는 아무런 관계도 없으며, 기자에 의하여 고조선 문물재도가 수립되었다는 고래의 전설이 그대로는 성립될 수 없다고 보았다. 그러나 한편으로는 기자전설에 포함되어 있는 사료적 가치를 인정하고 그것을 이용하여야 할 것이라고 하였다. 다만, 위만조선에 대해서는 별도로 설정하지 않고 고조선 후기의 사정으로 처리하였다.

3. 리지린 동학同學과 그 후의 고조선 인식

(1) 리지린과 같은 시기의 동학과 관련한 제설

북한의 학계에서는 리지린의 『고조선 연구』가 나오기 전에 이미 1960년부터 1963년까지 20여 차례의 고조선 관련 학술토론회를 개최한 것으로 알려졌다. 이때 리지린을 위시하여 김석형, 황철산, 정찬영, 리상호, 림건상 등 당대 최고의 역사학자들이 논문을 발표하고 그것을 1963년 『고조선에 관한 토론 론문집』에 수록해 간행하였다.[8] 이때 리지린이 발표한 「고조선의 위치에 대하여」라는 장문(총 95쪽)의 논문이 『고조선 연구』의 핵심적인 주요 논문으

---

8 리지린 등, 『고조선에 관한 토론 론문집』, 과학원출판사, 1963.

로 평가된다. 김석형은 고조선은 이미 기원전 7세기에 중국에 잘 알려져 있었다고 하였다. 또한 기원전 5~4세기경부터는 그 서방西方 연나라와 다시 그 북방의 흉노에 대치하여 오늘날의 대릉하, 요하遼河 유역을 중심으로 상당히 넓은 영역을 포괄하는 국가로서 기원전 4~3세기경에는 이미 계급국가로서 그 사회 경제 구성이 노예소유자적인 것이었다고 하였다.[9] 대체로 리지린의 견해와 비슷하다.

김석형은 『삼국지』 위략에 나와 있는 "연나라가 진개를 시켜서 조선의 서방 2천 리를 빼앗았다"라고 하는 기사를 기원전 280년경의 사건으로 보고, 기원전 280년경부터 기원전 108년경까지를 세 기로 구분하였다. 1기는 고조선의 중심지를 오늘의 대릉하 상류 서안西岸으로 보는 견해는 이 시기의 요수를 오늘의 난하로 보는 견해에 따른 결과이다. 이때 그 영역이 광대하여 요하유역, 송화강 상류와 우리나라 서북지방을 포괄하고 있다고 하였다. 2기의 기원전 220년대의 진의 동쪽 경계는 오늘의 요하로 보았다. 이때의 영역도 대체로 대릉하·요하유역까지 뻗었고, 그 중심지는 오늘의 요하 동쪽이라고 하였다. 3기, 즉 위만 집단이 소자하 부근 홍경興京에 자리 잡은 이후 그 동북방 송화강 상류에는 부여국이, 그 남방 조선반도의 서북지방을 중심으로는 준準 왕조가 통치하고 있었다고 하였다. 그 문화는 원래의 고조선 문화와 계통을 같이하였다고 한다. 대체로 리지린의 견해와 같다.

황철산은 고조선은 기원전 7세기경부터 시작하며 춘추시대 고조선의 위치는 난하유역이 아니라 요하유역으로 되어야 한다고 하였다. 전국시대 연나라의 침략을 받기 이전의 고조선의 중심은 요동지방이었으며, 그 후의 한나라와 연나라 간의 경계선이던 패수는 압록강이고, '위씨조선'의 중심은 대동

---

9 김석형, 「고조선의 연혁과 그 중심지들에 대하여」, 리지린 등, 앞의 책.

강 유역이었다고 하였다.[10] 이는 리지린의 지론과는 다른 견해이다. 그러나 고조선족은 맥의 일파이며 맥은 중국 본토 내에 있는 좁은 의미에서의 '동이'와는 다른 갈래의 종족이었다고 하는 견해는 리지린의 견해와 근접하다.

림건상은 기원전 3세기의 고조선의 서쪽 경계를 대릉하, 즉 패수로 보았다.[11] 그리고 '요수'는 오늘의 난하로 보는 것이 타당하며, 연나라·진나라 시기의 요동, 요서는 난하를 경계로 하여 생긴 지명이라고 하였다. 위만의 왕검성을 반산半山 지방에서 구하였으며, 이때의 고조선 위치를 대릉하 이동, 오늘의 요동·요서 지방에서 찾았다. 고조선의 경계는 리지린과 같이 보았다.

정찬영은 고조선의 위치에 대해서 첫째, 고조선은 처음부터 마지막까지 평양을 중심으로 하여 발생·발전한 나라라고 하였다.[12] 또한 그 영역도 청천강 혹은 압록강을 벗어나지 못하였다고 하였다. 둘째, 초기 고조선은 요하를 중심으로 한 일대에 살았는데 그 후에 조선반도로 중심이 이동해왔으며, 후기 고조선의 중심은 평양 부근이었다고 하였다. 셋째, 처음부터 고조선은 요하 유역에 있었으며, 위만조선에 이르기까지 그 영토는 압록강 이남에 미친 일이 없었다고 하였다.[13] 고조선은 기원전 3~2세기에는 조선반도 서북부를 중심으로 압록강, 두만강 일대까지를 자기 세력하에 두었는데, 이 시기의 패수는 오늘의 압록강이었다. 고조선의 대동강설은 오늘날 북한에서 다시 부활하여 정설이 되었다.

(2) 1963~1965년 중국 동북지방 고고학조사 성과

1960년대에 들어서면서 북한 당국에서는 북·중 지리 역사관계에 중대한

---

10 황철산, 「고조선의 위치와 종족에 대하여」, 리지린 등, 앞의 책.
11 림건상, 「고조선 위치에 대한 고찰」, 리지린 등, 앞의 책.
12 정찬영, 「고조선에 관한 몇 가지 문제들에 대하여」, 리지린 등, 앞의 책.
13 정찬영, 위의 글.

역사적인 사건이 발생하였다. 먼저 1962년 10월 12일에는 중국의 주은래周恩來 총리가 평양을 방문하여 김일성 주석과 비밀리에 '조중변계조약朝中邊界條約'을 체결하였다. 조약내용은 1909년 '간도협약'으로 청나라에 넘어간 280km²를 북한에 돌려주고, 백두산 천지의 54.5퍼센트를 북한 측이, 45.5퍼센트를 중국 측이 차지하도록 하였으며, 압록강과 두만강의 섬과 사주沙洲(모래톱)는 북한 측이 264개, 중국 측이 187개씩 나눠 관할하기로 하였다. 지금으로서는 상상을 초월하는 '혈맹우의지정血盟友誼之情'의 호사례였다.[14]

다음으로 1963년 6월 28일에는 주은래 총리가 '중·조 관계 담화문'을 발표하였다.[15] 이 담화문에서 "조선민족은 조선반도와 동북대륙에 진출한 이후 오랫동안 거기에 살아왔다. 요하, 송화강 유역에는 모두 조선민족의 발자취가 남아 있다. 이것은 요하, 송화강 유역, 토문강(두만강)유역에서 발굴된 문물, 비문 등에서 증명되고 있으며, 수많은 조선 문헌에도 그 흔적이 남아 있다. 조선족이 거기서 오랫동안 살아왔다는 것은 모두 증명할 수가 있다"라고 전제하고, 이어서 "토문강(두만강), 요하, 송화강 유역에서 조선족이 이미 오랫동안 거주하였다는 것을 증명하도록 하겠다. 우리는 이 문제에 대해 책임이 있고, 이 지방에 가서 현장조사하고, 비문과 출토 문물을 찾고, 역사흔적을 연구하는 것 또한 권리이기도 하다. 우리에게 책임이 있는 부분에 대해서 당신들을 돕도록 하겠다"라고 하였다. '조중변계조약'이 중·조 간에 '혈맹우의지정'으로 맺은 지리 영토문제의 중대 맹약이라고 한다면, '중·조 관계 담화'는 중·조 간에 '의제우선지정義弟優先之情'으로 맺은 역사적 정통성을 인정하는 일대 사건이었다. 전무후무한 일이다.

이로 인해서 즉각 '중·조합동고고학발굴대'가 조직되었고, 이 해(1963년)

---

14 『세계일보』 2001년 10월 12일자.
15 1963년 6월 28일에 발표된 주은래 총리의 '중·조 관계 담화문'.

8월 23일부터 1965년 7월 19일까지 장장 3년 동안 네 차례에 걸쳐 17명(4차는 11명)의 조사원이 내몽골 동부, 요령성, 길림성, 흑룡강성 등 3성省 1자치구의 4개 지역 23시市·현縣에 분포되어 있는 고조선, 고구려, 발해 유적 72개소를 답사, 시굴, 발굴 등을 통하여 본격 조사하였다. 이때 조사기록은 쌍방이 동시에 출판하기로 하였으나 중국에서 '문화대혁명'이 일어나서 북한에서만 1966년『중국동북지방유적발굴보고(1963~1965)』가 평양에서 간행되었다.[16] 당시 발굴조사단의 주요 구성원이었던 김용간과 황기덕이 「기원전 천년기 전반기의 고조선문화」라는 제목으로 조사 지역의 유물 유적을 통하여 기원전 천년기 전반(기원전 10~6세기경)의 청동기문화를 고조선 시기의 우리 문화로 인식하는 대전환의 틀을 마련하였다.[17] 특히 오늘날 우리가 활용하고 있는 고조선 유적 유물은 대부분 이때 조사된 것들이다. 필자는 1990년부터 이때 조사된 지역을 수차 답사한 바 있다.[18]

(3) 1963~1965년 중국 동북지방 고고학조사 후 북한학계의 변화

1945년 이후 1963년 이전까지 북한에서의 고고학 연구는 거의 도유호가 주도하였다고 해도 과언이 아니다. 그는 1957년『문화유산』이라는 학술지가 간행되면서 편집책임을 맡아 많은 고고학 논문을 발표하고, 비슷한 시기에 창간된『력사과학』이나『고고민속』에도 많은 보고서나 논문을 발표하였

---

16 조·중합동고고학발굴대,『중국동북지방유적발굴보고(1963~1965)』, 과학원출판사, 1966 ; 朝·中合同考古學發掘隊,『崗上·樓上―1963~1965 中國東北地方遺跡發掘報告』, 東京 : 六興出版, 1986. 중국 측에서는 1996년에 사회과학원 고고연구소가『雙砣子與崗上―遼東史前文化的發現和研究』(北京 : 科學出版社, 1996)를 내놓았다.

17 김용간·황기덕,「기원전 천년기 전반기의 고조선문화」,『고고민속』, 1967-2, 과학원출판사, 1~17쪽.

18 이형구,『발해연안에서 찾은 한국고대문화의 비밀』, 김영사, 2004 ; 이형구·이기환,『코리안 루트를 찾아서』, 성안당, 2009.

다. 도유호는 우리나라의 신석기시대 문화의 기원에 대하여 바이칼 지방에서 한 종족이 내몽골 지방을 거쳐서 서북조선으로 이동하여 왔다고 주장[19]하는 한편, 우리나라의 거석문화巨石文化는 멘힐(선돌)과 돌멘(고인돌)인데 대체로 청동기시대의 유산이라고 하였다. 우리나라의 청동기시대는 기원전 7~3세기에 걸쳐 존재하였던 문화라고 하였다.[20] 특히 조선의 '거석문화'는 동남아시아 쪽에서 들어온 것인데 황해도 쪽에 먼저 닿은 것 같다고 하면서 적석총積石塚과 석상분石箱墳은 북쪽에 줄을 댄 것으로 보고, 우리나라 거석문화의 내원을 '이원론二原論'으로 파악하였다.[21] 이와 같은 도유호의 우리나라 선사문화에 대한 지론은 『조선원시고고학』에서도 강조되었다.[22] 그러나 "문화가 한곳에서 발생하여 세계 각처에 퍼졌다는 견해는 사물 발전의 객관적 법칙을 내적 요인에서 찾지 아니하고 외부의 영향에서 찾는 것이다. 즉 '외인론外因論'이다"라는 호된 비판을 받았다.[23] 조선문화의 '외인론', 즉 '외래문화전래설'을 주장하던 도유호는 1965년 이후에는 모습이 보이지 않는다. 그러나 도유호와 유사한 주장을 지금도 국내에서도 볼 수 있다.

1963~1965년 중국 동북지방 고고학조사 이후 북한 고고학계는 많은 변화를 보였다. 우선 정치적으로 주체사상主體思想이 싹트기 시작하면서 고고학과 역사연구에도 영향을 미쳤다. 우선 동북지방의 고고학조사를 주관했던 고고학자들―김용간, 김종혁, 석광준, 주영헌, 황기덕 등―에 의하여 주도되고 있었다.

리지린은 '역사적 유물론'의 입장에서 중국의 고대 문헌자료를 검토·분

---

19 도유호, 「지탑리원시문화의 개괄적 고찰」, 『지탑리원시문화유적발굴보고』, 과학원출판사, 1961, 73~74쪽.
20 도유호, 「조선 거석문화 연구」, 『문화유산』, 1959, 32쪽.
21 도유호, 위의 글, 25·33쪽.
22 도유호, 『조선원시고고학』, 과학원출판사, 1960.
23 김유방, 「도유호 저 『조선원시고고학』에 대한 몇 가지 의견」, 『력사과학』, 1963-2, 60쪽.

석·비판하여 처음으로 고조선에 관한 연구를 완성한다.[24] 이후 그는 1970년대 초까지는 건국초기의 유물사관의 서술태도를 고수하면서 "우리나라 사회 발전의 합법칙성에 따라 역사발전과 역사적 사실을 정확히 밝혀내기 위해서 힘썼다"고 한다.[25]

1970년대에 와서 고고학이 정리되었는데 그 대표적인 작업으로 『조선고고학개요』를 들 수 있다. 이 책에서는 "영원불멸의 주체사상을 역사서술에 구현하여 주체적 방법론에 철저히 입각하여 우리나라의 역사와 문화 발전과정을 체계화하였다"라고 하였다.[26]

이와 같이 1970년대 중반에 와서는 역사연구에도 정치적 변화와 더불어 '주체사상'이 확립되고, '주체적 방법론'의 입장에서 역사를 바라보기 시작하였다.

1960년대 중반부터 1980년대 중반까지 약 20년 동안 북한에서는 고고학 관계 전문학술지가 나오지 않았는데, 그 이유는 북한의 사회체제가 변화하면서 이 시기에 주체사상에 입각한 전면적인 재조정이 있었기 때문이다.[27]

1980년대 중·후반에는 박진욱, 황기덕, 강인숙의 『비파형단검문화에 관한 연구』가 출간되었다.[28] 이 책에서는 지금까지 알려진 고고학적 유적 유물에 따르면 우리나라 신석기시대 주민들이 기원전 5,000~4,000년경에 이미 오랫동안의 정착생활에 기초하여 다양한 생산 활동을 벌이면서 고유한 문화를 창조하였음을 보여주고 있다고 하였다. 그리고 청동기시대의 시작은 기원전 2,000년경 전반기에 들어서서 싹트기 시작하였는데, 유물 갖춤새에는

---

24 리지린, 『고조선 연구』, 1쪽.
25 사회과학원 고고학연구소(리순진·장주협), 「머리말」, 『고조선문제연구』, 사회과학출판사, 1973, 1쪽.
26 사회과학원 고고학연구소, 『조선고고학개요』, 과학·백과사전출판사, 1977, 7쪽.
27 이선복, 「북한고고학사 사론」, 『동방학지』 74, 연세대학교 국학연구원, 1992, 15~16쪽.
28 박진욱·황기덕·강인숙, 『비파형단검문화에 관한 연구』, 과학·백과사전출판사, 1987.

신석기시대의 문화요소가 적지 않게 남아 있으며,[29] 그릇의 아가리 부분을 덧
댄 것이나 겹쳐 싼 것, 그리고 이 부분의 새김무늬들은 신석기시대에 광범위
하게 보급된 새김무늬의 전통을 이어받은 것이라고 하였다.[30] 이와 같은 주장
이 1993년까지 이어졌다.

4. 리지린 이후 북한에서의 고조선 연구

(1) 리지린 이후 학자들의 고조선 연구

사회과학원 고고학연구소(리순진·장주협)가 편찬한 『고조선문제연구』에
서는 고조선 말기의 서쪽 경계를 리지린과 마찬가지로 대릉하로 보고, 그 중
심영역을 요동지방으로 보고 있으나,[31] 고조선의 남쪽 경계는 리지린이 보는
압록강에서 마한馬韓과 경계하였다[32]고 하는 선보다 더 남쪽인 청천강에서
마한과 경계하고 있다고 보는 점이 다르다.[33] 이들은 평양 부근의 고대 유적
은 조선 사람의 국가인 마한의 유적이며 한사군의 하나인 낙랑군의 유적이
아니라는 것을 논증하는 데 중점을 두면서 마한의 문화발전과 그 특성을 개
괄하였다.

특히, 고조선 말기의 영역과 그 중심지인 왕검성의 위치에 대하여 지리적
관계로 보나 요하 하류 동쪽 유역에서 출토되고 있는 고고학적 자료에서 보
여주는 바와 같이 기원전 3~2세기 고조선 문화의 유적 유물이 이 지역에서
많이 드러나고 있어 해성과 개평 사이의 지역에 왕검성의 위치를 비정하는

---

29 사회과학원 고고학연구소, 『조선고고학개요』, 21쪽.
30 사회과학원 고고학연구소, 위의 책, 67~68쪽.
31 사회과학원 고고학연구소(리순진·장주협), 『고조선문제연구』, 75쪽.
32 리지린, 『고조선 연구』, 275쪽.
33 사회과학원 고고학연구소(리순진·장주협), 위의 책, 79쪽.

것이 가장 합리적이고,[34] 1977년에 간행된 『고조선문제연구론문집』에서는 고조선이 700년 이상이나 존재하였다고 하였다.[35] 고고학적 성과에 의하여 고조선의 국가 형성시기를 기원전 8세기 이전으로 올려 잡을 수 있다고 보았다.[36] 그것은 『관자』의 문헌자료와 매우 상통하는 것이다.

고조선 말기의 서쪽 경계선인 패수는 한나라와의 국경선을 이룬 강이었다. 패수 서쪽에 한나라의 요동고새遼東故塞(산해관)가 있었고, 패수 동쪽에 열수가 있었다. 즉 패수는 요동고새와 열수 사이에 있던 강이다. 산해관(한나라의 요동고새) 동쪽에서 동으로 바다에 흘러드는 큰 강은 대릉하 하나뿐이다. 오늘의 대릉하는 곧 패수라고 하였다. 고조선의 열수는 요동지방에서 발해에 흘러드는 오늘의 요하이다. 열구는 열수(요하)의 하구이므로 왕검성도 요하 하류에 있었다고 보았다. 고조선 말기의 남쪽 경계선이 예성강(패하) 일대이며, 기원전 2세기 말 진국의 북쪽 경계선이 된다고 하였다. 그리고 이것은 기원 전후시기 마한의 북쪽 경계선이 백제의 북쪽 경계선과 일치하기 때문이라고 하였다.[37]

사회과학원 력사연구소에서는 1977년에 『조선통사』(상) 제2판을 내면서 역사서술 전반에 걸쳐 철저한 주체적 입장에서 당성, 노동 계급성을 관철하기 위하여 노력하였다고 하였다.[38] 이 책에서는 고조선의 주민은 예족과 맥족을 기본으로 하여 이루어졌다, 고조선이 세워진 절대연대는 기원전 8세기 이전으로 잡을 수 있다, 고조선은 서북조선에서 오늘의 중국 만리장성 경계선에 이르는 넓은 지역에 걸쳐 있었다, 기원전 3세기 초 연나라에게 서북지방

34 사회과학원 고고학연구소(리순진 · 장주협), 위의 책, 80쪽.
35 사회과학원 고고학연구소, 『고조선문제연구론문집』, 사회과학출판사, 1977, 3쪽.
36 사회과학원 고고학연구소, 위의 책, 54쪽.
37 사회과학원 고고학연구소, 위의 책, 56~71쪽.
38 사회과학원 력사연구소, 「머리말」, 『조선통사』 상, 과학 · 백과사전출판사, 1977, 1쪽.

을 빼앗긴 후 서쪽 국경은 오늘의 대릉하(당시 패수) 경계선으로 고착되었으며, 고조선의 남쪽지역은 우리나라의 중부지대에까지 미쳤고 그 중심지는 요하 하류 왼쪽 기슭에 있었다고 하였다.[39]

강인숙은 전한 때 패수와 요동고새 사이에 일종의 '완충지대'가 있었던 것으로 미루어 기원전 4세기 후반기 고조선의 서변에서도 난하 중류로부터 그 동쪽의 일정한 지역을 일종의 '완충지대'로 볼 수도 있다고 보고, 그렇다면 이 시기 고조선의 서변은 대체로 대릉하 상류 계선쯤으로 볼 수 있다고 하였다. 진개동정 시의 조선 서변 2,000여 리 지역은 난하(요수) 중류로부터 요하 유역에 이르는 지역으로 볼 수 있다고 하였다.[40]

1991년에 수정 출판한 『조선통사』(상)에서는 전판(1977)과 같이 고조선은 오늘의 대릉하유역을 중심으로 한 요서지방에서 점차 그 영역을 확장하여 대릉하유역에서 예성강에 이르는 영토를 가진 큰 나라로 강화·발전되었고, 기원전 3세기 초에 고조선이 서쪽의 일부 지역을 연나라에 빼앗긴 다음부터 서쪽 국경은 오늘의 대릉하 하류(당시 패수) 계선으로 고착되었다고 기술하였다.[41]

1979년에 력사연구소는 『조선전사』 2(고대편) 첫 판을 편찬하면서 '머리글'에서 "고조선은 요하유역, 송화강유역, 조선반도를 중심으로 아시아대륙의 동방 넓은 지역을 차지하고 있다"라고 하였다.[42] 그리고 기원전 1,000년기 고조선의 범위는 요동반도를 중심으로 요서지방으로부터 한강유역에까지 미쳤다고 하였다. 1991년에 『조선전사』 2(고대편) 개정판을 내면서 '고조

39 사회과학원 력사연구소, 앞의 책, 42쪽.
40 강인숙, 「기원전 4~3세기 고조선의 서변」, 『비파형단검문화에 관한 연구』, 과학·백과사전 출판사, 1987, 151~208쪽.
41 사회과학원 력사연구소, 『조선통사』 상, 과학·백과사전출판사, 1991, 39쪽.
42 사회과학원 력사연구소, 『조선전사』 2(고대편), 과학·백과사전출판사, 1979, 5쪽.

선국가의 성립'에서 서북조선에서부터 요하유역에 이르는 지역은 동북아시아에서 가장 일찍부터 고대문화가 발생한 선진지역으로 이 지역에 살고 있던 초기 고조선의 주민은 고대 조선족이라고 하였다.[43]

또한 1991년판『조선통사』(상)에 따르면 고조선 사람들은 오늘의 대릉하유역을 중심으로 한 요서지방에 퍼져 살고 있었으며, 그 세력은 점차 영역을 확장하여 대릉하유역에서 예성강에 이르는 넓은 영토를 가진 큰 나라로 발전되었으며, 기원전 3세기 초에 고조선이 서쪽의 일부 지역을 연나라에 빼앗긴 다음부터 서쪽 국경은 오늘의 대릉하(당시 패수) 하류를 경계선으로 고착되었다고 하였다.[44]

이때(1991년)까지만 해도『조선전사』2(고대편)이나『조선통사』(상)은 고조선의 중심 강역을 '요서지방'으로 보고 있음을 알 수 있다.

(2) 리지린의『고조선 연구』이후 남한학계의 고조선 연구

1970년대 말에 접어들면서 남한에서는 그동안 금기시해왔던 고조선 문제에 대하여 일대 전환의 계기가 된 것은 발해연안 북부에 기자조선이 있었다는 주장이다. 필자는 1978년,「중국 동북신석기시대와 청동기시대의 문화」[45]에서 발해연안 북부 대릉하유역에서 출토된 은말주초殷末周初의 청동기 중에 '고죽孤竹'과 '기후箕侯'라고 새긴 명문에 주목하였다. 이들은 대릉하유역 요령성 객좌현喀左縣 고산 북동유적에서 불과 3.5m 거리를 두고 인접한 2개의 교장갱窖藏坑(곡식이나 물건을 저장해 두는 움)에서 발굴되었다. 1호 교장갱에서는 '고죽孤竹'이라고 새긴 청동제 '고죽뢰孤竹罍(술 담는 그릇)'가 발견되었고,

---

43 사회과학원 력사연구소,『조선전사』2(고대편), 과학·백과사전출판사, 1991, 13쪽.
44 사회과학원 력사연구소,『조선통사』상, 과학·백과사전출판사, 1991, 39쪽.
45 이형구,「中國東北新石器時代及青銅器時代之文化」, 113~146쪽.

2호 교장갱에서는 '기후箕侯'라고 새긴 청동제 '기후방정箕侯方鼎(네 발 달린 청동 솥)'이 발견되었다. 이 밖에 대릉하유역 객좌현 산만자山灣子와 해도영자 海島營子 유적에서도 은말주초의 청동 예기禮器가 다수 발견되었는데, 이들 청동기에는 은대의 여러 민족의 이름이 새겨져 있었다. 필자는 이 명문의 '기후'를 은이 망한 후 은의 여러 씨족들이 주의 세력을 피해 그들의 고향인 고죽국으로 온 은殷 유민遺民을 대표하는 기자箕子일 것으로 보았다. 은 민족 이 동이족東夷族임은 익히 잘 알려진 바이다. 이들은 대릉하유역에서 살다가 많은 유적 유물들을 남겼을 것으로 추정되는데, 이들이 살던 곳을 사서에서 일컫는 기자조선으로 보았다.[46] 이에 대하여 중국의 고고학자나 역사학자들 은 기후를 은의 귀족으로 인정하면서도 사서에 보이는 은 말의 왕족인 기자 와 연결시키지는 않았다.[47] 그들은 기자조선이 대동강유역에 있었다고 인식 해왔기 때문에 대릉하유역을 기자와 연결시키기를 꺼렸다.[48]

천관우는 초기 기자조선의 기자족은 화하계華夏系가 아닌 동이계로서 은말 주초에 난하 하류에 일시 정착하여 '조선'으로 불려왔고, 그 뒤 여러 세기에 걸쳐 요서, 요동으로 이동을 계속한 끝에 어느 시기에 대동강 하류에 도달하 여 그 지역의 지배권을 장악함으로써 기자조선이 단군조선과 대체되었다[49] 고 보았다.

김정학은 기원전 3~2세기경의 고조선 영역은 요동지방에서 한반도 서북 부에 걸친 지역이었던 것으로, 그것은 전국말戰國末 이래 중국민족이 동북지

---

46 이형구, 앞의 글, 138쪽.

47 晏琬(李學勤), 「北京·遼寧出土銅器與周初的燕」, 『考古』, 1975, 274~279쪽 ; 張博泉, 『東北 地方史稿』, 吉林大學出版社, 1985, 31~32쪽.

48 이형구, 「발해연안북부 요서·요동지방의 고조선」, 『단군학연구』 제12호, 단군학회, 2005, 62쪽.

49 천관우, 『고조선사·삼한사 연구』, 일조각, 1989, 24~25쪽.

방으로 진출, 침략하자 이에 밀려 요동지방 내지 한반도 서북부로 이동한 듯하며 따라서 요동지방으로 밀리기 이전의 고조선은 요서지방에 위치하였던 것으로 보인다[50]고 하였다. 결국, 김정학은 기원전 3세기 이전의 고조선은 요서지방에 있었을 것으로 인정한 것이다.

윤내현은 1983년 「기자신고箕子新考」를 발표하였다.[51] 그리고 「고조선의 강역」 등 일련의 고조선 관계 논문을 발표하였다.[52] 특히 필자는 학술토론회에서 윤내현이 「고조선의 강역」이라는 글을 발표한 후 패널로 나와 '윤설尹說 「고조선의 강역」과 리지린의 고조선 연구'라는 '논평문'을 통해 윤내현의 「고조선의 강역」을 비판하는 자리에서 윤내현이 주장한 내용들이 리지린의 『고조선 연구』(1964)의 주요 주장과 흡사함을 지적하고[53] 각주를 단 후 출판할 것을 권고한 바 있으나 이후에도 반영되지 않았다.[54] 이후 필자는 학술지에 정식으로 문제점을 지적한 바 있다.[55] 한편, 이기동은 같은 학술토론회에서 '윤내현의 「고조선의 강역」에 대한 논평'을 통해 윤내현의 글이 갖는 문제점을 주로 연구방법의 측면에서 지적하면서, "최근 우리 학계의 한쪽에서도 리지린의 견해와 거의 다를 바 없는 주장이 윤내현에 의해서 제기되고 있다. 여기서 다루고 있는 중국의 자료라든지, 또한 자료에 대한 비판의 방식이

---

50 김정학, 『한국상고사연구』, 범우사, 1990, 150~151쪽,
51 1981년 필자가 귀국한 후 단국대학교 사학과 모 강사가 필자의 석사논문(주 45)을 빌려간 다음 이를 윤내현에게 전달하였다고 하는데 아직까지도 반환되지 않았다. 윤내현의 글(「기자신고」, 1983)에는 필자의 석사논문과 일치하는 견해도 있으나 어디에도 전거가 보이지 않는다.
52 윤내현, 『고조선연구』, 일조각, 1994.
53 1984년 4월 27일 한국정신문화연구원이 주최한 '상고시대 강역에 대한 제문제'라는 학술연찬에서 '고조선의 강역'이란 제목으로 윤내현이 발표하고, 이형구와 이기동이 논평자로 나섰다.
54 윤내현, 「고조선의 위치와 강역」, 『한국고대사신론』, 일지사, 1986, 15~80쪽.
55 이형구, 「리지린과 윤내현의 '고조선 연구' 비교」, 『역사학보』 146, 1995.

랄까 전반적으로 풍겨지는 논조라 할까가 리지린의 그것과 너무도 비슷하여 공교로운 느낌이 드는 것을 떨쳐버릴 수 없는 실정이다"[56]라고 하였다.

이종욱은, 요동 지역의 청동기시대는 기원전 15세기경부터 시작되었다는 견해를 따르면 대체로 그 무렵 고조선사회는 촌락(추장)사회단계에 이르렀던 것을 생각할 수 있다, 단군신화는 고조선의 국가 형성이라는 역사적 사실이 신화화된 것이기에 신화적인 요소를 제하고 역사적 사실을 찾는 노력을 할 필요가 있다, 일단 단군신화의 신화적인 요소를 벗겨내고 보면 그 안에서 고조선의 국가형성에 대한 중요한 사실을 찾을 수 있다, 고조선 소국의 형성세력은 범이나 환웅으로 상징되는 은유민의 영향과 자극을 받은 곰(웅녀)으로 상징되는 선주세력先住勢力 중 단군집단이다, 당시 기자세력이 요서 지역에 머물렀던 것은 사실로 인정되나 요동 지역의 고조선 건국과는 직접 관계된 일이 없다고 하였다.[57]

노태돈은 이 시기 한반도와 남만주의 청동기문화를 독자적 성격의 것 또는 북방계라고 일반화할 수 있을까에 대해 의문이 제기되기도 하였다면서, 이른 시기부터 요서 지역과 북중국 방면으로부터의 영향이 컸다는 지적이 그것이라고 하였다.

노태돈은 기원전 4세기 이전의 고조선의 중심지는 요하유역 방면 쪽에 있었을 것이라고 하였다.[58] 한편, 북중국 방면의 문화가 한국문화의 기원에 끼친 영향이 상징으로 언급되었던 기자조선 문제도 다시 한번 논의되어야 할 과제로 부각되고 있다고 하였다.[59]

송호정은 문헌에서 고조선의 실체가 처음으로 확인되는 기원전 7~6세기

56 이기동, 「북한에서의 고조선연구」, 『한국사 시민강좌』 2, 일조각, 1988, 99쪽.
57 이종욱, 『고조선사연구』, 일조각, 1993.
58 노태돈, 「고대」, 『한국사』 1(총설), 국사편찬위원회, 2002, 194쪽
59 노태돈, 『단군과 고조선사』, 사계절, 2000, 75쪽.

를 초기 고조선이라 규정하고는 있으나, 고조선 이전 단계의 사회인 단군조선이나 기자조선에 대한 '역사적인 문제'는 일절 언급하지 않았다.[60]

조법종은 『고조선 고구려사 연구』에서 '고조선사' 편을 따로 설정하고 단군이나 기자는 고조선이란 범칭으로 묶어 그 안에 간접적으로 설명하고 그 대신 위만조선과 낙랑군을 따로 두고 서술하였다.[61]

5. '단군릉' 발굴과 고조선

(1) '단군릉' 발굴 이전의 북한의 단군과 단군조선

리지린은, "단군전설은 『위서』에 기록된 부姜, 준準 시대 이전, 즉 기원전 3세기 이전에 이미 존재하였다고 볼 수 있다. 단군을 고조선의 창건자로서의 역사적 인물로 볼 수는 없다. 그러나 이 전설은 어떠한 역사가가 임의로 아무 근거 없이 꾸며낸 것이 아니며 인민들을 설복시킬 수 있는 일정한 근거를 가졌을 것이다. 따라서 이 신화는 조선 인민이 경과한 일정한 시기의 구체적 사회상을 반영하는 신화라고 보아야 한다."[62]고 하였다. 리지린은 단군신화를 세 단계를 거쳐서 체계화된 것으로 보았다. 첫 단계에서는 씨족사회에서의 단순한 씨족토템이 생겼고, 둘째 단계에서는 군사민주주의 단계로 이행하는 시기의 군사 수장으로서의 '단군'이 등장하게 되었고, 셋째 단계에서는 계급국가 형성 후 고조선 국왕으로서의 '단군'이 등장하게 된 것으로 볼 수 있으며, 그것은 기원전 12세기 이전 1,500년경, 즉 기원전 27세기경이라고 말할 수 있을 것이라고 하였다.[63] 단군시대가 어차피 계급사회, 즉 국가 형성 시기

---

60 송호정, 『한국 고대사 속의 고조선사』, 푸른역사, 2003.
61 조법종, 『고조선 고구려사 연구』, 신서원, 2006.
62 리지린, 『고조선 연구』, 112쪽.
63 리지린, 위의 책, 123~124쪽.

라는 것을 보여준다는 점에서 단군신화를 '조선(고조선)'의 건국신화라고 할 수 있다고 하였다.

리상호는 단군신화의 역사성을 강조하고, 고조선은 한마디로 '단군조선'으로부터 시작한다고 하였다.[64] 고조선 지역의 서단을 현재의 하북성 난하로 본 것[65]은 리지린의 견해와 같다. 특히 리상호는 고조선의 평양중심설에 대하여 혹독하게 비판하였다.[66] 지금과 많이 다르다.

북한학계에서는 '단군릉' 발굴 이전부터 '단군릉'의 발굴을 정책적으로 계획했던 것으로 보인다. 1991년에 편찬된 『조선전사』 2(고대편)에서, "요컨대 단군신화는 의심할 바 없이 고조선의 건국 사실을 반영한 건국신화이다. 그 건국연대를 기원전 24세기로 보겠는가 하는 것은 아직은 확실한 근거를 가지고 있지 못하다. 그 해답은 장차 발굴 소개될 고고학적 자료들에 기대를 거는 수밖에 없다."[67]라고 하였다. 이로부터 2년 후에 '단군릉'이 발굴되었다.

(2) 1993년 '단군릉' 발굴

1993년 말, 북한 사회과학원은 평양시 강동군 강동읍 대박산大朴山에서 고대로부터 단군의 능이라고 전해 내려오는 '단군릉'을 발굴하여 단군의 실체를 확인하였다고 하였다.[68] 단군조선이 기원전 30세기 초에 형성되었다고 보게 되는 가장 중요한 고고학적 근거는 '단군릉' 발굴에서 단군의 유골이 나왔는데, 그 연대가 5,000년 전이었다는 것이다. 1990년대 초 발굴당시의 '단

---

64 리상호, 「단군설화의 역사성」, 이형구 엮음, 『단군을 찾아서』, 살림터, 1994, 237쪽.
65 리상호, 「단군고」, 서영대 엮음, 『북한학계의 단군신화 연구』, 백산자료원, 1995, 212쪽.
66 리상호, 「고조선 중심을 평양으로 보는 견해들에 대한 비판」(상), 『력사과학』, 1963, 45~52쪽
67 사회과학원 력사연구소, 『조선전사』 2(고대편), 과학·백과사전출판사, 1991, 37쪽.
68 이형구 엮음, 『단군을 찾아서-단군릉 발굴 학술 보고집』, 1994, 18쪽.

군릉'이 4~5세기 고구려 돌칸흙무덤 형식으로 되어 있던 것은 아마도 처음에는 대형 고인돌무덤으로 되어 있던 것이 수천 년의 오랜 세월이 지나는 동안에 비, 바람, 눈, 지진 등으로 인하여 일부 파손되고 기울어져서 고조선의 첫 건국시조 능陵으로서의 품격을 갖추지 못하게 되었기에 후에 개축한 것과 관련이 있다고 보았다.[69]

단군이 살던 곳이 평양이고 단군의 도읍터가 평양이었으며, 그가 죽은 곳도 평양이었으니 지금의 그 위치에 단군의 본래의 무덤이 있었을 것은 더 말할 것도 없다.[70] 단군릉에서 나온 사람 뼈의 절대연대를 밝혀내기 위하여 단군릉에서 나온 사람 뼈를 '전자상자성 공명 연대측정법'으로 측정하였다. 이 뼈의 절대연대를 계산하면 지금으로부터 5,011±267년 전(1993년 현재)이 된다고 한다.[71]

1993년 10월, 북한으로부터 충격적인 '단군릉' 발굴소식과 그를 둘러싼 '단군 및 고조선에 관한 학술발표회' 소식이 들려왔다. 과거 단군신화와 단군릉에 대해 '황당무계한 전설에 불과'한 것이라든가, '단군조선왕국이 우리의 첫 국가였다고는 아무도 생각하지 않는다'라고 할 정도로 무시한 점을 상기해볼 때, '단군릉' 발굴은 대단히 충격적이었다. '단군릉' 발굴과 이로 시작되는 고조선사의 서술은 향후 북한학계의 고조선 연구의 방향을 가늠하는 데 귀중한 지표가 될 것이다.

강인숙은 단군 유골의 발견과 역사기록에 대한 연구 성과를 토대로 단군을 우리 민족의 원시조―우리 민족사의 첫 건국시조―로 보고, 고조선의 건국연대

---

69 손영종, 「단군조선의 성립」, 단군학회 엮음, 『남북 학자들이 함께 쓴 단군과 고조선 연구』, 지식산업사, 2005, 273~274쪽.
70 박진욱, 「단군릉 발굴정형에 대하여」, 이형구 엮음, 『단군을 찾아서』, 48쪽.
71 김교경, 「단군릉에서 나온 뼈에 대한 년대 측정결과에 대하여」, 이형구 엮음, 『단군을 찾아서』, 55쪽.

는 종래의 기원전 10세기 이전으로부터 근 2,000년이나 끌어올려 기원전 3,000년까지 올려 잡게 되었다고 하였다. 또한 이것은 반만년의 유구한 우리 민족사를 '주체적 입장'에서 체계화할 수 있는 큰 디딤돌을 마련한 것으로서 우리 민족사 연구에서 하나의 획기적인 사변이라고 하였다.[72]

한편, 북한의 '단군릉' 발굴 이후 1995년 8월, 일본 오사카에서 '남북 고고·역사학자 학술대회'가 개최되었는데, 여기에 참가한 북한의 고고학자 석광준에 따르면 남한에서 조사 연구된『강화도 고인돌무덤(지석묘) 조사연구』[73]에 자극을 받아 북한에서도 1993년에 대동강유역의 고인돌무덤을 종합적으로 조사하게 되었다고 하였다. 그리고 북한에서는 청동기시대에 유행한 '지석묘支石墓'를 그동안 '고인돌'이라고 불러왔는데,『강화도 고인돌무덤(지석묘) 조사연구』에서 사용한 '고인돌무덤'이란 명칭을 북한에서 차용하여 1994년 이후부터는 '고인돌무덤'을 공식명칭[74]으로 사용하고 있다고 한다.

(3) '단군릉' 발굴 이후의 북한학계

1999년 편찬된『고조선 력사개관』[75]을 보면, 단군의 건국기사에서 단군이 평양성에 도읍을 정하고 조선(고조선)이라는 나라를 세웠다는 것은 사실 그대

---

72 강인숙,「단군은 고조선의 건국시조」, 서영대 엮음,『북한학계의 단군신화연구』, 백산자료원, 1995, 671쪽.

73 이형구,『강화도 고인돌무덤(지석묘) 조사연구』, 한국정신문화연구원, 1992(재판은 춘추각, 2006).

74 '단군 및 고조선에 대한 제1차 학술대회(1993년 10월)'에서 석광준은「평양은 고대문화의 중심지」라는 논문에서 '고인돌'이라는 명칭을 사용하였다(이형구 엮음,『단군을 찾아서』, 82~86쪽). 그러나 '단군 및 고조선에 대한 제2차 학술대회(1994년 10월)'에서 발표한「평양 일대에서 새로 발굴된 고인돌무덤과 돌관무덤에 대하여」에서는 '고인돌무덤'으로 명칭을 바꿔 사용하였다(이형구 엮음,『단군과 단군조선』, 174~177쪽). 석광준은 훗날『조선의 고인돌무덤 연구』(사회과학원, 2000)라는 제목으로 책을 내놓았다(이 책은 같은 제목으로 국내에서 중간되었다).

75 박득준 엮음,『고조선 력사개관』, 사회과학출판사, 1999, 13쪽.

로의 반영이며, 우리 선조들이 단군의 건국연대를 요임금 무진년, 즉 기원전 2,333년으로 인식해온 것은 이 단군신화에 일연一然의 『삼국유사』에 나와 있는 주석에 요임금 즉위년인 무진년 설에 근거한 것이라고 하였다. 그런데 이 건국연대는 물론 단군유골의 연대측정치(5,011±267)에 따라 수정되었다고 한다. 종래에 고조선의 중심지가 요동반도에 있다고 본 견해도 있었지만 '단군릉' 발굴과 그 후의 평양지방 발굴 자료들과 역사 기록들에 대한 전면적인 재검토에 기초하여 요동중심설이 그릇된 것임을 확인하고 평양지방이 단군 이래 고조선의 중심지였다는 새로운 결론에 이르게 되었다고 하였다.[76]

또한, 단군조선의 초기 영역은 주로 평양을 중심으로, 북쪽으로는 청천강-압록강유역, 남쪽으로는 한강유역에 이르는 지역이었다고 보았다. 단군조선(전조선)은 1,500년 이상 계속되다가 후조선에 의하여 교체되었는데, 단군조선의 존속기간을 1,500년~1,700년으로 보고 그 종말을 기원전 14세기를 전후한 시기로 보았다. 그리고 이것이 후조선의 성립연대가 된다고 보았다.[77]

평양은 근 3,000년 동안 삼조선의 수도였고, 고구려 시기에는 처음 낙랑국의 수도였다가 기원전 1세기 중엽부터는 고구려에 속한 '조선소국'의 수도였고, 247년과 343년에는 고구려가 한때 이곳에 임시수도를 두었으며, 그 전후 시기에는 부수도로 되어 있었다. 그러므로 평양 지방에는 수천 년을 내려오면서 단군조선의 후예들이 살아왔으며, 고구려 시기부터 단군에 대한 제사의례가 계속 이어지고 있었던 것으로 보아 그들은 단군릉이 어디에 있는지를 잘 알고 있었다.[78]

북한학계에서 1993년의 '단군릉' 발굴과 그 결과는 굳어진 정설을 재검

---

76 박득준 엮음, 앞의 책, 24쪽.
77 박득준 엮음, 앞의 책, 80쪽.
78 손영종, 「단군조선의 성립」, 단군학회 엮음, 『남북 학자들이 함께 쓴 단군과 고조선 연구』, 274쪽.

토하는 전환적 계기가 되었다. 단군릉이 발굴되어 단군이 실재한 인물이었다는 것이 확인되면서 고조선 역사 전반을 새로운 시각에서 대하게 되었고, 또 그것을 계기로 평양 일대의 단군, 고조선 관계유적들에 대한 조사발굴사업이 본격화되어 평양일대의 고조선 문화의 높은 발전상이 밝혀져 요동중심설이 깨지게 되고 대동강중심이 되었다.[79] 이것이 곧 '대동강문화大同江文化'이다.

이로써 고조선은 기원전 30세기 초로부터 기원전 2세기 말까지 근 3,000년간이나 존재한 나라였고, 고조선의 초기 영역은 평양을 중심으로 한 서북조선일대, 한강이북 청천강유역 이남 일대였다고 볼 수 있다. 전성기에는 조선반도의 남쪽지역을 포함하여 요하 계선, 송화강 상류지역, 연해주의 남부지역에까지 미쳤다고 한다.[80]

(4) '단군릉' 발굴 이후의 남한학계

'단군릉' 발굴을 계기로 사회과학원은 10월 12 · 13일 양일간에 걸쳐 평양인민대회당에서 '단군 및 고조선에 관한 학술발표회'를 개최하고 15편에 이르는 단군관계 논문을 발표하였다. 첫날 발표자들은 단군릉의 발굴상황과 거기에서 나온 사람 뼈의 인류학적 특징, 그에 대한 연대측정 결과, 그리고 고조선의 성립과 수도문제 등에 관하여 발표하였다.

필자는 북한의 단군과 고조선에 관한 논문을 어렵게 수집하여 발표논문 전문을 그대로 소개하였다. 그들의 조사연구 성과를 있는 그대로 보고 나서 논의하는 것이 실사구시實事求是일 것이라고 생각했기 때문이다. 1994년에 『단

---

79 김유철, 「고조선의 중심지와 령역」, 단군학회 엮음, 『남북 학자들이 함께 쓴 단군과 고조선 연구』, 532쪽.
80 김유철, 위의 글, 533쪽.

군을 찾아서―단군릉 발굴 학술 보고집』, 1995년에『단군과 단군조선―단군과 고조선 제1차, 제2차 학술발표논문』, 1999년에『단군과 고조선―단군과 고조선 제3차 학술발표논문』을 수집 편찬해서 잇따라 내놓았다. 이 책들은 남한학계의 단군과 고조선 연구에 불을 지폈다.

윤이흠은 20세기에서 21세기로 전환하는 오늘의 세기말적 문화상황 역시 우리로 하여금 다시 한 번 민족의 동질성을 확인하도록 요청하고 있는 시점에서 단군연구를 우선 합동과제로 1990년부터 이 문제를 다루기 시작하여 4년여의 연구 끝에『단군 그 이해와 자료』라는 방대한 저작을 내놓았다.[81] 마침 북한의 '단군부활'이 완성된 시점과 맞물려서 나왔다.

서영대는 북한학계의 단군연구 자료집을『북한학계의 단군신화 연구』에 엮어 거의 같은 시기에 내놓았다.[82] 이러한 역사적 시점에서 단군에 대한 재조명을 통하여 여러 방면에서 단군의 총체적인 이해를 촉구하게 된 것은 참으로 다행한 일이다.

6. 기자 및 기자조선

(1) 리지린과 북한학계의 기자 및 기자조선 인식

리지린은『고조선 연구』에서 '기자조선 전설 비판'이란 절을 따로 설정하고 기자 내지 기자조선에 대해 냉철하게 비판하였다. 기자전설은 기원전 3세기 말 진秦 대에 위작된 것으로 보고, 기자가 조선에 온 일은 없었다고 하였다. 조선과 관련이 있다면 기원전 12세기 이전 은말주초의 혼란 시기에 예족濊族의 일부가 남하하여 중국 하북성 예수濊水(현 청장수清漳水) 부근 고기국古

---

81 윤이흠 외,『檀君 그 이해와 자료』, 서울대학교 출판부, 2004.
82 서영대 엮음,『북한학계의 단군신화 연구』, 백산자료원, 1995, 212쪽.

箕國에 기자가 봉을 받았다는 전설이 있었기 때문에 후세 사가들이 예족(고조선족)과 기자를 연결시키지 않았나 추측된다고 하였다. 그렇다고 해서 기자전설이 조선고대사를 연구하는 데 아무런 자료로도 활용될 수 없다는 것을 의미하는 것은 아니라고 하였다. 기자전설에 포함되어 있는 사료적 가치를 인정하고 그것을 이용하여야 한다고 하였다. 그러기 위해서는 중국인들이 은주殷周 시대에 수다한 중국인(은의 유민, 또는 산동에 거주했던 동이족)들이 고조선으로 이동한 사실을 인정해야 한다고 하였다. 이와 같은 사실에 대해서는 자고로 내외의 학자들이 공인하였으며, 오늘 우리가 회의懷疑할 여지가 없을 것이라고 하였다.[83]

『조선통사』 1977년판, 1991년판 모두에는 기자와 기자조선이 전혀 언급되어 있지 않고, 범칭 '고조선'이란 항목으로 문화일반과 같이 기술되어 있다. 『조선전사』 1979년판에는 '기자'가 고조선에 왔다는 설에 대한 비판을 따로 한 항목을 두고, "고려와 조선의 봉건통치배들이 숭상한 '기자'가 고조선에 왔다는 설은 전적으로 날조된 거짓으로서 고조선과는 아무런 인연도 없는 것이다"라고 하였다.[84] 그리고 1991년판에도 '기자'가 고조선에 왔다는 설에 대한 비판'을 비슷한 분량으로 다루었는데,[85] "'기자전설'의 허황성이 내외 사학계에서 공인된 지금에 와서 기자를 동이계의 '기자족'으로 변신시키고 이들이 오늘의 중국 땅에서 동쪽 평양지방으로 이동하면서 선진문화를 전파하였다는 '설'이 새로이 제창되고 있으나 그 역시 '기자전설'의 하나의 변종에 지나지 않는 것이다"라고 하였다.[86]

『고조선 력사개관』에서 박득준은 기자조선설이란 중국 은나라의 왕족인

83 리지린, 『고조선 연구』, 133쪽.
84 사회과학원 력사연구소, 『조선전사』(고대편), 1979, 27쪽.
85 사회과학원 력사연구소, 『조선전사』(고대편), 1991, 37~40쪽.
86 사회과학원 력사연구소, 위의 책, 40쪽.

'기자箕子'라는 인물이 조선 땅에 피신해 와서 "나라를 세우고 조선을 문명 개화하게 하였다"라는 말을 만들어낸 '전설'이라고 하였다. 그러면서 『고려사』와 『세종실록지리지』에서 이 가공적인 '전설'을 사실인 것처럼 받아들여 단군조선을 계승한 후조선을 '기자조선'이라고도 불렀다고 하였다.[87] 계속해서 "기자가 조선에 온 일이 없다는 것은 우선 평양 모란봉의 '기자묘'를 발굴한 결과 벽돌 조각, 사기 조각밖에 나온 것이 없었다는 사실에 의하여 증명된다"며, 그러한 사실은 조선반도 서북지방에 은나라(말기까지)의 문화유물이 전혀 나온 일이 없고, 요동지방에도 거의 나온 것이 없다는 점으로서도 증명된다고 하였다.

북한은 '단군릉' 발굴 이후 고조선사 인식이 바뀌어 전조선이라 할 수 있는 단군조선을 첫 번째 고대국가로 인정하였다.[88] 손영종은 전조선의 존속기간은 단군의 건국연대가 기원전 30세기 초이므로 위만조선에 의하여 기원전 14세기 전후 왕조가 교체될 때까지 1,500년 이상 존속하였다고 보고 있다. 그리고 후조선은 기원전 14세기를 전후한 시기에 성립하여 기원전 154년 위만조선이 들어설 때까지 대략 1200년 좌우로 잡아볼 수 있다고 하였다. 또한 위만조선은 망한 해가 기원전 108년이므로 약 87년간 존속하게 되었으므로 전·후조선과 위만조선을 '고조선 3왕조'라고 하였다.[89]

(2) 남한학계의 기자와 기자조선에 대한 이해와 서술

이병도는 고조선의 한씨韓氏 성은 교묘히 우리말(한)을 보존하면서 동음同音인 중국식의 씨성(韓)을 차래借來한 것이라고 보아야 한다면서 이러한 점

---

87 박득준, 『고조선 력사개관』, 1999.
88 황기덕, 「고조선의 국가형성에 대하여」, 이형구 엮음, 『단군과 고조선』, 297쪽.
89 손영종, 「고조선 3왕조의 시기구분에 대하여」, 이형구 엮음, 『단군과 고조선』, 311~324쪽.

을 고려해서 이른바 기자조선을 '한씨조선韓氏朝鮮'이라고 일컬어왔다[90]고 하였다.

김정배는 이른바 기자가 조선으로 오지 않았고, 고고학적 견지에서 관련 유물이 발견되고 있지 않다는 점[91]에서 기자조선이라는 이름 대신 '예맥조선濊貊朝鮮'으로 대체해야 한다고 하였다.[92] 고고학적으로는 청동기시대에 해당한다고 하였다. 북한의 리지린도 고조선 국가를 형성한 것은 예족이었고,[93] 맥족은 부여를 형성하고 있었다고 하였다.[94]

필자는 은말주초殷末周初에 해당하는 시기(기원전 12·11세기경)에 발해연안渤海沿岸의 대릉하유역에는 주周 세력으로부터 밀려난 은왕족殷王族인 기자箕子를 대표로 하는 은유민에 의하여 기자조선箕子朝鮮이 건국되었을 것으로 보았다.[95] 대릉하유역의 기자조선 초기에는 은말주초의 문화형태를 유지하다가 점차 기자조선 고유의 특징적인 문화가 형성 발전되었는데, 은말주초의 청동기 형태와 신진적인 제작기술이 대릉하유역의 토착문화와 서로 섞이고 복합되면서 차차 지역적인 특성을 갖춘 독특한 새로운 문화가 창출되었다고 하였다.[96] 한편, 중국의 서주 말 춘추 초에 예악禮樂이 무너지고 전쟁戰爭이 빈번하게 일어나는 사회형태로 변모하였고, 중국 중원지방의 이러한

---

90 이병도, 「기자동래설에 대한 비판」, 『한국고대사연구』, 박영사, 1987, 54쪽.
91 김정배, 『한국민족문화의 기원』, 고려대학교 출판부, 1987, 197쪽.
92 김정배, 「고조선」, 『한국사』 4, 국사편찬위원회, 1997, 92쪽.
93 리지린, 『고조선 연구』, 164쪽.
94 리지린, 『고조선 연구』, 391쪽.
95 이형구, 「中國東北新石器時代及青銅器之文化」. 이 외에도 「대릉하유역의 은말주초 청동기문화와 기자 및 기자조선」(『한국상고사학보』 5, 한국상고사학회, 서울, 1991), 「古代朝鮮青銅器文化之來源與所謂箕子及箕子朝鮮」(慶祝安志敏先生八十壽辰論文集, 香港中文大學 中國考古藝術中心, 2004)가 있다.
96 이형구, 「고조선시기의 청동기문화 연구」, 『고조선문화 연구』, 한국정신문화연구원, 1999 ; 「발해연안북부 요서·요동지방의 고조선」, 『단군학연구』 12, 단군학회, 2005.

변화는 연산산맥燕山山脈 이동의 대릉하유역에까지 영향을 미쳐 이 지방에서도 청동병기의 제작이 유행하여 병기兵器가 대량으로 제조되었을 것이라고 하였다. 이 시기에 기자조선의 세력은 요동반도 쪽으로 파급 확장되었을 것으로 보았다.[97]

최근, 요령성 건창현 동대장자촌에서 실제로 중국 전국시대 후기, 기원전 3세기 초의 전형적인 전국식戰國式 청동기와 함께 기자조선 계통의 청동기 (비파형단검)가 적석목곽묘에서 출토되었다. 보고자의 말로는 연나라가 요서지방에 최초로 우북평군右北平郡을 설치할 때 활동했던 군사장령軍事將領, 즉 요서지방을 정벌했던 연나라 장군의 무덤으로 추정하고 있다고 하는데, 이 사실에 주목할 필요가 있다.[98] 이때까지 요서지방에는 고고학적으로 진정한 연문화燕文化는 없었다. 이는 바로 기자조선의 문화이다. 비록 진개秦開가 소왕昭王 때(기원전 311∼279)에 요서, 요동으로 진격했지만 실제로 완전 장악하지는 못하였다고 봐야 한다.[99] 그래서 의무려산醫無閭山 이동 지역에서는 동주東周 시기의 전형적인 연문화의 유물은 아직 찾아볼 수 없고, 따라서 연왕 희喜 33년(기원전 222) 이전에는 연문화가 진정으로 요동에 진입하였다고 볼 수 없다. 발해연안 북부의 기자조선은 북경 일대의 연과 대응하면서 오랫동안 지속되었다. 그 후 전국시대에 이르러 마침내 연의 팽창시기에 연나라의 장수 진개의 침입으로 요하까지 밀려 고조선의 서쪽 2천리二千里를 내주게 되면서 요동반도와 한반도 서북지역에서 계속 연과 대치하였을 것으로 추정된다.[100]

---

97 이형구, 「대릉하유역의 은말주초 청동기문화와 기자 및 기자조선」, 32쪽 ; 「고조선시기의 청동기문화 연구」, 88쪽.
98 中國國家文物局, 『2000中國重要考古發見』, 文物出版社, 2001, 57∼61쪽.
99 李亨求, 「遼西地方의 古朝鮮―秦開 東征 以前의 遼西地方의 箕子朝鮮」, 『단군학연구』 18, 단군학회, 2008.
100 이형구, 위의 글, 45쪽.

이종욱은, 요동 지역의 청동기시대는 기원전 15세기경부터 시작되었다는 견해를 따르지만 대체로 그 무렵 고조선사회는 촌락(추장)사회 단계에 이르렀던 것을 생각할 수 있다. 단군신화는 고조선의 국가형성이라는 역사적 사실이 신화화된 것이기에 신화적인 요소를 제거하고 역사적 사실을 찾는 노력을 할 필요가 있다. 일단 단군신화의 신화적인 요소를 벗겨내고 보면 그 안에서는 고조선의 국가형성에 대한 중요한 사실들을 찾을 수 있다. 고조선 소국의 형성세력은 범이나 환웅으로 상징되는 은유민의 영향과 자극을 받은 곰(웅녀)로 상징되는 선주세력先住勢力인 단군집단이었다. 당시 기자세력이 요서 지역에 머물렀던 것은 사실로 인정되나 요동 지역의 고조선 건국과는 직접 관계된 일이 없다고 하였다.[101]

이기백은, 고조선이 기원전 4세기경에 중국의 철기문화를 받아들임으로써 한층 더 국가적인 발전을 이룩하였다, 고조선은 이 단계의 연맹왕국이며 이러한 성장과정에서 그 통치자를 일컫는 왕의 칭호가 '기자'였다, 그리고 중국의 은이 망했을 때 기자가 한국으로 왔다는 설은 이 둘의 발음이 동일한 데서 말미암은 잘못된 전승이다, 중국의 전국시기 후반 주周가 쇠약해지고 연燕이 '왕'을 칭할 무렵(기원전 323년)에 고조선에서도 스스로 '왕'을 칭하였고 이때 연과는 요하[102] 내지 대릉하[103]를 경계선으로 하고 서로 대립하였다고 하였다.

한영우는 기자동래설에 대하여 비교적 긍정적인 시각에서 기자동래설에 대해 많은 서술을 하였다.[104] 그는 전통시대 학자들은 누구도 의심하지 않았으나 일제 강점기에 일본인들은 기자조선을 마치 중국의 식민지국가인 것처

101 이종욱, 『고조선사연구』, 일조각, 1993, 297쪽.
102 이기백, 『한국사신론』, 일조각, 1967, 24쪽.
103 이기백, 『한국사신론』, 일조각, 1999, 31쪽.
104 한영우, 『다시 찾는 우리역사』, 경세원, 2003, 78~80쪽.

럼 해석하고, 이에 대한 반발로 민족주의 역사가들은 기자동래설을 아예 부인 해버렸다고 하였다. 또한 해방 후 한국의 역사책(특히 『국사』 교과서)에서는 기 자조선을 아예 삭제해버렸다고 지적하였다. 기자동래설에 대해 한영우는 기 자 자신이 온 것이 아니라, 기원전 5~4세기경까지 기자 후손들이 파상적으 로 이동해온 것으로 해석하는 것이 옳으며, 이들이 조선으로 온 것은 은나라 가 원래 동이족이 세운 나라로서 주나라와 체질이 맞지 않아 은이 망하자 동 이족의 모국인 조선으로 건너왔다고 해석하는 것이 합리적일 것[105]이라고 긍 정적인 입장을 취하였다. 이러한 견해는 우리가 다시 한번 경청해볼 만하다.

최몽룡은 "기원전 194~108년에 존재했던 위만조선을 우선 우리나라에 서 나타나는 문헌상의 최초의 고대국가" 라고 하였다.[106] 실제로 위만조선을 우리나라 최초의 국가로 인식하고 있는 듯하다. 그는 이와 비슷한 제목의 여 러 편의 논문[107]에서 같은 주장을 해왔다.

노태돈은 요령성지역 청동기문화가 다원적인 성격을 지닌 면이 드러나고 있어 이에 대한 폭넓은 이해가 필요하고 아울러 한국문화의 기원에 북중국 방면의 문화가 끼친 영향의 상징으로 언급되었던 기자조선 문제도 다시 논의 되어야 할 것[108]이라고 하였다.

---

105 한영우, 앞의 책, 79쪽.
106 최몽룡, 「한국고대국가형성에 대한 일고찰─위만조선의 예」, 『김철준박사화갑기념사학논 총』, 지식산업사, 1983, 77쪽.
107 최몽룡, 「고대국가성립과 무역─위만조선의 예」, 역사학회 엮음, 『한국고대의 국가와 사 회』, 일조각, 1985, 58쪽 ; 최몽룡, 「철기문화와 위만조선」, 『고조선문화 연구』, 한국정신문 화연구원, 1996, 48쪽. 이 밖에 「위만조선의 국가형성」(『고대국가형성의 제문제』, 국사편 찬위원회, 1989) 등 비슷한 제목의 몇 편의 위만조선 관련 논문이 더 있다.
108 노태돈, 『단군과 고조선사』, 75쪽.

7. 고등학교『국사』교과서에 실린 고조선

1978년판 고등학교『국사』교과서는 '고조선과 그 문화' 난에 '단군신화'를 소개하고, 고조선은 기원전 4세기경 연나라의 침입을 받아 요동지방을 잃으면서 약해졌다고 하였다. 그리고 위만과 위만조선에 대해서는 서술하였으나, 이보다 앞선 시기의 기자나 기자조선에 대해서는 서술하지 않았다.[109]

1982년판 고등학교『국사』교과서의 '단군의 건국과 고조선' 난에도 '단군신화'가 전과 같이 실렸다. 그리고 위만과 위만조선 역시 본문에 서술하였다.[110] 1982년판 교과서의 새로운 변화는 기자 내지 기자조선에 대해 각주脚註에 싣고 있다는 사실이다. 비록 교과서 본문에는 싣지 않고 있지만 기자 내지 기자조선에 대한 학계의 여러 주장을 각주에 다음과 같이 수록하였다.

고조선의 발전과 관련하여 기자箕子 조선에 관한 기록이 있다. 중국의『사기史記』,『한서』지리지, 그리고『삼국유사』에는 중국의 기자가 조선 왕에 책봉되어 동래東來하였다고 하였으나, 기자동래설은 인정되지 않고 있다. 고조선의 발전과정에서 사회 내부에서 등장한 새로운 지배세력으로 보아 이를 한씨韓氏 조선이라는 견해와 동이족의 이동 과정에서 기자로 상징되는 어떤 부족이 중심이 되어 정치세력을 잡은 것으로 보는 견해가 있다. 제왕운기에는 기자조선을 후後조선이라 하고, 준왕 때 망하였다는 기록이 있다.[111]

1990년판 고등학교『국사』교과서의 '고조선의 건국' 난에 실린 '단군과 고조선'에 대한 설명[112]은 1982년판과 같다. 여기에는 '기자 내지 기자조선'

---

109 문교부, 인문계 고등학교『국사』교과서, 문교부, 1978, 9~10쪽.
110 국사편찬위원회, 고등학교『국사』교과서, 문교부, 1982, 10~12쪽.
111 국사편찬위원회, 위의 책, 10쪽.
112 국사편찬위원회, 고등학교『국사』교과서, 문교부, 1990, 16~20쪽.

에 대한 설명도 1982년판과 거의 같은 분량으로 각주에서 처리하고 있다.[113] 위만이나 위만조선에 대해서는 앞의 판과 대동소이하다. 위만은 '연나라에서 살던 조선인'[114]이라고 인식해서인지 서술 분량이 많다. 이와 같은 논리는 일찍이 이병도의 지적[115]이 있었지만 그보다 더 일찍 리지린[116]이나 『조선전사』[117]도 '위만이 고조선사람'이라고 주장한 바 있어 서로가 매우 비슷하다.

8. 맺는 글

리지린의 『고조선 연구』는 1964년에 출판되었지만 국내에 알려진 것은 1980년대 초이다. 1980년 이전에도 고조선 연구가 몇몇 학자들에 의하여 이루어져왔지만 크게 진척된 분위기는 아니었다. 그때까지만 해도 북한학계는 단군을 신화로, 기자는 전설로, 위만은 '고조선 사람'으로 보고 있어 3조선을 실질적으로 부정하고 통칭 고조선으로 보고 있는 입장이었다. 『고조선 연구』가 남한학계에 알려진 후 이에 대한 검토와 분석 및 비판은 어느 정도 진전되었다.

1993년 10월, 북한으로부터 '단군릉' 발굴과 그를 둘러싼 '단군 및 고조선에 관한 학술발표회'에 관한 충격적인 소식이 들려왔다. '단군릉' 발굴과 이

---

113 앞의 책, 18쪽. "고조선의 발전과 관련하여 기자조선에 대한 기록이 있다. 사서에는 주周의 무왕武王이 기자를 조선에 봉하였다고 되어 있다. 그리고 그 연대를 기원전 12세기경으로 추정하기도 한다. 그리하여 기자조선을 고조선의 발전과정에서 사회내부에 등장한 새로운 지배세력을 가리키는 것으로, 또는 동이족의 이동 과정에서 기자로 상징되는 어떤 부족이 고조선의 변방에서 정치세력을 잡은 것으로 보는 견해도 있다."

114 앞의 책, 19쪽.

115 이병도, 「위씨조선흥망고」, 『한국고대사연구』, 박영사, 1987, 82쪽.

116 리지린, 『고조선 연구』, 393쪽.

117 사회과학원 력사연구소, 『조선전사』 2(고대편), 1979, 103쪽 ; 『조선전사』 2(고대편), 1991, 119쪽.

로 시작되는 고조선사의 서술은 향후 북한학계의 고조선 연구의 방향을 가늠하는 귀중한 지표가 되었다. 북한학계에서는 단군릉 발굴 이전부터 이를 정책적으로 계획했다고 추정된다. 1991년에 편찬된『조선전사』2(고대편)를 보면, "요컨대 단군신화는 의심할 바 없이 고조선의 건국 사실을 반영한 건국신화이다. 그 건국연대를 기원전 24세기로 보겠는가 하는 것은 아직은 확실한 근거를 가지고 있지 못하다. 그 해답은 장차 발굴 소개될 고고학적 자료들에 기대를 거는 수밖에 없다"라고 하면서 장차 발굴 소개될 고고학적 자료들에 기대를 가지도록 제시하였다. 이전까지 단군신화에 대해 "황당무계한 전설에 불과한 것"이라든가, "단군조선 왕국이 우리의 첫 국가였다고는 아무도 생각하지 않는다"라고 할 정도로 단군을 부정하고 무시하였던 사실을 상기한다면, '단군릉' 발굴과 그에 따른 북한학계의 변화는 대단히 충격적이었다.

북한의 고조선 연구는 1962년 7월과 8월에 4차에 걸쳐 토론한 사회과학원 력사연구소의『고조선에 관한 토론 론문집』을 필두로, 리지린에 의하여『고조선 연구』로 집대성되었다고 보아도 과언이 아니다. 고고학적으로는 1967년의 「기원전 천년기 전반기의 고조선문화」로 일단 정리되었고, 1973년의『고조선문제연구』, 1976년의『고조선문제 연구론문집』, 1987년에『비파형단검문화에 관한 연구』가 나왔다. 고조선의 고고학적 영역과 관련해서는 1963~1965년에 조·중 합동 고고학조사를 통하여 고조선의 고고학적 영역이 어느 정도 설정이 되었다. 그러나 그 후 조·중관계가 학술적인 측면에서 중단된 상태이고, 이에 반하여 중국의 개방 이후 발해연안 북부, 즉 동북3성(요령성, 길림성, 흑룡강성) 지역에서 간접적으로 조사된 고고학 자료가 고대조선사, 특히 고조선과 매우 밀접한 관계가 있다고 밝혀지고 있어,[118] 앞으로 이

118 복기대는『고조선연구』1호(2008)에 실린 「한국사 연구에서 고고학 응용의 몇 가지 문제

방면의 연구가 고조선 연구에 큰 부담으로 작용하리라 예상된다.

북한은 1993년, '단군릉' 발굴 이후 평양중심의 고대문화를 한 문명의 양
상으로 정리하여 '대동강문화大同江文化'라 하였다. 이 과정에서 이것이 중요
한 문제 중 하나로 부각되었고, 고조선의 지리 영역문제가 제기되었다. 1993
년 이전까지는 고조선의 서쪽 경계를 대체로 리지린의 주장에 따라 초기는
난하, 후기는 대릉하로 확정지었다고 본다면, 1993년 '단군릉' 발굴 이후에
는 고조선의 서쪽 경계선에 대한 수정이 불가피하게 되었다. 남쪽 경계선이
압록강·청천강, 예성강까지 내려왔다가 '단군릉'이 평양 부근에서 발굴되
었기 때문에 고조선의 남쪽 경계선이 평양 아래인 예성강으로 이동하여, 결
국 고조선의 남쪽 경계선이 예성강임이 확실해졌다고 믿게 되었다.

고조선을 평양 중심에서 보았을 때 북한학계의 고조선 연구는 전면적으로
재검토가 필요하다. 반면, 북한의 고조선의 중심지역이 요서중심설과 요령중
심설에서 다시 평양중심설까지 재차 대두되었으니, 우리 학계에서도 앞으로
단군과 고조선에 대해 새로운 관심사로 남게 되었다. 그래서 고조선 연구는
더욱 진작되어야 할 수밖에 없다.

남한에서는 고등학교 『국사』 교과서에 '단군과 고조선'이라는 항목을 만
들어 놓고, "삼국유사와 동국통감의 기록에 따르면 단군왕검이 고조선을 건
국하였다(기원전 2333년)"라고 하여 남의 얘기를 빌려서 말하듯이 '차사체借

에 대하여」에서 만주지역의 홍산문화와 한국사와의 연결을 처음으로 시도한 사람은 한창
균이라고 하면서 그 근거로 1992년 발표된 「고조선의 성립배경과 발전단계시론」(『국사관
논총』)을 제시하고, '이를 바탕으로' 최근에 일부 학자가 보다 구체적으로 접근해 오고 있
는 추세라면서 그보다 1년 전인 1991년에 까치출판사에서 발행한 필자의 『한국고대문화의
기원』을 사례로 제시하였다(190쪽). 이것은 역사의 시간을 거꾸로 제시한 오류다. 필자와
연관된 일이기는 하지만 고조선사의 '연구사'를 정리하기 위해 바로잡는다. 물론 필자는
1970년대부터 지금까지 홍산문화와 한국사(한국고대문화)를 관련지은 일련의 연구를 계
속 진행해 왔다.

史体'로 서술하고 있다. 이러한 서술태도에 대해 한영우는 고조선이라는 범칭汎稱 대신에 '단군조선'이란 호칭을 부활시켜야 바람직하지 않겠느냐[119]고 제안하였다. 한편, 1980년대의 교과서에서 각주脚註에 설명하던 '기자나 기자조선'에 대한 역사적 기술은 1990년대와 2000년대 교과서에는 1980년대의 교과서에서 각주脚註로 설명하던 '기자나 기자조선'을 그런 각주조차 완전히 삭제해버려 과거 전통시대에 3천 년이나 우리의 역사와 같이 해왔다고 믿어왔던 '기자나 기자조선'에 대한 역사가 역사에서 사라졌다. 그 대신 위만이나 위만조선이 부각된 것은 집필자가 위만을 '연나라에서 살던 고조선 사람'[120]으로 보았기 때문인지도 모르겠다. 이와 같은 논리는 일찍이 '조선인 계통의 연인燕人'이란 지적이 있었고, 북한에서도 위만이 '고조선사람'이라고 주장하고 있어 서로가 매우 근사하다.

1990년부터 20년 이상 고등학교 『국사』 교과서(고대편)의 집필진으로 활동해오고 있는 집필자는 1990년 이전까지 비록 각주로나마 엄연히 교과서에 수록돼 있던 '기자와 기자조선'을 삭제하고, 그 대신 위만이나 위만조선을 부각시켰다. 기자나 기자조선을 중국의 식민지인 것처럼 해석하는 사람도 있지만, 은민족과 기자가 동이東夷라는 측면에서 긍정적인 시각에서 보려는 사람도 있다. 그것은 연인燕人인 위만을 조선인으로 보는 시각과 같다.

그뿐만이 아니라 고등학교 『국사』 교과서 2002년판부터 '신석기 문화의 탄생' 난에 러시아 아무르 강 하구 수추 섬에서 출토된 석기와 토기류 사진 2매를 수록하였다.[121] 마치 우리나라의 신석기 문화가 러시아 아무르 강 유역에서 시작된 것처럼 오도하고 있다. 그러나 이 유적이나 유물에 대해서 아직

---

119 한영우, 앞의 책, 75쪽.
120 최몽룡, 「한국고대국가형성에 대한 일고찰─위만조선의 예」, 『김철준박사화갑기념사학논총』, 77쪽.
121 국사편찬위원회, 고등학교 『국사』 교과서, 교육인적자원부, 2002·2011, 17쪽.

구체적으로 논의되거나 연구된 바가 없다. 신석기 문화의 시베리아 기원설은 1990년판 고등학교『국사』교과서에서 이미 삭제된 부분이 무슨 '망령' 처럼 되살아난 듯하다.

　이보다 앞서 1978년 고등학교『국사』교과서에는 '부족국가의 성장' 난에 "한국의 청동기는 아연이 합금되어 있는·것으로 보아서 중국의 영향을 받아들인 것이 아니라 북방계통의 청동기문화를 받아들인 것으로 보인다. 그렇기 때문에 청동기 장식에 스키토 시베리언 계통의 동물 양식이 섞여 있다." [122]라는 내용이 실려 있었다. 그런데 이는 당시 국사편찬위원회 위원이 그의 주저에서 "한국의 청동기에는 아연을 함유한 것이 특징으로 지적되고 있다. 이것은 중국의 청동기와 달리 한국의 청동기문화가 시베리아Siberia 등지와 관련된다." [123]고 한 내용과 완전히 일치한다. 이후 우리 민족이나 문화가 북방에서 전래하였다는 '시베리아 기원설'은 학문적으로 재고해야 할 점이 많다고 지적[124]되어 1990년판부터 삭제되었다. 그러나 교육인적자원부가 발행하는『고등학교『국사』교과서 교사용 지도서』에 수록된 '단군과 고조선' 항목에는 아직까지도 우리나라 청동기문화의 '시베리아 기원설'이 통용되고 있다.[125] 심지어는 우리민족(교과서에는 '종족'이라 했음)이 북방에서 내려왔다고 하는 '외래민족설外來民族說'까지 퍼뜨리고 있다.[126] 국정교과서의 특성상

122　문교부, 인문계 고등학교『국사』교과서, 문교부, 1978, 7쪽.

123　김정배,『한국민족문화의 기원』, 고려대학 교 출판부, 1973, 142쪽.

124　이형구,「청동기문화의 비교 I(동북아와의 비교)—동경을 중심으로 한 중국「중원」지방과「시베리아」와의 관계」,『한국사론』13(한국의 고고학 II-下), 국사편찬위원회, 1983 ; 이형구,「청동기문화의 비교 II(중국과의 비교)—동경을 중심으로 본 우리나라 청동기의 기원」,『한국사론』13(한국의 고고학 II-下), 국사편찬위원회, 1983 ; 최주 등,「옛 한국청동기에 대한 소고」,『대한금속학회지』24-4, 1986.

125　국사편찬위원회,『고등학교『국사』교과서 교사용 지도서』, 교육인적자원부, 2002, 78~79쪽.

126　문교부, 인문계 고등학교『국사』교과서, 문교부, 1978, 7쪽.

그것은 강제교육이기 때문에 교과서의 영향은 당시 교육받은 전국의 학생에게만 미치는 것이 아니라 지속적으로 후대에까지 미치게 된다. 20년이 넘도록 국사편찬위원으로 있으면서 자신의 주장을 국가가 편찬 발행하는 '국정교과서'에 수록하여 개인의 사설邪說을 몇십 년을 주입식注入式으로 가르치고 강제로 암기暗記하게 해왔다. 지금 그 후과後果는 형용할 수 없다. 국가는 과학적이고 객관적이고 공정해야 한다.

국가는 국가대로 명분과 공정성의 원칙을 따라야 한다. 그런데 국가의 소속기관은 물론 국가가 설립한 공공 연구원이나 연구재단에서는 단군이나 단군조선 그리고 기자나 기자조선 등 3천 년이나 되는 고조선에 대한 연구는 소홀히 하는 것을 넘어 외면하고 기피하고 무시하고 있는 실정이다.[127] 과연, 이것이 국가가 견지해야 할 태도인지 의심스럽다.[128] 적어도 국가 소속이거나 국가가 설립한 연구기관은 연구를 경시하거나 편견을 갖거나 편파적으로 운영돼서는 안 된다는 것이 그 존재 이유의 첫 번째 덕목이 아닌가.

---

127 고조선 연구는 몇 명이 돌아가면서 보고서나 번역서 아니면 현황집이나 목록집 정도나 내놓는 수준이다.
128 국제학술교류라는 것도 논쟁은 피하고 친선 차원이고, 교유 참관하는 정도의 말뿐인 학술교류이다.

고조선 연구, 무엇이 문제인가?

이기동

1. 머리말─연구의 문제 상황

고조선은 한국사에 등장하는 여러 국가, 왕조들 가운데 자못 독특한 위치를 차지한다. 그것은 첫 번째로 출현한 나라였던 만큼 한국 고대문명이 탄생한 역사적 배경 속에서 논의되어야 한다는 점이다. 무릇 국가란 고도의 권력 장치인 까닭에 그것이 출현하려면 몇 가지 조건을 만족시켜야 한다. 즉 사회 내부에 강대한 에너지가 결집되어야 하는데, 그러기 위해서는 농업생산력이 어느 정도 발전하고, 야금술에 의해 금속기가 제작 사용되며, 또한 주민들이

李基東 동국대학교 사학과 석좌교수.

　저서로는『비극의 군인들─일본 육사 출신의 역사』(일조각, 1982),『한국사강좌─고대편』 (공저, 일조각, 1982),『신라골품제사회와 화랑도』(일조각, 1984),『백제사연구』(일조각, 1996),『신라사회사연구』(일조각, 1997),『전환기의 한국사학』(일조각, 1999),『백제의 역사』 (주류성, 2006)가 있다. 역서로는『광개토왕릉비의 탐구』(일조각, 1982),『일본인의 한국관』 (일조각, 1983) 등이 있으며, 그 밖에 한국고대사와 한국사 전반에 관한 논문이 다수 있다.

일정한 곳에 모여 살아 도시 혹은 읍邑 수준의 집단 거주지가 형성되어 있으며, 비록 원시적인 그림 문자일지라도 문자를 사용하는 단계에 돌입하지 않으면 안 된다. 실로 이 같은 여러 가지 변화에 수반하여 사회조직의 구성에서 혈연적 요소보다 지연적 요소가 지배적이 되고, 세습적인 통치계급의 형성과 더불어 전사戰士계급, 생산계급 등으로 사회계급이 분화되어 차츰 고정되어 가는 것이다.

고조선에 관한 문헌기록은 현재 거의 남아 있지 않다. 국내 자료 가운데 가장 오래된 것은 13세기 말경에 나온 일연一然의 『삼국유사』 기이편紀異篇 첫머리 고조선 조에 실린 짤막한 기사인데, 고조선의 건국자 단군왕검의 출자出自랄까 계보가 신화적인 형태로 기술되어 있다. 한편 중국 측 기록에는 주周가 은殷(일명 상商)을 정벌한 뒤(기원전 11세기경) 은의 왕족으로 현자賢者로 일컬어지고 있던 기자를 조선의 왕으로 책봉했다고 되어 있으나, 구체성이 결여된 하나의 전설에 지나지 않는다. 다만 기원후 3세기 위魏 왕조의 역사를 기술한 『위략魏略』 일문逸文에 뜻밖에도 전국시대 말경 연燕나라가 고조선을 쳐서 2천여 리 땅을 빼앗았고, 그 뒤 진秦나라가 중국을 통일했을 무렵 고조선의 내부 사정을 간단히 기술한 기사가 보여 고조선에 대해 구체성을 띠는 최초의 기록으로 주목되는 정도이다.

이처럼 고조선에 대한 한국과 중국 양국의 역사기록이 매우 단편적이고 더욱이 신화 내지 전설적인 색채로 윤색되어 있는 까닭에 지난 세기 전반기에 한국을 식민통치하면서 한국사에 대한 연구 및 편찬을 독점했던 일본인 연구자들은 한국사의 시작을 한漢나라가 위만조선을 멸망시킨 뒤 고조선 땅에 설치한 낙랑군으로 잡았다. 즉 한국사의 기원문제와 관련하여 고조선을 생략한 채 중국의 식민통치 기관인 낙랑군 설치를 그 획기적인 계기로 설정한 것이다. 3·1 독립운동이 일어난 뒤 총독부가 조선사편수회의 전신인 조선사편찬위원회를 두어 1923년 1월 제1차 회의를 열었을 때 이 편찬사업 추진의 중심적 역할을 맡았던 도쿄대학 교수 구로이타 가쓰미黑板勝美는 "역사는 언제 시작되어 언제 끝났는가라는 것을 쓰는 것이 가장 필요하다"라고 역설하면서 삼국시대 이전 단계의 고조선을 어떻게 취급할 것인지를 질문하는 한국인 편찬위원 이능화李能和의 문제 제기를 봉쇄했다. 이때 편찬주임인 이나바 이와키치稻葉岩吉는 "당시의 조선은 현대의 조선과는 지역이 다르고, 현대의 조선으로 말한다면 한 지방에 국한된 명칭인 까닭에 오히려 (고조선은) 삼국시대 이전이라고 막연한 명칭을 붙여두는 쪽이 좋을 것"이라고 얼버무렸다. 그 뒤 1928년 12월 조선사편수회 위원으로 위촉되어 총독부의 '조선사' 편찬에 관여하게 된 최남선崔南善이 회의가 열릴 때마다 삼국시대 이전의 한국 상고사를 빠짐없이 다룰 것을 요구했으나, 편수회 고문인 구로이타와 수사관 겸 간사인 이나바는 '조선사' 편찬 방침이 어디까지나 편년체로 정해진 만큼 절대 연대를 알 수 없는 단군왕검과 기자 등은 이에 포함시킬 수 없다고 강변했다.

광복 이후 일제 식민사학의 극복을 당면한 최고의 목표로 하여 새로운 출발을 기약한 한국 역사학계에서는 고조선사의 공백을 메우는 일이야말로 무엇보다도 긴요한 과제였다. 그리하여 중국 선진先秦시대 문헌과 일부 갑골문·금문金文 자료들 속에서 은말·주초 시기 동이족의 동향, 특히 그 중국 서북부지방으로부터 남만주를 거쳐 서북한 지역에 정착하기까지의 이동 경로를 추구하는 야심찬 작업이 이루어졌다. 이 같은 대세론적 파악이 고조선의 역사적 원점을 구명하는 데 하나의 근거를 제공하는 것은 의심할 바 없는 사실이었기 때문이다. 또한 중국 산동성 가상현에 있는 2세기에 만들어진 무씨武氏사당 화상석의 내용에서 단군신화와 같은 줄거리를 찾아내려는 노력도 단군신화가 고려 후기에 조작된 것이라는 일본인 연구자들의 주장을 반박하는 데 매우 효과적인 것이었다. 그런데 무엇보다 주목되는 사실은 고조선에 대한 연구가 1950년대 후반부터 1960년대 초에 걸쳐 북한에서 집중적으로 이루어진 점이다. 실제로 당시는 북한 역사학의 황금시대로, 연구조직의 대규모 집단화와 거기서 뿜어내는 힘찬 활력은 단연 한국학계를 압도했다. 이 시기 고조선에 대한 연구 성과는 리지린李址麟에 의해 1963년『고조선 연구』로 정리되었는데, 그가 특히 주력한 것은 강역문제였다. 1930년대 중후반 일본 와세다早稻田대학교에 유학한 바 있고, 6·25전쟁을 전후한 시기에 중국에 유학하고 돌아온 그는 중국 선진문헌에 대해 격렬한 사료비판을 가했다. 그 결과 고조선이 처음 난하를 경계로 전국시대 연나라와 국경을 접하다가 기원전 3세기 초에 연나라의 침략을 받아 대릉하를 경계로 하게 되었으며, 그 중심지는 요동반도 개평蓋平 일대인 것으로 보았다. 이 같은 고조선의 세력범위(주로 서쪽 변경 문제에 국한된 것이지만)에 대한 견해와 요동 중심설은 그 뒤 비파형 동검이나 고인돌(지석묘支石墓)의 분포 등 고고학적 자료에 의해 크게 보강된 결과, 오랫동안 북한 역사학계의 공식 견해로 자리매김했다. 그러나 1993년 북한의 관계 당국이 평양시 교외에서 기원전 3,000년경으로 짐작되는 단군의 유해가 묻힌 능을 발견했다고 주장하면서 한순간에 평양 중심설로 바뀌고 말아 그간 공들여 만든 요동 중심설을 정식으로 폐기하기에 이르렀다. 이 같은 갑작스런 변화는 이른바 주체사상에 의해 역사학의 자율성이 깡그리 박탈되는 정황을 국내외에 보여준 사건으로, 북한 역사학은 적어도 고조선문제에 관한 한 공들여 만든 연구성과를 스스로 부정하는 학문적 파산을 고했다고 할 수 있다.

그렇다면 현재 한국의 연구상황은 어떠한지 돌아볼 필요를 느끼게 된다. 1970년경을 전후하여 단재丹齋 신채호申采浩를 조술祖述하는 민족주의 역사학이 '복권復權'이란 형태를 띠고 차츰 영향력을 증대해감에 따라 문헌 고증에 바탕을 둔 기존의 역사학계는 고조선에 대한 연구에서 여러 가지 유형·

무형의 사회적 제약과 부당한 압력에 직면하게 되었다. 즉 일부 인사들이 상고사를 관념적으로 한껏 미화한 신채호의 사론과 고조선의 역사를 필요에 따라 꾸며낸 각종 위서偽書들을 들고 나와 학계의 단군 및 고조선에 대한 역사인식이 사대적, 친일적이라고 비난 성토하면서 '국사 찾기' 운동을 벌여 1978년 '정사正史' 확인청구 행정소송을 제기한다거나 1981년 11월 국회 문공위원회가 국사교과서 개편 청원에 대한 공청회를 개최하는 데까지 이르렀다. 이에 따라 고대사 연구자들은 공청회에 불려 나가 다분히 비우호적인 분위기 속에서 학문적 소신을 피력하지 않으면 안 되었다. 그런데도 일부 언론기관은 이 같은 소동을 재야 사학계의 강단講壇 사학계에 대한 '상고사 논쟁'이라고 긍정적인 자세로 보도 해설하는 등 국민적 관심을 유발했다. 그리하여 재야 사가들의 활동무대는 한층 더 넓어졌고, 한편 역사학계 내부에서도 북한 측의 공식 견해와 같은 견해를 주장하면서 학계의 통설을 정면으로 비판하는 인사들이 등장하기 시작했다. 이로써 재야 사가들의 학계에 대한 비판의 강도는 더욱 고조되어 11개의 재야 역사단체들이 뭉쳐서 '민족사 바로잡기 국민회의'를 결성하고, 의장에 전직 대통령을 추대하기까지 했다. 1987년 2월 '한국상고사의 제문제'를 주제로 한국정신문화연구원(현 한국학중앙연구원의 전신)에서 열린 심포지엄은 실제로 '국민회의' 측이 연출한 것으로, 종합토론이 진행되는 동안 장내를 가득 메운 800여 명의 방청자들은 시종일관 야유와 함성으로 회의장을 압도하면서 발언 중인 천관우千寬宇 등 일부의 학계 인사들에게 모욕적인 언사를 늘어놓았다.

　오늘날 '국사 찾기' 운동은 사그라졌고, 북한에서도 고조선의 중심을 요동지방으로 보는 이른바 대륙사관이 공식적으로 폐기되어 그간 한국 고대사학계를 에워싸고 있던 먹구름은 외견상 걷힌 듯하다. 하지만 20세기 초두에 나온 각종 위서들에 향수랄까 미련을 버리지 못한 채 자주적, 대륙사관의 꿈에

젖어 있는 사람들은 역사학계가 아직도 친일적, 반도사관에 사로잡혀 있다고 비판하고 있다. 실제로 현재 학계 내부에서도 몇몇 인사들은 역사적 사실에 근거하지 않고 관념적 잣대로 상고사를 미화하려는 그릇된 생각을 버리지 않고 있다. 더욱이 그간 중국의 관계 당국이 은밀히 진행해온 이른바 동북공정 東北工程의 위험성이 도사리고 있는 만큼 언제 다시금 '상고사 논쟁'이 재연될지 모르는 형국이다. 실제로 동북공정에 대한 일종의 반작용에서인지는 몰라도 최근 국내의 연구자들 가운데 요하문명론을 들고 나와 이를 고조선과 결부하려는 시도가 진행되고 있는 중이다. 이 글에서는 학계의 고조선에 대한 논의를 몇 개의 사항으로 나누어 각각의 문제점과 앞으로의 연구과제를 간단히 점검해보기로 한다.

2. 어떤 계통의 민족집단이 고조선을 건국했는가?

고조선을 구성한 민족적 집단ethnic group의 성격을 따져보는 작업은 궁극적으로 한민족의 기원을 밝혀보는 것이 된다. 이를 위해서는 무엇보다도 고고학과 인류학 분야의 학문성과를 검토해야 할 것이다. 즉 고조선 사람들이 만든 토기라든지 금속문화의 계통을 알아보고, 화석인골 혹은 현대 한국인의 혈액형 유전자 조합에 대한 비교 연구가 필수적이다. 또한 언어의 구분은 대체로 종족·민족의 구별과 일치하기 마련이므로, 한국어가 과연 어떤 어족에 속하는지를 알아보는 것도 민족의 계통을 추구하는 데 매우 효과적인 방법이라고 할 수 있다. 이 밖에도 동북아시아 여러 민족의 신화와 민속 등 문화적 요소를 광범하게 관찰하여 고대 한국의 그것과 비교하는 작업도 큰 도움이 될 것이다. 다만 고조선의 건국에 의해서 한민족이 비로소 하나의 민족단위로 차츰 형성되어갔으므로, 일단 청동기시대를 상한上限으로 하여 논의를 진행하는 것이 옳다고 생각된다.

고고학 연구의 기본인 토기를 살펴보면, 신석기시대 후기부터 빗살무늬토기가 쇠퇴하고 무문토기가 발생하여 다음에 오는 청동기시대의 대표적인 토기가 되었다. 빗살무늬토기를 만들어 쓴 신석기 사람들이 해변가와 강가에 살면서 주로 어로漁撈에 종사한 데 비해 무문토기를 사용한 사람들은 농경문화의 영향을 받아 내륙의 구릉지대에서 식량 생산활동에 종사했다. 고고학계에서는 이 같은 토기의 변화를 갖고 주민의 교체가 있지 않았을까 추측하기도 한다. 김정학金廷鶴과 김정배金貞培 등은 빗살무늬토기의 주인공을 시베리아 일대에 퍼져 있던 고古아시아족이 아닐까 추측했고, 무문토기의 주인공은 알타이어족에 속하는 독자적인 민족단위로서의 한민족일 것으로 보았다. 한편 김원룡金元龍은 빗살무늬토기를 고아시아족과 결부해보는 데는 동의하였으나, 무문토기의 주인공을 종전의 견해대로 퉁구스족의 한 지맥支脈으로 보았다.

이 같은 차이가 과연 무엇에서 연유했는지를 살펴볼 필요가 있다. 한국의 문화인류학자들 가운데 이광규李光奎는 현재의 인구 숫자라든지 역사적 활동 면에서 볼 때 퉁구스족이 한민족보다 빈약하고 열세라고 보았다. 그런 만큼 한민족을 군이 퉁구스족과 가까운 족속이라거나 퉁구스족에 속한다고 표현하는 것은 옳지 않다는 입장이다. 결국 이 같은 시대 조류의 변화가 일정하게 작용하여 한민족을 같은 알타이어족 무리에서 퉁구스족과 준별峻別할 뿐 아니라 나아가 그와 대등한 민족단위로 설정해야 할 필요가 있다는 긍정적인 논의를 낳게 되었다고 할 수 있다. 그러나 20세기 전반기에 중국에서 연구 및 저술활동에 종사하면서 동아시아 민족학계에 큰 영향을 끼친 시로코고로프 S. M. Shirokogoroff의 학설에서 퉁구스족이 차지하는 위치는 자못 현저한 바가 있다. 그는 고대 중국 화북·화중지대와 연해沿海지대에 원原퉁구스족이 거주했고, 중국 최초의 국가인 은(일명 상)은 바로 북중국 연해지방의 동이東夷 계통이 세운 것으로 보았다. 그리고 기원전 1000년경에 퉁구스족은 만주를 거쳐 시베리아로 이동했던바, 그중 만주지방에 정착한 것이 남방 퉁구스 제족이고, 시베리아까지 이주해 간 북방 퉁구스족도 극한極寒의 땅에 적응하지 못하여 그 뒤 몇 차례에 걸쳐서 남하했다는 것이다. 시로코고로프의 퉁구스족 이동설은 곧 뒤이어 언급할 동이족의 이동설과 서로 통하는 매우 시사적示唆的인 견해가 아닐 수 없다. 이처럼 생각할 때 김원룡이 한민족을 나타내는 용어로 지난 시기에 통용했던 퉁구스족에 집착하는 것도 단순히 관습적인 요인 때문만은 아니라고 생각한다.

중국의 선진시대 문헌에서는 한민족을 가리켜 예濊와 맥貊, 혹은 예맥이라 연칭連稱했는데, 이는 종래 고조선뿐 아니라 부여·고구려족을 논의할 때마다 끊임없이 논쟁을 불러일으킨 대목이다. 예와 맥을 서로 다른 족속으로 보는 연구자도 있으나, 이병도李丙燾를 비롯한 남북한·중국·일본학계의 대체적인 견해는 이를 같은 계통의 별종 정도로 간주하여, 아마도 거주지역에 따라 편의상 달리 붙여진 것이 아닐까 보고 있다.

6·25전쟁을 전후한 시기에 김상기金庠基는 한韓을 중심으로 한 예·맥족을 중국 산동반도와 그 서남쪽 회하淮河 유역에 걸쳐 살던 동이족東夷族의 테두리 속에 넣고 파악하여 그 이동과정을 다음과 같이 추적했다. 즉 이 예맥 계통의 동이족은 본래 중국의 서북부 현 섬서성陝西省 방면에 살다가 북방 유목민족의 압박을 받아 동쪽으로 옮겨 지금의 북경지방인 하북성河北省 고안현固安縣 부근에 이르렀다고 한다. 그 뒤 주周 왕실의 동천東遷(B.C. 770)과 때를 같이하여 동이족은 이곳에서 한 갈래가 동남쪽의 산동반도 쪽으로 들어가 우이嵎夷·래이萊夷·회이淮夷·서이徐夷(일명 서융徐戎) 등으로 불리었고, 다른 한 갈래는 동북쪽의 발해만을 따라 이동하여 요동지방에 와서 마침내 한

반도 서북부에까지 들어온 것으로 보았다. 그 뒤 1970년대 중반에 천관우는 기자를 자기들의 조상으로 막연히 신봉하고 있던 동이족의 일지—支로 추측되는 집단이 은·주 교체기의 혼란을 틈타서 본거지인 산서성山西省 태곡太谷(현 태원太原 남쪽)지역을 떠나 오랜 세월에 걸쳐 동쪽으로 이동, 난하·대릉하·요하를 거쳐 마침내 대동강 유역에 도달한 것으로 보았다. 그는 이 집단이 백이伯夷·숙제叔齊의 전설과 얽혀 있는 난하 하류의 고죽국孤竹國 근처에 머물고 있을 때 지금의 하북성 노룡현盧龍縣 일대를 중심으로 국가형태를 띤 것으로 추정했다. 한편 그는 예·맥을 부여 계통으로 보아 부여·고구려·동예 등을 세운 족속으로, 그리고 한을 조선 계통으로 보아 고조선을 비롯한 진번·삼한 등이 이에 속하는 것으로 구별한 바 있다. 이에 조금 덧붙인다면 통구스족이라는 용어를 고집하는 김원룡은 예맥족과 한족을 실제로 같은 족속으로 보았다. 즉 그는 남만주와 한반도 서북부에서 지역화한 종족을 예맥통구스, 그 일파가 남하하여 남방문화의 요소를 일부 가미하면서 지방화된 종족을 한족이라고 보는 의미에서 '남예맥'이라고 지칭했다. 또한 김정배는 비록 통구스라는 용어의 사용에는 반대하였으나, 예·맥·한이 각기 지역적 분포 상황에 따라 구체적인 존재 양태에서 약간의 차별성을 드러내면서도 본질적으로는 모두 같은 종족(알타이 계통)의 공시적共時的 존재였다는 의견을 제시하였다.

그러면 북한 학계에서는 고조선의 종족 구성을 어떻게 파악하고 있는가? 1960년대까지만 하더라도 이 문제에 대해서는 남·북한 간에 큰 차이를 발견할 수 없었다. 그들 역시 고조선의 주민이 예맥족을 근간으로 이루어졌다고 보았다. 다만 그들이 상정하고 있는 고조선의 영역이 너무나 넓은 지역에 걸쳐 있고, 또한 그 중심부라고 하는 요동반도 지역만 하더라도 고대에 민족이동이 활발하게 이루어진 교차지대였다는 점에서 여러 갈래의 이주민들이 한

데 섞임에 따라서 고조선의 주민이 형성되었다는 점을 인정한 바 있다. 고조선 연구에 큰 업적을 남긴 리지린은 예맥족을 예와 맥 두 종족의 연칭으로 파악하고, 기원전 1000년경 고조선의 주민은 이미 예·맥·한의 세 종족을 형성했다고 보았다. 그리고 이 세 종족은 본디 같은 언어와 풍습을 가진 같은 족속의 세 갈래였다고 했다. 그는 이 가운데 고조선을 형성한 것은 예족이었고, 진국辰國 역시 이와 마찬가지였다고 했다. 한편 맥족은 부여 및 고구려의 전신이 되는 고리국藁離國을 형성했다고 주장했다.

북한 연구자들의 견해에서 주목되는 사실은, 그들이 예맥족의 선주족先住族으로서 동이족의 한 갈래에 속하는 조이鳥夷를 거론한 점이다. 조이는 중국 고전에서 전설적인 존재인 순舜 임금의 원정 대상으로 처음 나타난다. 리지린은 조이가 산동반도의 연해안 일대, 하북성 발해만 그리고 한반도 등지에 거주하던 종족으로, 그 선조들이 흑도黑陶로 유명한 중국 용산龍山문화를 이룩했다고 추측했다. 그런데 대체로 기원전 2000년경에 예맥족이 남하하여 조이와 혼합하게 되었다고 한다. 그는 숙신肅愼족도 이 같은 혼합의 산물로 형성되어 뒤에 고조선의 주민으로 편입, 고조선 서쪽에 살았다고 보았다. 그에 의하면 '숙신'이란 명칭 자체가 '조선'의 고대 명칭이라고 한다. 한편 고조선의 종족 문제에 대해 여러 편의 논문을 발표한 바 있고, 조이가 예맥족의 조상이라고 최초로 주장한 황철산은 리지린과는 조금 다른 견해를 제시했다. 즉 그는 고조선 사람들이 맥족집단의 한 갈래였다고 보았으며 또한 숙신족이 고조선에 편입되었다는 리지린의 견해에 반대했다. 그는 숙신족이 기원전 1000년경부터 기원전 8세기에 이르는 기간에 걸쳐 요서지방에 거주했던 것은 인정하였으나, 산융족山戎族으로부터 몇 차례 공격을 받아 요동지방으로 쫓겨 가서 기원전 5세기경에는 이미 만주의 동북방면으로 옮겨져 있었다고 주장했다. 숙신족에 대해서는 그것이 고아시아족인지 아니면 퉁구스족인지 그 계통을 잘 알 수 없어 학계의 큰 논쟁거리인데, 한국학계에서는 대체로 이를 한민족과는 구별하고 있는 실정이다. 하기야 예맥족 그 자체에 대해서도 시로코고로프나 대만의 민족학자 링춘성凌純聲 등은 이를 고아시아족 혹은 그와 동류同類로 추정하고 있는 만큼 쉽사리 결말을 보기 어려운 연구과제이다.

그런 대로 다채롭고 건전했던 북한의 고조선 연구도 1970년대에 들어오면서 고도의 사상통제로 말미암아 차츰 왜곡의 정도가 높아져갔다. 즉 역사해석은 일절 김일성의 혁명사상이라고 하는 이른바 주체사상에 입각하여 이루어져야 한다는 조선로동당의 지침이 바로 다양한 연구를 억압하는 족쇄가 되었기 때문이다. 당이 조선민족 제일주의에 근거하여 일제 어용사가들의 그릇된 견해를 분쇄하고 한민족의 우수한 문화전통을 밝혀내야 한다는 지침을 내림에 따라 1970년대 후반에 이르면 종전까지 사용해온 예족·맥족·한족 등 중국 고전에 나오는 족명들에 의한 국가의 구별을 기피하게 되고 그 대신 고조선을 비롯한 고구려·부여 등의 주민들에게 공통적으로 '고대 조선족'의 한 갈래라는 표현이 강요되었다. 그러나 이 같은 역사용어의 변화도 1993년 '단군릉' 발굴을 계기로 겪게 된 고조선 역사상歷史像의 획기적 변화에 비하면 아주 사소한 것에 지나지 않는다.

3. 단군신화와 기자조선을 어떻게 볼 것인가?

조선왕조가 건국된 14세기 말경이 되면 고조선을 단군檀君조선, 기자箕子조선, 위만衛滿조선의 세 단계로 파악하는 역사인식이 정착하여 그 뒤 오랫동안 큰 영향을 끼쳤다. 새 왕조의 설계자였던 정도전鄭道傳은 1394년 『조선경국전朝鮮經國典』을 편찬하여 태조에게 바쳤는데, 그는 이 책의 국호國號 조에서 위와 같은 3개의 조선이 계기적으로 등장했다고 지적했다. 그런데 이 가운데 문헌에서 흥망사가 비교적 확실하게 보이는 것은 세 번째의 위만조선이다. 이 정권은 위만이 연燕의 땅에서 부하들을 끌고 고조선으로 망명해 와서 국경 서쪽을 지키다가 기원전 2세기 초(194~180년경) 쿠데타를 일으켜 자신을 신임했던 준왕準王을 몰아내고 왕위를 찬탈함으로써 성립되었다. 다만 그의 손자인 우거왕右渠王 때 한漢나라의 대규모 침략을 받아 기원전 108년에 수도 왕검성이 함락되어 3대 70~80여 년의 단명에 그치고 말았다.

그러므로 문제가 되는 것은 첫 번째의 단군조선과 두 번째의 기자조선이다. 『삼국유사』에 실려 있는 단군조선은 한민족의 국조신國祖神인 단군왕검을 태양신과 지상의 여신인 곰의 결합에 의해서 출생한 것으로 보는 신화의 형식으로 기술되어 있는데, 여기서 역사적 사실을 일정하게 반영한 것으로 취할 만한 대목은 일찍이 1920년대에 최남선이 단군과 왕검을 각기 제사장과 정치적 군왕의 뜻으로 풀이하여 고조선이 제정祭政 일치 사회였다고 이해하는 정도이다. 그리고 1950년대에 김정학이 지적했듯이 곰을 부족의 토템으로 섬기는 토착사회에 태양신을 자처하는 환웅桓雄의 세력집단이 이동해와서 토착세력과 혼인동맹의 방식으로 지배권을 확립한 것이 아닐까 하는 정도의 추측이 가능한 형편이다. 실제로 『삼국유사』 고구려 조와 『삼국사기』 고구려본기 시조 동명성왕東明聖王 조에 실려 있는 고구려의 건국신화에도 천제天帝의 아들임을 자처하는 해모수解慕漱가 토착세력집단임을 암시하는 하백河伯의 딸과 결합하여 주몽朱蒙을 난생卵生했다고 한 것이라든지, 뒤에 주몽이 성장하여 부여에서 졸본천卒本川으로 망명하여 현지 왕의 딸과 혼인하여 왕위를 계승했다고 한 것 등 그 구성 면에서 단군신화의 줄거리와 합치되는 점이 발견된다. 나아가 이처럼 단군신화가 고구려의 주몽신화와 긴밀하게 얽혀 있는 점에 생각이 이르면 1950년대에 이홍직李弘稙이 시사한 것처럼 단군신화의 골격이 구성된 시기를 일본인 연구자들이 추측했듯이 고려 후기로 늦춰 볼 것이 아니라 고구려시대로까지 소급하여 고려할 여지를 제공하는 것이 아닐까 생각되기도 한다.

3·1독립운동이 일어난 직후 단군신화를 문헌고증학의 입장에서 검토한 이마니시 류今西龍는 고려 후기 몽골족의 정치적 압박에 신음하던 한국인들이 같은 민족의 후손이라는 강렬한 자각에서 국조신을 희구希求한 결과 주로 승려와 샤먼(무당)들에 의해 박달나무가 해열解熱의 영약靈藥인 데 착안하여 약사신藥師神으로서의 단군왕검 신앙을 만들어냈다고 주장했다. 그는 신화에서 단군의 어머니를 웅녀熊女라고 한 것은 부여·고구려 등 퉁구스족 사이에서 공통되는 성자聖子 출생전설에서 따왔다고 보았다. 단군신화에는 곰 외에도 범이 등장하지만, 인간과 동물 사이의 혼인이 씨족이나 민족의 기원과 결부되어 있는 전승은 현재 시베리아 흑룡강 지역에 현저하게 남아 있다. 일본의 신화학자 오바야시 다료大林太良는 곰·범과 인간의 혼인에 대한 광범한 자료를 모아 검토한 결과 웅녀와 환인의 결혼 모티브는 흑룡강 지역 퉁구스 계통 여러 민족의 신화와 매우 깊은 친연관계에 있다고 주장했다. 이를테면 흑룡강 유역 연해주 시호테알린산맥의 양쪽을 거점으로 거주하는 우데에Udee, Udikhe족의 기원전승에는 곰과 범이 등장한다. 프랑스의 유명한 사회인류학자 클로드 레비스트로스Claude Lévi-Strauss의 구조주의 논리체계에 입각하여 최근 단군신화를 분석한 인류학자 임봉길任奉吉에 의하면 단군신화 속에서 태백산과 신단수神檀樹는 하늘과 땅을 연결하고, 쑥과 마늘은 곰으로 하여금 인간이 될 수 있게 하는 매개체로, 인간으로서의 단군왕검은 하늘과 땅, 신성神性과 수성獸性이 결합한 산물이라는 감춰진 구조를 읽을 수 있다고 했다.

단군신화는 한국 고대인이 체험한 지혜의 결정結晶으로, 이를 통해 고대인의 정신세계를 어느 정도 엿볼 수 있다. 그러므로 일단 원시적인 심성, 사유로 들어갈 필요가 있다. 다만 신화는 그 자체로 살아서 움직이는 생명체이기 때문에 문헌에 정착되기까지 오랜 세월에 걸쳐 변천을 거듭하기 마련이다. 즉 어떤 요소는 새로이 첨가되는가 하면, 본래 있던 어떤 요소는 소멸되고 만다. 그런 만큼 홍익인간弘益人間이라는 건국이념을 표방하고 있는 단군신화가 고려 후기 이래 현재에 이르기까지 한민족의 독립정신과 통일의식을 상징하는 소중한 뜻을 갖고 있다는 점을 유념해야 하겠지만, 그 사실성에 대해서는 맹종할 필요가 없다고 생각된다. 시인이요 국학자였던 조지훈趙芝薰의 말처럼 "단군신화가 바로 신화라는 사실을 자각" 하는 것이 중요하다. 하긴 프랑스의 신화학자 조르주 뒤메질Georges Dumézil은 70여 년 전에 인도·유럽의 신화가 전체적으로 이들 사회조직에 대응하는 하나의 체계를 갖고 있으며, 이는 주권과 전사戰士, 농업생산이라는 3가지 중요한 기능을 포함한다고 주장한 바 있다. 근래 한국과 일본의 몇몇 연구자들이 뒤메질의 가설에 입각하여 단군신화를 다음과 같이 재해석하기도 한다. 즉 천부인天符印 3개를 갖고 풍백風伯 등을 거느리며 곡식·생명·형벌·선악 등 인간의 360여 가지 일을 주재하면서 인간 세상을 교화하는 환웅은 바로 주권 기능을 상징하고, 그와 결합하여 단군왕검을 낳은 곰은 풍요한 생산 기능을, 한편 맹수의 제왕격인 범은 군사 기능을 각기 나타낸다는 것이다. 이로써 단군조선이 하나의 정치조직이었음을 드러내는 최소한의 상징적인 효과는 갖추고 있다고 여길지도 모르겠다. 그러나 그 실체가 여전히 모호한 것은 부인할 수 없는 엄연한 사실이다.

다음으로 단군조선과 위만조선 사이에 위치한 기자조선의 경우는 어떠한가? 기자가 기원전 11세기경에 은나라를 멸망시킨 주나라 무왕에 의해서 조선의 왕으로 책봉되었다는 중국 고전의 기록은 늦어도 고려 중기 이래 중국 문화를 흠모한 유학자·관료들에 의해 받아들여졌고, 성리학이 크게 신봉된 조선 후기에 이르면 '기자의 교화'는 한 점 의혹이 없는 절대적 신앙의 대상이 되었다. 그러나 20세기 전반기 한국에 근대 역사학의 연구방법론이 수용되면서 최남선, 이병도를 비롯한 거의 모든 연구자들에 의해서 기자의 동래설東來說이 비판을 받고 부인되기에 이르렀다. 이 점은 일본인 연구자들도 역시 마찬가지였다. 그런데 천관우는 동이족의 이동설을 긍정적으로 재검토하는 가운데 은나라 주민이 이른바 화하華夏 계통이 아닌 동이 계통이라는 푸쓰녠傅斯年 등 일부 중국 고대사가들의 견해를 받아들여 기자 본인은 아닐지라도 기자를 자기들의 조신祖神으로 섬기는 어떤 집단(이른바 기자족)이 동쪽으로 왔을 개연성마저 부정할 수 없다는 견해를 피력했다. 과연 우상 파괴적인 새로운 가설임에 틀림없으나, 다만 그가 하나의 유력한 근거로 든 『구당서舊唐書』 동이전에 고구려가 영성신靈星神·일신日神·가한신可汗神과 더불어 기자신을 제사했다는 기록은 달리 해석할 여지가 있다고 생각된다. 이는 역시 이마니시의 견해처럼 고구려가 압록강가의 국내성에서 평양성으로 천도하면서 낙랑군 이래의 전통과 관습에 따라 기자를 지저地祗의 하나로 봉사奉祀한 데서 유래한 것일 뿐, 본디 고구려의 신앙 대상은 아닌 것으로 짐작되기 때문이다. 이처럼 기자를 시조로 한 고조선의 실체에 대해서는 의문의 여지가 많으나, 위만에 의해 왕실을 찬탈당한 고조선 말기의 역사는 비록 단편적이나마 중국 역사서에 뚜렷이 전해지고 있다. 즉 기원후 3세기 후반에 서진西晉의 문신 어환魚豢이 지은 『위략魏略』에 의하면, '기자의 후예'인 조선후朝鮮侯가 주周나라가 쇠약해지자 그 봉건국가인 연燕이 스스로를 높여 왕이라 칭하면서 동쪽 땅을 빼앗으려는 것을 보고, 자신 역시 왕이라 칭하고 군사를 일으켜 연을 침으로써 주의 왕실을 높이려 했다고 한다. 그러나 대부大夫인 예禮가 간諫하자 조선후는 이를 중지하고, 예를 서쪽의 연나라에 보내 조선을 치지 않도록 설득했다고 한다. 그런데 뒤에 조선왕의 자손이 차츰 교만하고 거칠게 굴자 연은 장수 진개秦開를 보내 조선의 서쪽 방면을 치게 하여 2천여 리의 땅을 뺏어 만번한滿潘汗에 이르러 경계를 삼게 하니, 조선이 마침내 약해졌다는 것이다. 이 기록에 보이는 연의 칭왕稱王은 이왕易王 10년(기원전 323)의 일이므로, 조선이 칭왕한 것도 대략 그 직후였을 것으로 짐작된다. 한편 진개의 고조선 침략은 연의 국력이 폭발적으로 성장한 소왕昭王(기원전 312~279) 말기인 기원전 282~280년경의 일로 볼 수 있다. 이 무렵 진개는 남쪽으로 제齊나라를 쳐서 70여 성을 함락한 여세를 몰아, 전에 인질로 가 있던 북쪽의 동호東胡와 조선 침략에 착수하여 장성을 수축하고 서쪽에서 동쪽으로 상곡上谷·어양漁陽·우북평右北平·요서·요동의 5군을 설치했다.『전국책戰國策』에 의하면 전성기의 연은 갑옷을 입은 병사 수십만 명에, 전차는 700승乘, 군마軍馬 6천 필을 자랑하는 군사대국이었다. 천관우는 이때 연나라와 경계를 이룬 '만번한'의 '만'을 요동군 문현文縣 일대인 현재의 영구營口 남쪽 개평蓋平이 아닐까 보고, '번한'은 이병도의 견해에 따라 대령강大寧江가의 평안북도 박천에 비정했다. 나아가 그는 이 무렵 고조선의 칭왕 및 연의 화폐 명도전明刀錢이 압록강 이남 청천강 이북에서 대량으로 발견되는 사실이 암시하듯이, 바야흐로 중국의 철기문화가 유입되고 있는 정황에 비춰볼 때 늦어도 이때부터 한국사의 고대가 개막된 것이라고 그 역사적 의의를 크게 강조한 바 있다.

실제로 고조선은 연나라와 물자 교역이 활발했던 듯하다.『사기史記』권 129 화식열전貨殖列傳에 의하면 연은 북쪽으로 오환烏桓, 부여와 접했고, 동쪽으로 예·맥·조선·진번眞番으로부터 이익을 꾀챘다고 했는데,『관자管子』를 보면 이보다 훨씬 이전에 산동반도의 패자霸者인 제齊가 조선의 표피豹皮를 수입했음을 알 수가 있다. 즉 관중管仲은 제나라에 불복하는 사이四夷를 입조케 할 수 있는 방책을 묻는 환공桓公(기원전 685~643)에게 북방 8천 리

밖에 있는 '발發·조선'의 특산품인 표피에 값을 쳐준다면 그들이 입조할 것이라고 대답했다고 한다. 여기에 조선과 함께 보이는 '발'이 종족 명칭인지 아니면 밝음 혹은 지역(불·벌)을 뜻하는 보통명사로 '조선'을 수식하고 있는 것인지는 역사학계의 큰 논쟁 대상이다. 그것이 어찌 되었든, 제나라 환공은 연나라의 군사원조 요청을 받아들여 북쪽으로 산융山戎과 영지令支를 치고 난하 하류의 고죽孤竹을 멸망시켰는데, 앞에서 보았듯이 천관우는 기자족이 이동하는 과정에서 고죽국 가까운 곳에 교거僑居했을 개연성이 있다고 추측한 바 있다. 『관자』는 중국 전국시대에 만들어진 것으로 짐작되는데, 중국 문헌 가운데 조선의 존재가 등장하는 최초의 기록이다. 그렇지만 관중 당시(기원전 7세기) 조선의 국가형성 여부를 가늠할 수 있는 정치조직에 대한 자료가 전혀 보이지 않아 유감스럽게 생각된다.

4. 고조선은 언제쯤, 어디서 건국되었는가?

앞에서 언급한 『삼국유사』 기이편의 고조선 조에는 『고기古記』에서 인용한 단군신화 외에도 고조선의 건국에 대한 짤막한 기사가 실려 있다. 즉 일연은 『위서魏書』를 인용하여 단군왕검이 서울을 아사달阿斯達에 정하고 조선을 개국한 것이 중국의 요堯 임금과 같은 때라고 했다. 그런데 그는 『고기』에 조선의 건국을 요 임금 즉위 50년 뒤인 경인년庚寅年이라 한 데 대해 요의 즉위 원년은 무진戊辰이므로, 그 50년은 정사丁巳이지 경인이 아니라는 견해를 덧붙였다. 요의 원년 무진설은 일연이 『삼국유사』를 편찬할 무렵인 원元나라 때 통용된 기년인데, 그 이전에는 북송北宋의 수리數理 철학자 소강절邵康節의 『황극경세서皇極經世書』에서 볼 수 있듯이 갑진甲辰설이 널리 통용되었다. 조선 초기에 나온 『동국통감東國通鑑』은 이 갑진설에 따라 단군왕검의 건국을 요 임금 즉위 25년 무진이라 했는데, 어째서 25년이란 숫자를 들고 나왔는지 그 까닭을 알 수가 없다. 이마니시는 조선의 건국 연대인 1392년이 명明 태조의 즉위 25년에 해당하는 것을 우연적인 사실로만 볼 수 없다는 견해를 제시하고 있는데, 이는 흥미로운 착상이라고 생각된다. 그러나 요 임금이 중국사에서 그 실재가 의문시되고 있는 전설적인 존재인 만큼 그에 가탁假託되어 있는 단군의 개국 연대인 기원전 2333년 역시 그 근거가 확고하지 않음은 분명한 사실이다.

세계사적으로 볼 때 매우 비옥한 지대에 속하는 메소포타미아 지방과 나일 강 유역에서는 이미 후기 신석기시대 내지 청동기시대에 초기국가 발생의 단계에 돌입했다. 하긴 그보다 훨씬 가혹한 자연 및 기후조건에서 생활했던 게르만족이나 슬라브족처럼 거의 완전한 철기를 사용하고 있으면서도 계급의 결정화結晶化 단계에 이르지 못한 채 국가를 형성하지 못한 경우도 있다. 동아시아로 시야를 돌려 볼 때 만주 송화강가의 길림시吉林市를 중심으로 꽃핀 서단산西團山문화나 베트남 북부의 동손Dong Son문화는 기원전 3세기 말경 청동기시대의 마지막 전성 단계에 놓여 있었으나, 아직 국가를 형성하지 못한 상태에서 기원전 2세기 초 한나라의 침략을 받아 종말을 고하고 말았다. 한편 한의 침략이 요동지방과 서북한의 고조선 지역에 집중되었던 까닭에 그 동북쪽 길림시 지역의 부여족 사회는 정복되는 것을 모면했을 뿐 아니라 오히려 외부세력으로부터 강한 자극을 받아 사회 응집력이 강화된 결과 부여국을 형성할 수 있는 결정적 계기가 마련되었다.

현재 한국 고대사학계에서는 1970년대 이래 급속한 발전을 거둔 고고학의 연구성과에 힘입어 대체로 청동기문화의 전래·수용과 더불어 초기국가가 형성된 것으로 보는 경향이 일반화되었다. 그런데 이 같은 문제의식은 실제로 북한학계에서 한국보다 조금 이른 시기에 정착되어 있었다. 북한에서는

6·25전쟁을 전후한 시기부터 고고학적 발굴조사에 힘을 쏟아 그 학문적 성과가 도유호都宥浩에 의해『조선원시고고학』(1962)으로 정리된 바 있다. 그들은 일찍부터 한국에 독자적인 청동기시대가 존재했음을 입증하는 데 힘썼다. 리지린은 1963년에 발간된『고조선 연구』에서 단군신화를 원시 토테미즘의 한 잔영殘映으로 보아 그 역사성을 부인하면서 고조선의 국가 형성기를 기원전 5~4세기경으로 보았다. 마침 그의 책이 나온 그해 가을부터 1965년까지 북한의 고고학자들은 중국 측 연구자들과 공동으로 요동반도 남쪽 끝에 위치한 여대시旅大市(여순·대련)의 적석총 두 기基(강상무덤과 루상무덤)를 발견하여 한국 청동기문화의 개시開始 연대를 종전에 비해 올려 잡을 수 있는 근거로 삼았다. 그들은 이를 평북 의주군 미송리유적 및 평남 개천군 묵방리유적과 비교하여 양 지역의 청동기문화가 비슷하다고 주장했다. 즉 미송리-강상 시기의 특징적 유물은 전형적 비파형 단검(이하 편의상 동검으로 표기)이며, 한편 묵방리-루상 시기의 그것은 전형적 비파형 동검과 함께 변형 비파형 동검이 함께 사용된 단계라는 것이다. 그들은 이를 각각 기원전 8~7(혹은 6)세기, 7~5세기경으로 편년했다. 그 뒤 1980년대 후반에 이르면 북한학계는 그 뒤 요동지방에서의 비파형 동검문화의 상한을 기원전 12세기로 편년하여 고조선의 국가 형성 시기를 기원전 8세기 이전으로 볼 수 있다는 견해를 제시했다.

이처럼 비파형 동검은 한국 청동기문화의 시원始原이 되는 동시에 고조선의 건국 시기를 결정하는 데 지표 구실을 하고 있다. 고대 동아시아 지역의 청동기문화는 은왕조로 대표되는 이른바 중원中原지구의 그것과 중국 북방 장성長城지대에 동서로 넓게 펼쳐져 있던 유목·기마민족이 남긴 그것으로 크게 구별된다. 이 가운데 북방 계통 청동기문화를 남부 시베리아의 청동기문화가 남쪽으로 몽골지방에 전해진 것으로 보는 견해가 유력한 실정이지만,

이형구李亨求는 중국 청동기의 제작기술이 북쪽으로 전해지면서 현지인의 기호에 맞는 의장意匠을 받아들인 결과 형성되었다는 중국학계의 견해를 지지하고 있다. 그것은 어쨌든 북방계 청동기문화는 서쪽에서 동쪽으로 보면 감숙성·섬서성 북방의 영하寧夏 회족回族 자치구, 섬서성·산서성 북방의 내몽골 자치구의 이른바 오르도스 지역, 내몽골 자치구와 하북성 서북방·요령성 서쪽에 걸치는 적봉赤峰 하가점夏家店 상층문화, 요령성의 핵심부에 해당하는 요동지방, 그리고 서단산문화를 중심으로 한 길림성 일대에 널리 분포해 있는데, 이들 각 지역에 공통하는 청동제품은 매우 적고, 비파형 동검만 하더라도 그 제작기법 면에서 검신劍身과 검파劍把를 따로 만들거나(이른바 별주別鑄) 혹은 한 세트로 만드는 등(이른바 통주通鑄) 같은 요서지역(내몽골 자치구와 요령성의 접경지대) 내에서도 서쪽과 동쪽의 것이 크게 다르다.

이상 여러 지역의 비파형 동검 중에서 과연 어느 것을 고조선과 결부할 수 있는가 하는 문제는 결국 예맥족의 생활문화권, 즉 고조선의 강역과 특히 그 중심지를 어디로 볼 것인가 하는 점과 직결된다고 할 수 있다. 김정학은 현 중국 요령성 지역과 한반도 서북지대를 포함한 매우 넓은 지역을—이는 난하·대릉하·요하·압록강·대동강 유역을 포괄하는데—요령 청동기문화권으로 파악하고, 그 중심을 가장 오랜 형식의 비파형 동검이 출토된 조양朝陽으로 보았다. 그는 한민족이 하나의 민족단위로 형성되어 초기국가를 세운 곳도 바로 요령지방, 아마도 조양 일대일 것으로 생각했다. 즉 그는 목축과 농경 생산단계에 접어들면서 조양 일대에서 정착생활을 시작한 한민족의 조상은 신석기 중기(요양지역은 기원전 2500~2000년경, 한반도는 2000~1500년경)에 이르러 부족사회를 이루었다가 비파형 동검을 사용하는 시기에 이르러 이른바 읍락邑落국가(종전의 부족국가에 해당함)를 성취한 것으로 보았다.

김정학은 만년(2004년)에 비파형 동검 연구자에게 들려준 회고담에서 오르도스 청동기문화와 하가점 상층문화는 자연환경 면으로 볼 때 유목생활을 위주로 한 사람들의 문화였으므로, 농경생활 중심의 요령 청동기문화와는 별개의 것으로 보아야 한다고 피력한 바 있다. 김정배도 1970년대에 하가점 상층문화를 예맥 계통 청동기문화의 산물로 파악하여 한국 청동기시대의 상한을 기원전 10세기 이전으로 비정했는데, 근래 이를 초원 유목적 성격이 강한 동호족東胡族이 남긴 문화로 수정하고 있다. 그는 2010년에 출간한 야심적인 대작 『고조선에 대한 새로운 해석』(고려대학교 민족문화연구원)에서 몇 가지 새로운 견해를 제시했다. 그중 특히 눈에 띄는 것이 한국 비파형 동검의 조형祖型으로 중앙아시아 카자흐스탄의 중·북부지역과 러시아 우랄 남부지역의 석관묘에서 나온 동검을 예로 들면서 이 동검의 사회문화적 성격이 기본적으로 유목문화임을 강조하였다. 그렇다면 한국 고대 비파형 동검을 사용한 세력의 성격도 유목적이어야 하는데, 그는 사회 지도층은 유목적 성향을 지닌 반면 일반 주민은 농경 위주의 생활을 했으므로 말하자면 반농반목半農半牧 사회였다고 하였다. 한국 청동기시대를 대표하는 묘제인 석관묘와 지석묘가 경제생활사 측면에서 각기 유목문화와 농경문화를 대변하고 있다는 그의 논지에서 본다면 결국 지석묘가 지도층이 아닌 일반 농민층의 무덤이라는 것이 되는데, 이는 종래 학계의 이해와는 크게 어긋나는 점이다.

한편 북한에서는 이에 대한 연구가 어떻게 진전했는지 알아볼 필요가 있다. 박진욱·황기덕 등 주요 연구자들은 비파형 동검문화를 크게 요서지방, 요동지방, 길림-장춘지방으로 구분하고, 각각의 지역별 상한 연대를 기원전 9세기, 12세기, 11세기로 보았다. 즉 이 동검문화의 발원지는 요동지방이고, 담당 주민은 예·맥족으로, 이들의 일부가 요서지방으로 이주함에 따라 그곳에 동검문화가 파급된 것이라고 주장했다. 이 같은 이해 방식에는 확실히 근본적인 오류랄까 문제가 있지만, 장점도 없지 않다고 생각된다. 즉 이것은 요하를 경계로 한 요서와 요동의 초기 청동기문화 양상에 큰 차이가 있었음을 제대로 부각시킬 수 있다. 실제로 비파형 동검을 제외하고 지석묘라든지 무문토기에 속하는 미송리형 토기 등 청동기문화권을 보다 포괄적으로 파악할 때 요서지방과 요동지방은 큰 차이를 드러낸다. 그런데 앞에서 보았듯이 현 요령성의 행정구획에 따라 요령 청동기문화권을 설정하면 요서와 요동의 현저한 차이를 몰각한 채 같은 요서지역 내에 비교적 가까이 위치한 요령성 조양과 내몽골자치구 적봉에서 농경과 목축의 경계선을 찾아 청동기문화권을 구분해야 하는 옹색한 처지에 놓이게 된다.

그러나 이 같은 북한에서의 연구도 1993년 평양시 강동군 강동읍의 대박산 기슭에서 '단군릉'이 발굴조사된 것을 계기로 한순간에 빛을 잃게 되는 비운을 맞았다. 사회과학원 고고학연구소의 발굴팀에 의하면 이 무덤에서 두 사람 분의 뼈가 발굴되어 이를 현대물리학의 첨단기술인 전자상자성공명식電子常磁性共鳴式의 계측기기로 연대를 측정한 결과 지금으로부터 5011년 전의 것으로 확증되었다고 하며, 이는 다름 아닌 민족의 원시조 단군의 유골이라고 한다. 고고학연구소 당국은 『신증동국여지승람新增東國輿地勝覽』 권 55 평안도 강동현 고적 조의 대총大塚 항목에 "현의 서쪽으로 3리 되는 곳에 둘레 410척尺 크기의 큰 무덤이 있는데, 민간에서 단군묘라고 전해지고 있다"라는 기록에 의거하고 특히 김일성 주석의 직접 지시에 따라 발굴에 착수했다고 하면서 과연 '위대한 수령님께서 예언하신 대로' 단군의 유골을 찾아냈다는 것이다. 실제로 김일성은 발굴 현장에 들러 발굴단을 격려했다고 한다. 북한의 역사학계는 '단군릉' 발굴의 의의에 대해 "종전의 신화적, 전설적 인물로 간주되어온 단군이 실재한 인물이었다는 것이 과학적으로 밝혀졌다"고 하면서 혁명의 수도인 평양이 조선민족의 발상지로 첫 고대국가인 고조선의 수도였을 뿐 아니라 인류 발상지의 하나라고 대대적으로 선전했다. 그간의 경과에 대해서는 필자가 「북한에서의 단군 연구와 그 숭앙崇仰운동」(『한국사 시민강좌』 27집, 2000년 8월)에서 상세하게 다뤘으므로, 여기서 더 이상 언급할 필요를 느끼지 않는다.

지금까지 남북한의 여러 연구자들이 고조선에 대해 많은 논문과 저서를 발표했으나, 주로 논의된 것은 한국 청동기문화 성립기의 표지標識유물로 간주되는 비파형 동검과 무문토기(미송리형 토기), 석관묘, 지석묘 등이었고 정작 초기국가의 모습을 짐작케 하는 고조선의 도성지에 대한 것은 구체적으로 밝혀진 바 없다. 위만에 찬탈당할 당시의 고조선 수도와 위만조선이 멸망할 때의 수도 왕검성이 현재의 평양이었던 것은 거의 확실하다고 생각되지만—하긴 북한의 역사학계와 대한민국의 '재야 사가'들은 모두 이를 요동지방으로 보고 있으며, 특히 '단군릉' 발굴 이후 북한에서는 수도 평양에 대해 요동에 있던 '부副수도'에서 발생한 사건으로 보고 있다—북한의 관계 당국이 왕검성에 대해 발굴조사를 시도한 적이 없다. 북한은 '단군릉' 발굴 후 종래 고조선의 중심지가 요동지방에 있었다는 '그릇된 관념'이 작용한 때문에 그간 평양지방에 대한 발굴에 소홀했다고 변명을 늘어놓으면서 고작 평양시 삼석구역 호남리 남경유적과 황해북도 송림시 석탄리유적, 평안남도 덕천시 남양리유적에서 몇몇 취락의 흔적을 발굴 내지 확인했다는 것을 제시하고 있을 뿐이다. 이는 세계학계의 일반 상식에 비추어볼 때 전혀 이해가 가지 않는 점이다. 장차 이 어려운 작업을 거치지 않고서는 누구라도 고조선의 형성 시기 및 초기의 성장과정을 자신 있게 논할 자격이 없다고 믿는다.

5. 맺음말

고조선은 한국 최초의 국가인 까닭에 한국사상의 여느 나라와는 같은 방식으로 연구할 수 없는 독특한 자리를 차지하고 있다. 그것은 한국 고대문명이 동틀 무렵 그 최초의 역사적 산물로 등장한 정치조직인 만큼 문헌자료만 갖고서는 도저히 복원할 수 없는 난해한 연구 대상이다. 실제로 문헌보다는 오히려 고고학·민족학(인류학)·신화학 등 역사학의 여러 인접 학문 분야에 크게 의존하지 않으면 안 되는 이른바 학제적學際的 접근을 절대 필요로 하고 있다.

근대 역사학의 방법론이 수용된 뒤 1960년대까지 대략 반세기 간은 주로 문헌고증학 분야에서 꾸준히 연구가 진행되어, 새로운 자료가 발견되지 않는 한 더 이상 새로운 경지를 개척할 여지가 없는 듯이 보인다. 그간의 성과에 의하면 고조선이 기원전 4세기 말경 대對중국관계에서 왕을 자칭하는 왕국 단계로까지 발전했다가, 약 한 세대 뒤인 기원전 280년경 중국 전국시대 7웅雄의 하나인 연燕과 대립한 끝에 그 침략을 받아 2천여 리 땅을 빼앗겼다는 것이 중국의 역사서인『위략』에 보인다. 이것이 중국 문헌에 뚜렷하게 등장하는 고조선에 대한 가장 오랜 기록이라 할 수 있다. 하기야 중국 선진先秦시대 문헌인『관자』에는 기원전 7세기경 산동반도 일대를 지배한 제齊와 교역을 행한 조선에 대한 기록이 있으나, 이 조선의 정치조직을 비롯한 내부 정황을 전혀 알 수가 없다. 어떤 연구자는『위략』의 기사를 신뢰할 수 없는 반면 그보다 훨씬 오래 전에 성립된『관자』의 기록을 보다 적극적으로 음미해야 옳다는 견해를 제시하고 있으나, 이는 문헌고증학 연구의 기본 상식에 어긋난다.

고조선의 주민 구성이라든지 단군신화의 성격을 둘러싸고 민족학이나 신화학 분야에서 거둔 학문적 성과도 결코 과소평가할 수 없는 소중한 것이다. 다만 고조선 주민의 근간을 이룬 것으로 짐작되는 예·맥족에 대한 연구가 어쩔 수 없이 문헌 검토에 시종始終하고 있는 형편이므로, 장차 이 같은 연구의 한계를 극복하는 방법론적 모색 전환이 긴요하다고 생각된다. 또한 단군신화에 대해서도 주로 샤머니즘 혹은 토테미즘과 관련해 논의되고 있는 실정이라 근래 민속학계에서 활발히 진행되고 있는 무가巫歌의 수집 및 그 연구에 기대를 걸어보고 싶은 심정이다. 그러나 1960년대 이래 고조선 연구에서 일종의 견인차 구실을 하고 있는 것이 고고학 분야의 성과라는 데는 이론의 여지가 없을 것으로 믿는다. 다만 지역적인 연계성을 고려할 때 현실적으로 북한과 중국의 관계 당국이 고조선의 유적을 독점 관리하면서 발굴조사를 행하고 있는 실정이므로, 우리들로서는 진정 이들의 편견 없는 과학적인 조사 연구를 기대하는 수밖에 달리 방법이 없다고 생각한다.

천관우

민현구

1. 머리말

천관우千寬宇(1925~1991)는 20세기 중·후반기 한국의 언론 창달과 역사학 발전에 큰 족적을 남겼다. 그는 해방 뒤에 배출된 언론인 그룹의 선두에서 한국 신문이 독자적 품격을 갖추고, 언론 자유를 신장시키는 데 중요한 역할을 하는 동시에 새롭게 일어나는 현대 한국사학 쪽에도 뛰어난 연구 업적을 통해 크게 공헌하였다. 특히 남북분단과 민주화의 시련기, 격동기를 헤쳐나

閔賢九 고려대학교 한국사학과 명예교수.
　저서로는 『韓國初期의 軍事制度와 政治』(한국학연구원, 1983), 『高麗政治史論』(고려대학교 출판부, 2004), 『한국중세사산책』(일지사, 2005), 『韓國史學의 성과와 전망』(고려대학교 출판부, 2006) 등이 있고, 편저로는 『史科로 본 韓國文化史』(고려편)(공편저, 일지사, 1984)이 있으며, 역주서로는 『譯註經國大典』(공역주, 한국정신문화연구원, 1985·1986)이 있다. 그밖에 「辛旽의 執權과 그 政治的 性格」上·下(『역사학보』 38·39합집, 1968), 「白文寶연구」(『東洋學』 17, 1987), 「고려에서 조선으로의 왕조교체를 어떻게 이해할 것인가」(『한국사 시민강좌』 35, 2004) 등 주로 고려사에 관한 많은 논문이 있다.

177

가면서 커다란 어려움 속에서도 한국사학의 끈을 잠시라도 놓지 않고 연구를 진전시킴으로써 독특한 역사가의 상像을 심어주었다.

한국사학자로서 천관우는 초창기에는 조선시대 실학에 대한 개척적 연구로 획기적인 업적을 남겼고, 뒷날에는 고조선·삼한·가야 문제를 중심으로 하는 고대사 연구로도 큰 성과를 거두었다. 동시에 주목되는 것은 그 자신이 '비非아카데미 사학도'를 자처해 '사론史論 위주의 민간사학의 흐름'을 중시하면서 한국사의 대중화에 힘을 쏟았다는 점이다. 이것은 그가 '기자記者를 업業으로 삼아' 언론활동을 펼치면서 한국사 연구를 병행하였다는 점과 연관되는 바로서 일찍이 신문에 논설을 쓰고, 한국사 연구에 매달렸던 신채호申采浩(1880~1936), 안재홍安在鴻(1891~1965) 등 선학先學의 경우와 맥락을 같이한다고 여겨진다. 실상 그는 대학에서 지도받은 이병도李丙燾(1896~1989)를 은사로 첫 손가락에 꼽으면서도 앞에 든 선학들에 대한 경모敬慕의 뜻을 숨기지 않았다. 그가 풍기는 지사적志士的 면모, 절실한 요구와 현재적 입장을 중시하는 역사 연구 자세는 그것과 결코 무관하지 않을 것이다.

이 글은 해방과 더불어 일제의 압제에서 벗어나 국어와 국사가 되살아나면서 양성·배출된 해방 후 1세대의 한국사학자들 가운데 두드러진 존재라 할 천관우를 간략히 살펴본다는 뜻에서 쓰였다.[1] 그는 언론인으로 활동하였을 뿐 아니라 민주화운동에도 깊이 참여하였고, 한국사학자로서도 앞서 말한 것처럼 근대적 훈련을 받아 탁월한 학문적 업적을 남기면서 또한 '비아카데미 사학도'를 자처하여 민족주의사학의 맥락을 잇는 모습을 보여주었다. 그만큼 인간 천관우의 폭과 행동반경이 넓었고, 한국사학자로서의 모습도 단순한

---

1 필자는 『한국민족문화대백과사전』 28 보유편(한국정신문화연구원, 1995)에 「천관우」 항목을 집필하였고, 『미디어 저널』 제3호(한국언론인 클럽)에 「한국사학자로서의 천관우」를 게재한 바 있다(2010년 5월 15일자).

것이 아님을 뜻하는 것이다.

이러한 점들에 비추어 여기에서는 한국사학자 천관우에 대한 기초적 검토를 목표로 삼았다.[2] 그리하여 우선 그의 생애를 간략히 살피고, 저서를 중심으로 학문적 업적을 일별한 다음, 그 역사학의 성격에 대해서도 간략히 논급하려고 한다. 여기에서 필자는 후학으로서 조심스러우면서도 객관적 입장을 견지하고자 노력하였다.

2. 언론인, 한국사학자로서 치열했던 생애

(1) 사학자로의 길

천관우는 1925년 6월 2일(음력) 충북 제천에서 천병선千炳善과 민수흥閔壽興의 2남 3녀 가운데 막내아들로 출생하였다.[3] 상당한 토지를 지닌 향리鄕里의 유지有志 집안에서 태어난 그는 5세 때부터 조부 슬하에서 한학(漢學)을 배웠고, 뒤이어 거주지(청풍면淸風面)에서 초등교육을, 청주고보淸州高普에서 중등교육을 받았다. 9세 때(보통학교 4학년)에는 '글씨 잘 쓰는 천재소년'으로 사진을 곁들인 기사가 동아일보에 게재된 일이 있었다.[4]

---

2 천관우에 대해서는 근래 역사학 쪽에서 文昌魯의 「千寬宇(1925~1991)의 史學과 古代史 研究」(『한국고대사 연구』 53, 2009)가 발표되어 그의 생애와 학문에 관한 이해를 크게 넓혀주었다. 이 글을 작성하는 데 위의 勞作에서 많은 도움을 받았다.

3 천관우의 생애를 살피는 데 가장 기본적인 자료는 『천관우선생환력기념 한국사학논총』(정음문화사, 1985)의 뒷부분에 있는 「천관우선생 年譜略」과 그 자신의 글인 「六十自敍」이다(「六十自敍」는 『한국사 시민강좌』 제2집(1988)에 「나의 한국사 연구」라는 제목으로 전재되었다). 그 밖에 그의 자전적인 글로서 「나의 학문의 길」(『西江 타임즈』, 1977)과 또 다른 「六十自敍」(『문학사상』, 1984)가 있는데, 이것들은 『천관우 산문선』(심설당, 1991)에 수록되었다. 그리고 『韓國思想史學』 4·5합집에 게재된 「千寬宇先生 略年譜」도 참고하였다. 이 글의 작성에는 천관우 선생 미망인 崔貞玉 여사의 도움도 컸음을 밝힌다.

4 『동아일보』 1934년 2월 17일자(4738호).

그는 1944년 4월 경성제국대학 예과에 입학하였다. 입시를 위해 수험공부를 하는 동안 많은 책을 읽었는데, 일역日譯으로 된 『세계문학전집』과 『세계사상전집』을 중심으로 다독多讀·남독濫讀을 하였다고 한다. 그러한 가운데 최남선崔南善의 역사책들과 기행집들을 찾아 읽으면서 전혀 새롭고 신선한 느낌을 받았던 것이 한국사에 관심을 갖는 계기가 되었다. 그는 어려서 한학을 배우고, 대학에 들어갈 무렵 서양과 관련된 많은 책을 읽어 일찍이 동·서양에 걸친 상당한 인문학적 소양을 갖추었던 것으로 여겨진다.

대학 예과 시절은 제2차 세계대전의 막바지로부터 해방 후의 혼란기에 걸친 불안정과 격동의 시기였다. 일제의 방침에 따라 수개월 동안 흥남興南에 있는 군수화학공장으로 근로동원을 당하였고, 미군정 아래에서는 신탁통치안 및 국대안國大案과 관련된 큰 소용돌이 속에서 그 자신이 학생운동에 적극 나서기도 하였다. 그러한 가운데에서도 학문의 기초를 더욱 단단하게 굳혀 나갔고, 해방 직후 새롭게 개편된 경성대학의 예과부장豫科部長으로 부임한 현상윤玄相允에게 한국사 전공계획을 분명히 밝힐 수 있었다.

그는 1946년 9월 본과로 진입하여 사학과 학생으로 한국사를 전공하게 되었다. 당시 서울대학교 문리과대학 사학과가 새롭게 개편되어 한국사 분야 교수진으로 이병도李丙燾, 손진태孫晉泰, 이인영李仁榮, 유홍렬柳洪烈(1947년 부임)이 있어 가르침을 받았고, 또한 동양사 분야의 김상기金庠基, 사회학과의 이상백李相佰, 그리고 강사로 출강하는 신석호申奭鎬와 김재원金載元으로부터도 지도를 받을 수 있었다. 그는 대학에서 '당대의 일류인 선생님들'을 모실 수 있었던 것을 '홍복洪福'이었다고 술회한 바 있다. 당시 시국은 매우 어수선했으나 그는 3년간의 학부생활을 '매우 자신감을 가지고', 착실하게 보냈다. 그리하여 1949년 7월에 대학을 마치면서 졸업논문으로 「반계 유형원 연구磻溪 柳馨遠 研究」라는 수작을 제출할 수 있었다.

그는 해방 직전 피신 중인 안재홍과 두어 달 함께 기숙할 기회가 생겨 단독으로 한국의 역사와 문화에 대한 강술講述을 들을 수 있었는데,[5] 거기에서 조선후기 신사조新思潮로서의 실학에 대해 시사示唆를 받아 일찍부터 그 문제를 논문주제로 정했고, 구체적으로 반계 유형원의 『반계수록磻溪隨錄』을 분석·검토의 대상으로 삼아 연구하여 대학 졸업논문으로 완성시켰다. 독창성, 스케일, 짜임새가 돋보이는 이 논문을 지도교수 이병도가 '군계일학群鷄一鶴'이란 표현으로 극찬했음은 유명한 이야기이다.[6] 그는 대학을 졸업하고 대학원에 진학하여 무급조교로 연구실에 남아 본격적인 한국사학자로의 길을 걷게 되었다.

(2) 언론계의 중진으로서

1950년의 6·25동란은 천관우의 인생항로를 크게 바꾸어 놓았다. 아무런 연고자도 없는 부산에 피난한 그는 '당장 세 끼 밥을 먹기 위해' 1951년 1월 대한통신大韓通信의 기자로 취직해 주로 외신을 번역하는 일을 하다가, 신문학新聞學 연구를 위한 단기 미국유학의 기회를 얻어 미네소타 대학을 다녀오고, 뒤이어 환도還都 후에 새로 창간된 『한국일보韓國日報』에 입사함에 이르러 언론계에 깊이 빠져들게 되었다.

그는 6·25동란 때 '본래 총 쏘기에 어울리지 않는 신체적 결함' 때문에 한국군 충원 검사에 불합격 판정을 받아 군대에 갈 수 없었던 점을 미안스럽게 여겨 '열등의식'을 느낄 정도였다고 스스로 토로했는데,[7] 이러한 현실인식이 그가 전쟁 중에 기자로 뛰어드는 또 다른 배경으로 작용했을 가능성도 있다.

---

5 「六十自敍」, 1082~1083쪽.
6 이기백, 「賀序」, 『천관우선생환력기념 한국사학논총』, 정음문화사, 1985.
7 「六十自敍」, 1084쪽.

그리고 역사학 전공으로 더욱 다져진 그의 식견과 역량을 언론계에서 높이 평가하여 그를 주저앉힌 측면도 무시할 수 없을 것이다.

그는 1954년 6월 『한국일보』에 들어가 29세의 청년으로 논설위원이 되었다. 여기에서 약 1년 6개월간 근무하다가 1956년에 『조선일보朝鮮日報』로 옮겨 논설위원(2년 10개월), 편집국장(1년)으로 일하였다. 다시 『한국일보』로 옮겨 논설위원으로 재임 중에 1960년 4·19혁명을 맞았다. 격동 속에서 그는 『민국일보民國日報』 편집국장직을 거쳐 『서울일일신문日日新聞』 주필로 이동하였는데, 곧 1961년 5·16군사혁명이 일어나 얼마 후 그 신문이 폐간되자 저절로 그의 자리도 없어졌으며, 그로부터 1년간 그는 아무런 신문사 직함도 없이 지내야 하였다. 대한통신 기자 때부터 『한국일보』 입사를 거쳐 이때까지의 11년간을 그의 언론활동 제1기로 잡을 수 있는데, 이 시기 내내 그는 한국사 연구를 이어갔다.

천관우는 1963년 1월부터 『동아일보』 편집국장으로 다시 언론계 활동을 재개하였다. 3년간 그 자리에서 일하다가 같은 신문의 주필직에 올라 1968년 12월까지 역시 3년간 근무했다. 『동아일보』 편집국장·주필로 재임한 6년간이 언론인 천관우에게는 전성기로, 득의得意의 시기였다. 그는 『신동아新東亞』 주간主幹을 겸하였고, '한국신문편집인협회' 부회장으로 활동함으로써 그의 입지를 넓히고 언론계의 중진으로 유명해졌다. 그는 '『신동아』 필화사건'으로 자리에서 물러나 퇴사하였다가 1년 뒤에 사사社史 담당 이사로 동아일보사에 복귀해 다시 약 2년간 근무하였다. 그것을 합쳐 『동아일보』 시절 9년간을 그의 언론활동 제2기로 잡을 수 있는데, 38세부터 46세까지의 이 시기에 인간적으로도 원숙기에 접어든 그는 언론계 안팎에서 주목과 존경의 대상으로 떠올랐다. 그동안 신문단평집 『썰물 밀물』(어문각, 1965)과 신문평론집 『언관사관言官史官』(배영사, 1969)의 저서 2권을 내는 한편, 계속해서 한국사 연구를 꾸준히 해나갔다.

언론인으로서 그의 활동과 관련하여 몇 가지 중요한 점을 들면, 첫째, 그는 신문의 논설論說을 소임으로 활동해 두각을 나타냈고, 그것으로 여론형성과 사회발전에 공헌하였다. 그는 주요 신문의 편집국장으로 신문 제작과정에서 데스크를 총괄해 역량을 발휘했지만, 스스로 논설기자를 칭하며 그쪽에 무게를 두어 사설과 칼럼을 중시했으며, 자신이 직접 많은 글을 썼다. 균형 잡힌 사회관, 뛰어난 식견, 능소능대의 유려한 문장력이 그 논설의 품위와 격을 높여주었다.

둘째, 그는 한국 언론의 근본문제에 대한 성찰과 그 해결을 위한 노력을 게을리 하지 않았다. 일찍이 1957년 '한국신문편집인협회' 창립 때 발기인으로 참여해 신문윤리강령을 기초했던 그는 1966년에 부회장이 되어 언론의 자유를 위해 앞장서서 투쟁했고, 언론계 전체가 나서서 장지연張志淵을 추숭하고 기리게 함으로써 한국 언론의 뿌리를 찾아 그 전통을 세우는 데 크게 기여하였다.[8]

셋째, 그는 언론인으로서 높은 자부심을 갖고 독립불기獨立不羈의 기상을 지켰으나 그 자신의 생활 자세는 엄격하여 염결廉潔·검박儉朴을 벗어나지 않았다. 서양의 볼테르Voltaire나 중국의 량치차오梁啓超처럼 대사상가·대저술가이면서 불굴의 비판정신을 지닌 오피니언 리더 또는 신문주필로 활약한 사람에게서 대기자大記者의 상을 구해 사숙私塾하고자 했던 그에게 지도적 언론인은 최고의 지식인이요, 권력과 부에 고개 숙이지 않는 대장부이어야 하였다.[9] 1956년, 그는 셋방에서 신접살림을 시작하며 어려운 생활을 이어갔으

---

8 이 무렵 그는 「張志淵과 그 思想」(『白山學報』 3, 1967) 이란 연구논문도 발표하였다.
9 천관우, 「大記者의 像」(『신문연구』 1967년 봄, 1967). 이 글은 그의 저서 『言官史官』에 재수록되었다.

나, 내내 결벽성이 느껴질 정도로 깨끗하고 검소하면서도 의연한 자세를 지켰다. 그는 신문사 사주社主와는 충돌하면서도 언론계 후배들은 감싸 안았다. 그런 그에게서는 지사志士의 풍모가 느껴졌다.

이 시기 내내 그는 한국사학자로 성장하면서 업적을 쌓았다. 1952년 피난지 부산에서 역사학회歷史學會가 창립될 때 그는 발기인 9명 중 한 명이었고, 바로 『역사학보歷史學報』제2집 · 제3집(1953 · 1954)에 그의 대학 졸업논문 「반계 유형원 연구」를 발표하여, 학계에 큰 반향을 일으켰다.[10] 그는 실학 연구를 계속해 홍대용洪大容을 살피는가 하면, 19세기의 갑오경장甲午更張을 통해 근대화近代化 문제를 새롭게 제기하였다. 끊임없이 논문 · 사론史論을 발표하였으며, 특히 진단학회震檀學會가 주관하여 이상백이 담당한 『한국사』 근세전기편近世前期篇의 집필을 돕기로 하여 그 일을 7년 만인 1962년에 마무리 지었다. 그가 정력을 쏟아 집필한 이 책은 조선왕조 시대를 새롭게 조명한 것으로 큰 주목을 받았다. 특기할 사항은 이 시기, 대체로 언론활동 제1기에 그는 틈을 내어 대학에 출강을 계속하였다는 점인데, 서울대학교, 홍익대학교, 중앙대학교, 성균관대학교에서 한국사를 강의하면서 학생들을 지도하고 후진들을 격려하였다.

그의 한국사 연구는 계속 이어져 『동아일보』 편집국장 시절의 격무 속에서도 논문들을 발표하였다. 바쁘게 언론활동을 하는 가운데 연구를 계속했던 데 대해서, 그 자신은 "하루하루에 승패를 거는 기자생활 속에서 무언가한 가지 장기적인 것을 붙들고 있지 않고서는 허전해서 못 견딜 것 같은 심정이 크게 작용하였다"라고 술회했으나, 그의 학문적 열정과 집념은 비범한 것이었다.

---

10 천관우는 뒤에 이 논문의 내용을 보충한 「磻溪 柳馨遠研究 疑補」(『역사학보』 10, 1958)를 발표하였고, 이것들은 저서 『近世朝鮮史研究』(일조각, 1979)에 수록되었다.

그는 언론계 중진의 입장에서 한국사학의 진흥·발전에 도움을 주기도 하였다. 논설과 칼럼을 통해 한국사의 중요성을 강조하며 정부 당국의 관심과 지원을 호소한 일도 적지 않았다. 그는 『신동아』의 주간을 겸하며 이 잡지가 한국사 관련 특집을 꾸미는 데 기여했고, 동아일보사에서 3·1운동 50주년 기념사업으로 논집을 내게 되었을 때에는 그가 기획·편집을 도맡아 이 책이 충실하고 짜임새 있는 거질巨帙로 나올 수 있었다. 이 무렵 그는 한국사연구회 창립에 발기인으로 참여했고, 국사학과 독립의 필요성을 강조하는 등 한국사학의 발전을 위해 다각도로 노력하였다.

(3) 민주화운동·칩거蟄居·고대사 연구

「천관우선생 연보략千寬宇先生 年譜略」에 따르면 그는 1971년 12월에 『동아일보』에서 재퇴사하고, 1972년부터 '저술생활'에 접어들어 1981년 2월까지 계속되는 것으로 나타난다. 그의 나이 47세부터 56세에 이르는 약 10년간 그는 민주화운동을 벌였고, 그것을 막으려는 정부 정보 당국의 감시와 통제에 의해 칩거생활을 계속하였으며, 그것을 한국사 공부의 기회로 삼아 고대사 연구에 진력하여 큰 성과를 거두었다. 그에게는 큰 고난의 시기였으나 그는 학문 연구로 그것을 극복하였던 것이다.

그가 민주화운동에 앞장서게 된 계기는 1968년 12월의 『신동아』 필화사건이었다. 『신동아』에 게재된 차관借款 문제의 글을 문제 삼아 정보 당국이 신문사에 책임을 묻자 신문사 주필로서 그는 『동아일보』에 「신동아필화新東亞筆禍」라는 사설을 집필해 그 처사의 부당함을 들어 정부를 비판하였다.[11] 그 때문에 신문사를 그만두어야 했는데, 아마도 이때 그는 정부의 언론 통제

---

11 「千寬宇先生 年譜略」에 이 사설의 집필 사실이 특별히 올라 있다.

가 더 이상 묵과하기 어려운 단계에 접어들었다고 생각하였던 것 같다. 더군 다나 그의『동아일보』퇴사는 그가 이 신문 주필로서 맡고 있던 한국신문편 집인협회 부회장 직의 사퇴로 이어져 언론계에 큰 파문을 일으키면서 언론탄 압과 민주주의 역행에 대한 사회의 우려가 커지게 되었다.

그가 1년 남짓 쉬다가 1970년 2월 사사社史 담당 상근이사로『동아일보』 에 복귀한 후 오래지 않아 언론자유와 부정부패의 문제가 사회적 이슈로 떠 올랐고, 그도 '호화주택'을 거론하고 국가보안법과 반공법의 개정을 촉구하 면서 정부를 비판하였다.[12] 그러한 가운데 학생과 기자 측에서 민주주의 수호 의 선언이 잇따르게 되었으며, 마침내 1971년 4월 민주수호국민협의회가 결 성될 때, 그도 나서서 공동대표로 추대되었다. 그해 12월 정부가 국가비상사 태를 선언함에 따라 그는 타의로『동아일보』를 재퇴사, 아주 야인野人이 되어 칩거의 시기로 접어들었고, 이때부터 민주화운동에 적극 나서게 되었다. 이 듬해 10월에 유신維新이 선포되었으나 민주화운동가로서 그의 행보는 계속 되었고, 1974년 1월 긴급조치 제1호로 협의회의 활동이 정지되자 같은 해 12월에 다시 민주회복국민회의 창립에 동참하여 역시 공동대표로 운동을 이 어갔다.

그의 민주화운동은 종교인, 변호사, 교수, 문인 등 재야의 지도적 지식인들 과 연대하여 시국강연, 신문·잡지 기고 등을 통해 민주주의의 가치를 알리고 정부의 비민주적 행태를 비판하는 것이었다. 이 운동에 참여하는 인사들의 처신과 명망 때문에 그들의 언행은 사회에 큰 영향을 미쳤고, 정부 당국은 전 화도청, 감시, 미행 등으로 그들을 압박하고 그 행동을 원천적으로 막으려 하 였다. 1975년 4월경에는 정부의 강경 대응으로 국민회의도 활동을 정지당하

---

12 『천관우 산문선』에 실린 「알파에서 오메가까지」, 「오늘과 내일」, 「安保論의 발상법」 참조.

였고 민주화운동은 큰 타격을 받았으나 민주화운동의 열기는 꺼지지 않고 면면히 이어졌다. 이러한 가운데 그는 칩거 형태로 이 시기를 힘들게 보냈다. 출입의 부자유도 불편한 일이었으나 함께 감시받는 가족의 정신적 고통이 컸고, 더욱이 고정수입이 없어진 그의 가계가 기본생활을 위협당하기에 이르렀다.

그의 한국 고대사 연구는 이와 같은 사정 아래 진행되었다. 실학을 중심으로 조선시대를 전공한 그가 고대사에 매달리게 된 계기와 배경이 몇 가지 있었다. 우선, 그는 1971년 『신동아』에서 기획한 '토론 : 한국사의 쟁점'이라는 연속 학술좌담회의 사회를 맡아 5회에 걸쳐 그것을 이끌었는데, 그때 한국 고대사를 살필 수 있었다〔그 내용이 천관우 편, 『한국상고사의 쟁점』(일조각, 1975)으로 간행되었다〕. 다음으로 이듬해 역시 『신동아』의 청탁으로 「한국사 통사」 연재를 시작해 12회까지 계속하다가 중단되었는데, 여기에서 삼국통일까지 고대 부분을 다루었다. 또한 칩거하면서 한국사를 연구하려니, 자료의 제약이 비교적 적고 분량이 적은 기본사료를 중심으로 접근할 수 있는 고대사 쪽으로 눈을 돌리게 되었다. 이상의 내용은 그 자신이 내세운 이유이지만,[13] 그 밖에 신채호, 안재홍, 정인보 등 언론활동과 한국사 연구를 병행했던 선학들이 주로 고대사에 매달렸던 점도 어느 정도 작용했던 것 같다.

이렇게 고대사에 접근해 연구에 집중하기를 근 10년, 본격적 성과물로서 「기자고箕子攷」(1974)를 필두로 「삼한고三韓考」 3부작(1975~1976), 「복원 가야사」(1977), 「광개토왕릉비 재론」(1079) 등 10여 편의 논문을 잇달아 발표하였다. 당초 '가야사'를 목표로 잡았던 연구는 상대上代로 올라가 고조선의 실마리를 기자箕子에서 찾으려 하면서 시간적·공간적으로 범위가 넓혀져 결국 상고의 주인공을 한韓·예濊·맥貊으로 보는 입장에서 그들의 이동과 발전

---

13 「六十自敍」, 1089~1090쪽.

을 중심으로 고대사 체계를 새롭게 정리하고, 이른바 '임나일본부'설의 실체에 대한 신설新說을 제기하기에 이르렀다. 이처럼 스케일이 큰 그의 고대사 연구는 뒤에 3권의 저서로 묶였다.

칩거하는 동안 그 밖에도 『한국사의 재발견』(일조각, 1974)과 『근세조선사 연구』(일조각, 1979) 등 주요 저서 2권을 출간하였고, 『한국사대계』(12권, 삼진사, 1973)의 감수, 『단재 신채호 전집』(개정판 포함 4권, 기념사업회, 1977)의 교열, 그리고 『민세 안재홍 선집』(5권, 지식산업사, 1981~1999)의 책임편집과 같은 사업도 하였다. 민주화운동의 어려움이 계속되는 인고의 칩거생활 속에서도, 고대사를 중심으로 한국사 연구에 집중해 많은 성과를 낸 것이다.

(4) 만년의 언론활동과 미완의 학문적 과제

천관우는 1981년 3월 『한국일보』 고문으로 초빙됨으로써 10년간의 칩거생활을 청산하였다. 이때부터 1991년 1월 별세하기까지 약 10년간이 그의 만년에 해당하는데, 그 전반기에는 매우 활발한 모습을 보여주다가 후반기에 이르러 투병 속에 저술에 진력하다가 미완의 과제를 남겨 두고, 쓸쓸하면서도 의연하게 세상과 하직하였다.

1979년 10월 박정희 대통령의 피격 서거는 커다란 정세 변화를 가져왔고, 그에게도 무거운 칩거의 질곡에서 벗어나는 계기로 작용하였다. 그해 12월에 『한국일보』에 기고하여 「5·16 시대의 종언」을 선언한 것은 그가 자유롭게 시사를 논할 수 있게 되었음을 뜻한다.[14] 그러나 정세는 유동적이었고, 마침내 광주사태를 겪고 어느 정도 시간이 경과한 뒤에 그에게 언론계 복귀의 기회가 왔다. 신문 제작으로부터는 한 발 물러선 위치이지만 그는 신문사에

---

14 「새 政府에 바란다—'5.16時代'의 終焉」, 『韓國近代史散策』, 정음문화사, 1986.

서 마련한 방에 출근하여 칼럼을 쓰고 자문에 응하면서 새롭게 제3의 언론활동기를 보낼 수 있었다. 『한국일보』 고문으로 재직하는 약 6년간 그는 사무실에서 많은 글을 집필하였고, 또한 책 2권을 정리 출간하였다.

그는 언론계에 복귀한 직후 사단법인 민족통일중앙협의회(민통) 의장의 직임을 맡았다.[15] 통일에 관련된 민간단체로 정부의 재정지원을 받는 이 기구의 책임자로 나서게 된 데 대해 그는 많은 비난을 받았다. 그의 처신은 민주적 정통성이 결여된 신군부 정권에 참여해 도와주는 바로서 종전까지 민주화운동에 앞장섰던 것과 어긋난다는 것이었다. 특히 민주화운동을 함께했던 동지와 추종했던 언론계 후배들(특히 해직되었던 기자들)의 비판이 컸고, 새 정부의 비민주성에 호감을 지니기 어려웠던 일반 지식인 대부분에게도 실망감을 안겨주었다. 자신이 잦은 '구설수'에 올라 있음을 알면서도 그는 일절 아무런 해명도 하지 않은 채 의장으로서 2년 임기를 마친 다음에는 민통의 중앙지도위원으로 3년 가까이 더 관여했고, 1985년 4월에는 국정자문위원에 위촉되었다.

그가 작고한 지 20년이 지난 현시점에서도 당시 그의 행보는 수수께끼로 남아 있다. 그러나 분명한 것은 그가 정부에 참여해 어떠한 권력의 자리도 탐하지 않았고 물질적 이득과는 더더욱 무관하였다는 점인데, 결국 그의 처신은 자신의 시국관, 역사관, 또는 국가관에 따른 신념의 행위로 여겨진다. 한걸음 더 나아가 추측을 한다면, 일찍이 학생시절에 반탁운동에 앞장섰고, 6·25동란 때에는 신체적 결함 때문에 군대에 빠질 수밖에 없었던 것을 몹시 안타까워했던 그로서는 당시의 극심한 혼란이 대한민국의 존립까지 위협하는 큰 위기로 이어질 가능성을 크게 염려했으리라는 것이다. 그는 박정희 대통령 사

---

15 「千寬宇先生 年譜略」에는 그의 민통 의장 '피선' 시기가 1981년 4월임과 2년간 재임했음이 명시되어 있다.

망 후 1개월 반 만에 등장한 최규하 대통령에게 앞서 언급한 「5·16 시대의 종언」이라는 신문 칼럼을 통해 "첫째로 바라는 것이 있다면, 악의의 사람들이 전쟁을 일으키지 못하도록 최선을 다해 달라는 것과 민생이 지나친 불안정에 빠지지 않도록 힘써 달라는 것"이라고 하였는데, 그 이후에 이어진 1980년의 '서울의 봄'을 그는 우려스럽게 관망하였다.

다음으로 통일 문제를 심각하게 생각하여, 그것은 정치의 차원을 넘어 건전하게 접근할 사안으로 파악하였다는 점을 들 수 있다. 박정희 대통령 사망 이후의 정치적 혼란기에 무장 간첩 침투와 검거 소식이 끊임없이 이어지는 가운데, 북한은 모스크바 올림픽의 공동참가와 남북회담을 제의하였는데, 특히 고려 연방제 통일안을 제시하며 남한을 압박하였다.[16] 이러한 상황에서 남북통일에 대한 일가견을 지녔던 그로서는 대한민국의 정통성이 손상되는 통일론이나 통일책동을 경계하고, 특히 그것이 정치적으로 이용되어 사회적 불안정을 안겨줄 여지를 차단한다는 취지에서 스스로 그 문제를 떠안으려 했던 것이 아닐까.[17]

그리고 그는 당시 새 정치적 지도자로 부상하던 이른바 '3김'에 대해 후한 점수를 주지 않고 있었다. 당시 천관우는 그들이 성향, 도덕성, 정치적 역량 면에서 아직 부적합하거나 미흡하다고 생각했는데, 특히 5·16군사혁명 이후 꾸준히 성장해온 군부세력을 통어統御하고 안정을 도모할 수 있을 것인지에 대해 회의적이었다. 그의 이상적 눈높이와 날카로운 현실파악이 함께 작용한 결과였다고 생각한다. 그리하여 그는 1980년 봄에는 세상을 향한 말과

---

16 북한은 1980년 10월 10일 조선노동당 제6차 대회에서 '고려민주연방공화국' 통일방안을 발표하였다.
17 천관우는 7.4 남북공동성명으로 남북 관계가 새로운 국면으로 접어들자 「민족통일을 위한 나의 提案」(『創造』 26, 1972) 등을 통해 남북통일에 대한 구체적 구상을 제시한 바 있었다. 문창로, 앞의 글의 주 28 참조.

글을 아끼면서 관망하는 자세를 취했던 것 같다.[18]

이 무렵 그는 한국사학자로서 연구·저술 이외의 학술활동도 활발하게 펼쳤다. 국사편찬위원회 위원으로서, 문화재위원회 위원으로서 일했고, 한국사상사학회 창설을 주도하고 그 회장직을 역임하였다. 독립기념관 건립과 관련하여 건립위원회 창립준비위원으로 참여해 그 건립취지문을 기초하였고, 건립 뒤에는 한동안 이사로 재임하였다. 그는 오랜만에 대학 강의에도 복귀하여 건국대학교에는 대우교수로, 성균관대학교에는 강사로, 뒤이어 인하대학교에는 객원교수로 위촉되어 대학원 학생들을 지도하였다.

그는 앞서 칩거기의 고대사 연구성과를 정리하고, 종합적으로 체계화하여 저서로 출간하는 데에도 큰 힘을 기울였다. 먼저 『인물로 본 한국고대사』(정음문화사, 1982)를 냈고, 그 후 생전의 마지막 저서로 대저大著 『고조선사·삼한사연구』(일조각, 1989)를 별세하기 약 1년 전에 출간하였다. 그리고 그의 이 시기 저서로서 비교적 가벼운 글들로 구성된 『한국 근대사 산책』(정음문화사, 1986)도 빠뜨릴 수 없다. 그 밖에 학술발표회에서 연구발표를 하고 논문을 쓰면서 부지런한 연구자의 모습을 보여주었다.

그는 1985년에 회갑을 맞았고, 그것을 기념해 한국사학계의 후학들은 『천관우선생환력기념 한국사학논총』(정음문화사, 1985)을 편찬해 이듬해에 봉정하였다.[19] 이기백李基白 선생의 하서賀序와 중진·중견학자 42명의 논문이 수록된 1,098쪽의 이 책은 그동안 수많은 난관을 뚫고 한국사학의 길을 계속 걸으며 그 발전에 크게 기여한 데 대한 후학들의 존경과 신뢰의 뜻을 담은 것이었다. 그는 깊은 감회에 젖어 '썰물 밀물에 비견되는 언론계와는 달리, 한

---

18 필자는 1980년 2, 3월경 그를 방문하였을 때, "이제 많은 사람들이 발언을 하게 되었으니, 나는 좀 가만히 있어야지"라는 얘기를 들었던 기억을 간직하고 있다.
19 이 기념논총은 許善道 교수를 위원장으로 하는 14명의 간행위원이 주축이 되어 편찬 간행되었고, 논문봉정식은 1986년 7월 프레스센터에서 거행되었다.

국사학계가 한결같은 관심과 정의情誼'로 기념논문집을 마련해준 것을 고맙게 생각한다는 인사말을 하였다.

그는 1985년 봄에 폐암으로 큰 수술을 받았다. 어느 정도 회복되어 비교적 건강한 모습으로 앞서 말한 기념논문집을 봉정받았고, 인하대학교 강의도 맡을 수 있었지만, 건강이 점차 악화되어서 앞서 말한 생전의 마지막 저서의 정리·출간은 투병 중에 이루어졌다. 투병생활을 하는 동안 가끔 찾아오는 지인들에게 외로움을 토로하기도 했으나 그의 마지막은 담담하고 의연하였다. 그는 끝까지 '한국통사韓國通史'를 쓰지 못하고 떠나는 것을 못내 아쉬워하였다. 한국사학자로서의 천관우는 많은 업적을 남겼지만, 최종 목표로 삼았던 것은 개성 있는 통사, 국민들이 쉽게 읽을 수 있는 개설서의 저술이었다. 그러나 그 일을 성취하지 못하고 미완의 과제로 남긴 채 1991년 1월 영영 이승과 작별하였다.[20] 그가 별세한 뒤에 3권의 책이 유저遺著로 출간되었다. 후배 최영식崔永植의 도움으로 『천관우 산문선』(심설당, 1991)이, 후학 이기동李基東의 손을 빌린 『가야사연구』(일조각, 1991)가 곧 연이어 나왔고, 오랜 세월이 흐른 뒤 역시 후학인 한영국韓榮國 등의 협력으로 『자료로 본 대한민국 건국사』(지식산업사, 2007)가 간행되었다.

3. 저서를 통해 본 한국사 연구성과

역사가 천관우를 이해하는 데 그의 연구성과는 가장 핵심적인 검토의 대상이 될 터인바, 여기에서는 저서를 중심으로 살피기로 한다. 그는 사후死後에 간행된 것들을 포함해 10권의 저서와 1권의 편찬서를 남겼고, 한국사 관련

---

20 그는 서울대학교병원에 입원해 치료를 받다가 1991년 1월 15일 퇴원하여 오후 3시 55분에 집에서 운명하였다.

주요 연구성과는 대부분 그 속에 들어 있다고 할 수 있다. 앞서 생애를 서술하면서 간간이 언급한 바 있지만, 다시 저서 전부를 간행순으로 번호를 매겨 열거하고 뒤에 편저서를 추가하면 다음과 같다.

① 『썰물 밀물』(어문각, 1965)
② 『言官史官』(배영사, 1969)
③ 『韓國史의 再發見』(일조각, 1974)
④ 『近世朝鮮史 硏究』(일조각, 1979)
⑤ 『人物로 본 韓國古代史』(정음문화사, 1982)
⑥ 『韓國近代史 散策』(정음문화사, 1986)
⑦ 『古朝鮮史·三韓史硏究』(일조각, 1989)
⑧ 『加耶史硏究』(일조각, 1991)
⑨ 『千寬宇 散文選』(심설당, 1991)
⑩ 『자료로 본 대한민국 건국사』(지식산업사, 2007)
⑪ 『韓國上古史의 爭點』(편저서, 일조각, 1975)

위에는 언론 관련 저서와 수필집도 포함되어 있지만, 그의 저술의 윤곽을 훑어본다는 뜻에서 그것들도 함께 다루려고 한다. 그의 저서들과 편저들을 성격별·시대별로 묶어 항목을 정해서 그의 관심과 연구성과를 중심으로 서술할 것이다.

(1) 단평집短評集·신문론新聞論·산문집散文集에 담긴 인문학적 식견과 지식인의 책임의식

한국사학과 직접 관련되지 않는 그의 저서로 ① 『썰물 밀물』, ② 『언관사관』, ⑨ 『천관우 산문선』을 들 수 있는데, ①과 ②는 언론인으로서 그의 활동성과물이고, ⑨는 수상·기행문을 묶은 수필집이다. 특히 ①, ②는 1950년

대, 1960년대의 정치·사회적 단면과 그 시대의 신문상을 보여주는 것으로서 언론 쪽에서는 심각한 고찰의 대상이 될 자료라 할 수 있고, ⑨에는 사론류史論類의 글이 들어 있다.

①은 그가 『동아일보』 편집국장 때 간행한 신문단평집으로 그의 첫 저서였다. 일찍이 여러 신문의 논설위원 또는 편집국장으로 집필했던 단평들, 즉 『한국일보』의 '지평선', 『조선일보』의 '만물상', 다시 『한국일보』의 '메아리', 그리고 『민국일보』의 '샘물' 등 칼럼 난에 실렸던 글들(1956년 10월부터 1960년 8월까지) 가운데 300여 편을 골라 제목을 달고 3부 13편으로 구분·정리해 펴낸 것이다. 제1부 '신세시기新歲時記'는 절일節日과 자연 현상을 좇아 세상사를 더듬는 내용이요, 제2부 '한일閑日'은 시정잡사市井雜事로서 동서고금에 걸친 이야깃거리요, 3부 '4월의 대열隊列'은 4·19혁명 전후의 격동에 대한 단평들이다. 가벼운 시론 성격의 신문 단평은 여러 가지 제약을 지님에도 불구하고 그가 쓴 단평은 학식, 정의감, 문장력의 뒷받침을 받아 탁월하고 건전하다는 평을 들었고, 이 단평집에 대해서는 '제1급의 문명비평', '4월혁명소사四月革命小史' 또는 '민주주의를 사수하려는 한 언론인의 투쟁의 증언'으로 높은 평가를 받았다. 선배 언론인 오종식吳宗植은 저자가 탁월하고 건전한 시사비평을 쓸 수 있는 원천을 양학洋學·한학漢學의 겸비, 국사학자로서의 연찬硏鑽, 그리고 천품天稟의 유여有餘에서 찾았다.[21]

②는 그가 '『신동아』 필화사건'으로 『동아일보』 주필직에서 물러난 뒤 오래지 않아 출간된 것으로, '한국신문의 체질'이라는 부제가 붙어 있다. 당시 (1960년대) 한국 신문의 구체적 현황과 '한국신문 약사略史'가 주목되지만, 이 책의 중심은 '한국 신문의 안팎'이라 하여 그 보도·비평 기능의 실태를

---

21 이 책의 권두에 있는 吳宗植의 「序文」 참조.

날카롭게 파헤치며 신문의 자유문제를 심각하게 거론하는 데 놓여 있다고 할 수 있다. 조선시대 언관의 기개 있는 언론과 사관의 엄정한 직필이 위정 자를 견제하고 정치의 향방을 바르게 했다는 '언관言官·사관史官'론論을 펼치며 언론의 중요성과 신문의 자유를 강조한 대목, 1960년대 말엽 당시 한국의 언론이 놓여 있는 상태를 '연탄가스에 중독된 신문'으로 비유·설파한 대목, 그리고 수습기자들에게 한낱 봉급생활자로서보다는 사회에 대한 사명감과 민중의 지지 위에 선다는 자긍심을 갖고, 부귀의 유혹과 위무威武의 압력을 이겨내는 대장부로서의 길을 걷도록 당부한 대목 등은 당시 큰 주목을 받았다.[22]

⑨는 그가 별세한 뒤에 후배 최영식이 유고 가운데 '부드러운 글 몇 편'을 추려서 편집·간행한 책으로 시상·수필(40편)과 기행문(35편)의 두 부분으로 구성되어 있다.[23] 앞부분에는 가벼운 수필뿐 아니라 「안보론의 발상법」 등 1970년대 초에 쓰인 비판적 시론과 「산 역사와 죽은 역사」 등 사론류, 「육십 자서六十自敍」와 같은 자전적 글들이 포함되었다. 뒷부분은 '남한강 천삼백 리' 등 역사기행이 대부분이고, 「그랜드 캐넌」 등 세계기행문도 실려 있다. 이 책을 통해 정평이 나 있는 그의 유려하고 깊이 있는 글들을 접할 수 있지만, 그의 많은 수필류의 글들은 더 많이 수집되어 새로운 책으로 출간될 수 있을 것이다. 이상을 종합해 살필 수 있는 것은 해박한 지식과 깊은 인문학적 소양, 신문인으로서의 정의감과 지식인의 책임의식, 그리고 그 저류를 흐르는 역사적 통찰력이라고 하겠다.

---

22 이에 대해 洪承勉이 신간평을 통해 소개 논평하였다(『한국일보』 1969년 9월 28일자).
23 이 책의 말미에 있는 崔永植의 「이 책을 내면서」 참조.

(2) 『한국사의 재발견』에 제시된 한국사학의 방향과 한국사 대중화의 길

천관우는 칩거생활에 들어가 한국고대사 연구에 깊이 빠져들 무렵 그의 한국사 관련 첫 번째 저서 ③ 『한국사의 재발견』을 출간하였다. 그동안 한국사학과 한국사에 대해 썼던 비교적 가벼운 글들을 종합·정리한 것인데, 이 책 자서에서 '한국사의 전문 연구자들보다도 한국사에 관심이 있는 일반 지식인을 위한 것'이라 밝혔듯이 한국사에 관심을 갖고 있는 교양인들을 겨냥해서 펴냈다. 그러나 이 책은 그의 깊은 온축이 담긴 것으로, 간행 후 큰 반향을 일으켰고, 곧 도쿄에서 일본어로 번역된 바 있다.[24]

이 책이 출간될 무렵 한국사에 대한 관심이 고조되고 있었다. 1960년대에 4·19학생혁명과 5·16군사혁명을 거치며 민족주의적 기운이 커져가는 가운데 일제의 식민주의적 한국사관이 비판받고, 한국사의 주체성이 강조되었으며, 그러한 분위기가 1970년대로 이어졌다. 천관우 자신도 일찍이 한국사의 중요성을 강조하고, 한국학의 진흥을 호소하여 상당한 영향을 미쳤던 것인데, 그러한 주장을 기축으로 하여 한국사학의 방향을 모색하고, 한국사의 주요 문제, 특히 실학, 근대화, 민족·민중을 부각시켜 흥미롭게 다룬 것이 바로 이 책이다. 일종의 사론집이라고도 할 수 있지만, 그 내용은 신선하면서도 알차고 무겁다.

그는 우선 개성 있는 한국사와 내실 있는 한국 전통문화에 대해 자부심을 지녔고, 민족역량의 향상과 근대화 의지의 성장으로 이룩된 근·현대사의 발전과정을 중시하였다. 특히 조선후기 실학에서 민족의식과 근대지향의식을 찾고, 그 두 가지 요소가 제국주의 침입기에 각기 척사위정 운동과 개화운동으로 이어져서 길항하다가 3·1운동으로 융합되어 온전한 민족주의를 낳았

---

24 이 책에 대해서는 이기백의 서평 (『역사학보』 63, 1974) 과 高柄翊의 서평(『新東亞』 1974년 12월호)이 참고된다.

던 점을 높이 평가하면서 이러한 길을 걸어 민족해방이 이루어지기까지를 근대화 과정으로 보아 역사적인 큰 흐름을 체계화하였다. 그 속에서 특히 민중운동과 민족주의를 드러냈다.

다음으로, 한국사 연구의 진흥을 역설하고 특히 주체적 연구의 중요성을 강조하였다. 그는 "한국에 대한 연구는 한국에 애정을 갖는 한국 사람에 의해서 이루어져야 한다"라고 하였다. 또 그는 "좀더 거칠게 극단으로 말한다면, 세계 어느 나라의 대학에서도 하고 있는 연구는 설사 한국의 대학에서 하지 않더라도 아직은 인류문화에 큰 지장이 없을 수 있지만, 한국에 관한 것을 한국의 대학에서 하지 않으면 대신 해줄 데가 마땅치 않은 것이다. 괴테의 연구는 한국의 아무개에게 물어보아야 한다, 우주과학의 이러이러한 부문은 한국의 학자 아무개가 제일이다, 우리도 이런 말을 들어야 하겠다. 그것을 몰라서 하는 말이 아니라, 한국 자체의 연구, 적어도 우리 역사의 분야는 너무도 황무지가 많은 데서 나오는 답답한 소견이다"고도 말하였다.[25] 이러한 주장은 1960년대 초엽의 척박했던 학술연구 환경 아래 개진되었던 것으로, 뒤에서 그의 역사학의 특성을 다루면서 다시 논의할 것이다.

또한 그는 한국사 연구의 방법과 관련하여 절실한 요구와 현재의 입장이 담긴 문제의식과 거시적 통찰의 자세를 주문하였다. 역사가가 뚜렷한 개성을 갖고 역사에 진지하게 접근함으로써 사관이 뚜렷한 역사서술을 낳을 수 있지만, 그것은 현재적 입장이 투철히 반영된 것, 다시 말해 현재의 실천적 관심이 투영된 것이어야 바람직하다고 주장하였다. 그리고 구체적 연구방법으로는 미시적 고증과 거시적 통찰이 병행되어야 할 터이지만, 민족 중심의 실증위주 사풍史風이 풍미하는 한국사학계는 실증·정밀에만 치중하는 부작

---

25 천관우, 「우리는 우리를 아는가」, 『韓國史의 再發見』, 10쪽.

용에 봉착해 있는 실정이므로 신속히 그것을 지양하고, 종합적·거시적인 파악 쪽으로 눈을 돌려야 한다고 하였다.

끝으로, 한국사의 대중화운동에 대한 결의와 실천이 주목을 끈다. 그는 이 책의 서문에서, "기자를 업으로 삼으면서 틈틈이 한국사에 관계되는 글을 써온 나는, 비非아카데미 사학이 아카데미 사학과는 또 다른 단점과 함께 그 나름의 장점도 지니고 있다고 믿는 자이다. 그리고 흔히 국사의 대중화를 위한 작업은 도리어 나와 같이 책임이 홀가분한 사학도에게 맞는 일이 아닐까 하는 생각도 있어, 이 책을 그렇게 꾸며본 것이다"라고 말하면서 한국사 대중화의 중요성을 일깨우고 스스로 그 일을 자임하였던 셈이다.[26] 그는 한국사 연구자로서 독특한 연구영역을 개척해 두드러진 성과를 내면서도 언론활동과 관련해 일반 교양인이 읽을 수 있는 많은 글을 썼다. 바로 일반 교양인을 대상으로 펴낸 이 책에서 그는 한국사학의 실상과 문제점을 널리 알리면서 실학, 근대화, 민족·민중의 문제를 내세워 일반 교양인들에게 역사의 큰 흐름을 알려줌으로써 한국사 대중화의 길을 제시했던 것이다.

---

26 그는 李基白, 韓㳓劤, 車河淳과 동석한 대담의 자리에서 한국사 대중화에 대해 다음과 같은 소견을 밝힌 바 있다(李基白 外, 『우리 歷史를 어떻게 볼 것인가』, 삼성문화재단, 1976, 157쪽).

　　　"기왕 말이 나온 기회에 하나 덧붙여서 제기하고 싶은 문제가 있습니다. 우리나라 역사학이 좀더 일반 국민을 의식해야 하지 않을까 하는 점인데요. 역사학이라는 것은 물론 歷史科學 자체로서 중요한 것이고 그것이 기초가 되어서 역사에 대한 國民敎育도 가능하겠지만, 지금까지는 그것이 좀 소홀하지 않았느냐, 역사학이 연구실 속에서만 머물러 있다든지, 시험준비 하기 위한 공부로나 하게 된다든지, 그런 것이 아니고 전문가가 아니라도 건전한 국민이라면 누구든지 자기나라 역사에 대해서 애착을 가지고 알아보려 하고 또 그것을 통해서 자기가 사회에 공헌하는 길을 찾을 수 있다면 찾으려고 하는, 그런 길을 열어주는 역사, 그런 것이 좀더 필요하지 않겠느냐 하는 생각이 드는군요. 그렇다고 역사의 대중화가 너무 지나쳐 가지고 질적으로 저속해지는 것은 또 전혀 별개의 문제입니다만."

(3)『근세조선사 연구』: 실학 연구의 개척과 조선 사회제도의 탐구

천관우는 칩거생활 막바지에 이르러 한국고대사 연구의 성과를 여러 편 논문으로 발표하는 가운데 ④『근세조선사 연구』를 출간하였는데, 이미 일단락된 조선시대사 연구를 '우선 한곳에 모아둘 필요'가 있다고 느낀 때문이었다. 이 책의 머리말에서 그는 해방 후 실학 연구의 출발점이 된「반계 유형원 연구」부터 시작해 여기에 수록된 논문들을 대체로 발표순으로 나열하면서 그 작성배경을 간략히 설명하여 독자의 이해를 돕고 있는데, 이 글에서는 3부로 나뉘어 있는 이 책의 순서에 맞추어 살피기로 한다.[27]

이 책의 제1부는 조선 군사제도의 근간인 오위五衛의 실체를 밝힌 3부작과 각기 고려와 조선의 군사 관련 지방유력층인 한인閑人과 한량閑良을 다룬 2편, 모두 5편으로 구성되었다. 전근대 사회의 군사제도는 정치, 국방, 재정, 신분과 직결되는 중대한 역사 연구 과제이지만, 종전에 그에 대한 이렇다 할 검토가 없는 상태에서 오위를 중심으로 파헤쳐 경군京軍으로서의 오위의 실체와 그 전투력을 밝히고, 그것과 별도로 국방체제상 비중이 큰 진군鎭軍·수성군守城軍·선군船軍 및 정병正兵의 4대 병종兵種을 적출·구명하였다. 이로써 군사와 관련하여 조선사회의 중요한 구조가 밝혀졌다.

제2부 '과전법科田法과 그 붕괴'는 조선 초기의 토지제도를 구명한 장편의 논고이다. 기존의 성과를 충실히 종합하면서 독자적인 새 견해를 가미해서 과전법의 실체를 살피고, 이어서 경작·소유관계 및 전세田稅와 관련된 그 추이 과정을 검토하였다. 우선 토지제도를 당시 정치상황, 재정, 신분제도와 연관 지어 파악하면서도 난삽한 이론이나 용어에 구애받지 않고 실증을 기초로 검토함으로써 그 구체적 실상을 드러낼 수 있었는데, 특히 토지 소유형태론의

---

27 이 책에 대한 민현구의 서평(『文學과 知性』 37, 1979) 참조.

측면에서 토지국유제론이 의제적擬制的인 것으로 실상과는 어긋나고, 대부분의 토지는 사유私有가 원칙이었음을 밝혀 종래의 공전론公田論, 국유제론國有制論의 극복을 선도하여 주목받았던 것이다. 또한 법전의 수세收稅 규정 바깥에 놓인 일반 민전民田이 큰 비중을 차지한 점을 밝힌 것도 큰 수확이었다.

제3부는 널리 알려져 있는 그의 실학 연구를 집성한 것으로 논문 7편이 실렸는데, 앞서 『한국사의 재발견』에 수록된 것들과 합쳐 별도의 독립된 연구서로 냈더라면 더 좋았을 것이다. 첫 번째의 「반계 유형원 연구」는 '실학 발생에서 본 조선사회의 일단면'이라는 부제가 달려 있는데, 『반계수록』을 분석하여 정치조직, 수취체제, 토지제도 등 국가체계 전반에 걸친 반계 유형원의 사회개혁안을 적출·검토하고, 이처럼 큰 개혁사상을 낳은 당시 사회의 새로운 여건과 신사조新思潮의 등장을 실학의 발생으로 논파함으로써 조선후기를 새롭게 발전적으로 파악하면서 실학 연구의 출발점을 마련하였다. 유형원 다음에 홍대용의 독자적 정책론을 연구하고 뒤이어 실학의 개념을 연거푸 검토하여 그것을 사학사적으로 고찰하기에까지 이르러 이 연구를 일단락지었다. 그는 조선후기 실학이 기본적으로 그 속에 민족의식을 지니고 근대 지향적이었으며, 따라서 장차 한국 근대사의 사상적 저류로 작용한다는 점에서 크게 중시하였다.

그는 실학 연구를 통해 조선 후기사회에 깊게 접근했고, 진단학회의 『한국사』 근세전기편을 집필하는 과정에서 『경국대전』 체제의 조선전기 사회를 철저히 연구한 바 있으므로, 이 책에는 조선사회에 대한 그의 깊은 조예가 배어있다. 게다가 탄탄한 실증이 뒷받침되었기 때문에 이 책은 조선사회에 대한 독창적 연구성과뿐 아니라 수준 높은 연구방법을 제시한다고 할 수 있다. 그의 실학 연구가 사학사적으로 중요한 위치를 차지하고, 군사제도 및 토지제도 연구를 포함하여 이 책이 일제 식민주의사관을 극복하고 한국사를 발전적으로 파악하는 데 크게 공헌한 것으로 이해되는 까닭을 여기에서 찾을 수 있다.

(4) 근대사에 대한 접근과 대한민국 건국사의 정리

천관우는 환력기념논총을 봉정받을 무렵 ⑥『한국근대사 산책』을 냈는데, 그것은 두 부문, 즉 근·현대에 연관된 칼럼류의 글들과 근대사상·민족주의 사학자를 다룬 가벼운 논고들로 구성된 책으로 연구서와는 다소 거리가 있는 것이었다. 그에 비해 ⑩『자료로 본 대한민국 건국사』는 1950년대 그가 신문사 논설위원 또는 편집국장으로 재임하면서 '해방 10년 약사', '정부수립과정'을 겨냥해 신문에 연재했던 글들을 별세 후 16년 만에 후학들이 정리해 펴낸 것으로, 해방부터 정부수립까지의 추이를 자료를 앞세워 해설을 덧붙이는 형식으로 서술하였다. 위의 두 책은 본격적 연구서는 아니고 대중적인 성격을 띠지만 한국사학자로서 그가 근·현대사에 대해서도 큰 관심을 갖고 독창적으로 추구했음을 알려주는 것이라 하겠다.

그는 본격적으로 언론계에 자리 잡은 직후 「갑오경장과 근대화」(『사상계』 1954. 12)를 발표해 주목을 받았다. 당시 역사학계에서는 근대사에 대한 본격적 연구를 시도하기 힘든 상황이었지만, 이미 언론인으로서의 감각과 접근방식을 터득한 그가 과감하게 한국사 속에서 근대사회·시민사회로의 지향을 뜻하는 근대화 문제를 제기해 갑오경장을 그 출발점으로 설정했던 것이다. 그 후 근대화에 대한 관심이 지속되고, 그것이 확대되면서 한국 근·현대사는 그의 중요한 관심과 연구의 대상이 되었다. 특히 1969년 동아일보사에서 『3·1운동 50주년기념논총』의 편찬·간행을 추진하면서 그에게 이 일의 책임을 맡긴 것이 그가 이 방면에 관심을 갖고 연구의 폭을 넓히는 계기로 작용하였다. 그리하여 근·현대사에 대한 그의 논고들 일부가 ③『한국사의 재발견』에 수록되었고, 뒤이어 앞서 말한 ⑥『한국근대사 산책』의 간행을 통해 그 관심의 방향과 연구성과를 엿볼 수 있게 되었다.

그의 한국 근대사 연구는 첫째, 근대화 문제에서 시작해서 갑오경장, 독립협회를 거쳐 3·1운동으로 이어졌고, 거기에서 민족주의와 근대사상 체계화의 문제가 파생되었다. 그는 복잡한 근대사의 흐름을 민족의 성장과 근대로의 지향이라는 두 축으로 정리하면서 민중의 존재를 중시하였다. 둘째, 그는 일제강점기를 중심으로 장지연, 신채호, 안재홍, 정인보 등 민족주의 역사가들을 관심의 대상으로 삼아 그들을 고찰하였다.[28] 그들은 모두 일제 압제하에서 언론활동과 한국사 연구를 병행했던 사람들로서 천관우에게는 경모와 사숙의 대상이기도 하였다. 중요한 인물을 발굴하고, 그 문집 간행에 간여하면서 그들의 존재와 한국사 연구의 성과를 정리해 한국 근대사학사를 조명하였다.

그의 사후에 나온 저서 『자료로 본 대한민국 건국사』에서 대한민국의 건국과정을 엿볼 수 있는 것은 상당한 의미를 지닌다. 1950년대 정치상황이 불안정하고 자료 수집이 어려운 상태에서 30대 초·중반의 '논설기자'로서 그가 바쁜 시간을 쪼개어 이처럼 큰 작업을 해낼 수 있었던 열정과 식견이 놀랍기도 하거니와, 해방 직후의 복잡다단한 정황을 아무런 선입견 없이 객관적으로 정리한 내용은 지금도 생명력을 갖고 있기 때문이다. 그동안 상당한 시간이 흐르고 새로운 자료들이 많이 발굴되었으나, 오히려 대한민국 건국과정을 왜곡되지 않게 살피는 데 이 책이 상당한 도움을 줄 수도 있을 것이다.

천관우의 근·현대사에 대한 관심과 고찰은 언론인으로서 그의 활동과 깊은 관계를 지닌다. 그리고 이 방면의 저서 두 권은 연구서, 학술서 성격의 것

---

28 천관우 자신은 그가 근대사 연구에 '손을 댔'던 것을 '近代의 起點'에 관한 것과 '中世와 近代의 橋梁'에 관한 것이었다고 했는데(「六十自敍」, 1080쪽), 필자는 위에서 이 둘을 첫째로 종합하고, 둘째는 추가하였다.

이 아님에도 불구하고 근·현대사에 대한 그의 깊은 식견과 한국사학자로서 그의 넓은 학문의 폭을 알 수 있게 해준다. 또한 이 책들은 언론인·역사가로서 그가 한국사의 대중화에 끼친 영향이 결코 적지 않았음을 깨우쳐준다고 하겠다.

(5) 고대사 관련 3부작 : 한국고대사 체계의 재구성과 '임나일본부' 설의 비판 극복

천관우는 칩거기에 한국고대사 연구에 진력하였고, 그 성과로서 만년에 출간한 ⑤『인물로 본 한국고대사』와 ⑦『고조선사·삼한사연구』, 그리고 별세 후에 나온 ⑧『가야사연구』의 3부작을 들 수 있다. 또한 칩거기 초반에 그의 편저로 간행된 ⑪『한국상고사의 쟁점』도 그의 소중한 업적으로 손꼽힌다. 고대사 관련 연구논문은 거의 빠짐없이 위의 3부작에 수록되었으므로, 그것들과 편저를 종합해 이 방면 연구성과를 엿볼 수 있다.

그는 앞서 말한 바와 같이『신동아』가 연재토론으로 기획·게재한 '토론 : 한국사의 쟁점'의 사회를 맡아 5회에 걸쳐 한국고대사를 다루었고, 그 결과물로『한국상고사의 쟁점』이 나왔는데, 그는 이 토론의 단순한 사회자가 아니라 그 틀을 짜서 토론의 진행방향을 설정하고, 토론참가자를 선정해 사전에 개별 예비토론을 하고, 본 토론 뒤에는 다시 그 결과를 보완 정리하는 총괄 책임자였다. 여기에서 그는 여러 가지 근본적인 문제들을 제기하면서 특히 비교사의 방법을 원용해 국가의 형성 문제를 심도 있게 다루며 논의를 주도하였다. 이 토론은 한국고대사, 특히 국가 형성 문제에 대한 관심을 고조시켰고, 천관우에게는 본격적인 한국고대사 연구 몰입에 중대한 계기로 작용하였다.[29]

---

29 문창로는 이 책의 중요성을 특별히 강조하고, 그 내용을 자세히 설명하였다. 문창로, 앞의 글,

위의 3부작 가운데 ⑤는 단군, 주몽, 수로, 근초고, 담덕(광개토왕), 왕인, 을지문덕, 김유신, 원효, 대조영, 궁예 등 19명의 인물을 내세워 한국고대사를 훑어본 독특한 고대사 개설서이다.[30] 그는 여기에서 정치적 발전을 큰 틀로 삼으면서도 특히 대외진출을 중시하고 종교·문화에도 관심을 기울였는데 그의 시각과 연구성과가 그 속에 응축되어 있다. 3부작 가운데 연구서로서 중심을 이루는 ⑦은 장편인 「기자고」와 「삼한고」 3편을 비롯해 모두 8편의 논문으로 구성되었다. 동이족 이동설에 따라 한계韓系의 기자족단이 난하灤河를 건너 대릉하와 요하를 통과해 마침내 대동강안大同江岸의 평양에 이르는 과정을 추적해 고조선(기자조선)의 성립과 발전을 파악하고, 그들이 다시 남하하여 남삼한南三韓(마한, 진한, 변한)을 세워 각기 백제, 신라, 가야의 시조를 대두시킨다는 내용이 중심 골격을 이룬다.[31] ⑧은 「복원가야사」와 「임나일본부 관견管見」을 비롯해 7편의 논문이 실렸는데, 북쪽에서 남하한 남변한이 곧 가야로 발전해 조기에는 김해가, 만기에는 고령이 중심을 이루었으며, 그 가야세력이 약해서 백제의 침투를 받아 그 가운데 백제군 총사령부가 설치되었는데, 그것이 『일본서기』에 의해 임나일본부로 둔갑되었다는 것이 큰 줄거리이다.[32]

이상에서 살핀 바를 종합하여 그의 한국고대사 연구업적을 정리하면 세 가지로 요약할 수 있다. 첫째, 한국사의 주인공을 한계韓系와 예濊·맥계貊系로 대별하고, 조선·진번·삼한을 한계로 파악해 그 실체와 이동을 추적하면서 한국고대사 체계를 새롭게 재구성하였다는 점이다. 그는 동이東夷의 일족인 기자족의 먼 후예가 긴 이동과정을 거쳐 기원전 4세기 평양에 철기문화를 기

30~32쪽 참조.

30 이 책에 대한 한승조의 서평(『精神文化』 16, 1983) 참조.

31 이 책에 대한 李基東의 서평(『한국고대사논총』 1, 1991) 참조.

32 이 책에 대한 金泰植의 서평(『역사학보』 133, 1992) 참조.

반으로 한국 초유의 영역국가를 세움으로써(만기 기자조선) 진정한 의미에서 한국의 고대가 개막된다고 보고 기자동래설을 인정하면서 조선·위만조선·낙랑군의 대동강 하류(평양)위치설을 확고하게 지지하였다. 조선·진번이 다시 남하하여 예맥의 고구려와 부여(백제)에 밀려 남삼한으로 정돈되는 과정에서 진국辰國과 진왕辰王이 중국사서에 등장하지만, 전자는 남하 중인 진·변한계를 가리키고, 후자는 3세기 후반 두각을 나타내던 백제국왕과 사로국왕을 각칭할 뿐, 상호간 아무런 관계도 없다는 새 주장을 펼쳤다.

둘째, 한국 고대의 정치적 성장에 대해 성읍국가→영역국가의 발전단계를 설정하고, 그 국가형성의 시기를 앞당겼다는 점을 들 수 있다. 일찍이 그는 『한국고대사의 쟁점』을 통해 부족국가설의 문제점을 부각시킨 바 있거니와, 백제·신라·가야의 국가형성 문제를 추적하여 사료상으로 실체에 부합되는 성읍국가를 대안으로 내세웠고, 그 발전의 징표로서는 계급발생이나 노예제보다는 정복을 통한 영역확대를 중요시해 성읍국가로부터 영역국가로의 변환을 단계적인 것으로 파악하였다. 그리고 『삼국사기』를 중심으로 그 초기 기록의 사료적 가치를 인정하면서 조선, 고구려·백제, 신라의 국가형성시기를 각기 기원전 4세기, 기원전 1세기~기원후 1세기, 기원후 1~2세기로 올려 잡았던 것이다.

셋째, 가야사 연구의 개척과 이른바 임나일본부설의 비판과 그 실체 추적을 꼽을 수 있다. 종래 사료의 부족으로 연구가 지난했던 가야사에 비상한 관심을 갖고 접근하여 어느 정도 그 실체를 밝힐 수 있었다. 진·변한의 남하과정을 면밀히 살피고, 임나 사료가 많이 나타나는 『일본서기』를 활용해 남변한이 곧 가야로 되는 사정을 추적했는데, 특히 그것이 백제세력권 속에 편입되어 백제가 그 지배를 위한 파견군사령부 같은 것을 설치하게 되는 사정을 『일본서기』에서 일본의 가야 지배로 변조·위작하였다는 신설新說을 제기하여 임나일본부설을 적극적으로 비판하고 유력한 대안을 제시하였다. 그는 별도로 광개토대왕비를 새롭게 살피고, 기마민족설을 비판적으로 검토하여 위와 같은 논지를 보강하였다.

그의 한국고대사 연구는 철저한 문헌고증을 기초로 진행되었다. 특히 중국 고전과 정사正史 속에서 한, 조선, 기자 등의 관련자료를 샅샅이 뒤져 박증博證하고 『해동역사海東繹史』를 비롯해 실학자들의 이 방면 연구성과를 철저히 살펴 참용參用함으로써 실증적 연구방법을 드러내는 동시에 신채호의 삼한이동설을 일부 수용함으로써 굳건한 한국 역사학의 전통을 되새기게 하였다. 그의 논저 속에는 수많은 지도와 도표가 등장하고, 언제나 불만스럽게 생각되는 자신의 견해를 과감히 수정해, 그 경위를 보주로써 상세히 밝히는 경우가 많은데, 이러한 학문에 대한 진지한 자세가 그의 연구를 더욱 돋보이게 하였다고 여겨진다.[33]

4. 천관우 사학의 특성

(1) 현재적 관심과 실천성

천관우는 많은 연구업적을 내는 동시에 사론류의 글도 여러 편 발표함으로써 역사와 한국사학에 대한 소견을 밝히고, 역사가로서의 독특한 입장을 드러내 보였다. 앞서 살핀 지사적 언론인, '비아카데미 사학도'로서의 생애와 광범위하고 다양한 연구성과와 서로 얽히면서 일부 중복되는 사항도 있지만, 그가 내세우는 역사학의 윤곽, 민족주의적 입장에서 개진한 한국사학 진흥론, 그리고 사관과 관련하여 '비아카데미 사학도'를 자처했던 점 등을 중심

---

33 문창로, 앞의 글, 43쪽.

으로 그의 역사학의 성격을 간략히 엿보기로 한다.[34]

그는 역사에 대한 관심과 역사서술의 목적은 "나와 우리의 현재의 위치를 이해하기 위해서, 또는 이해시키기 위해서"라고 하였다. 즉 과거에서 현재에 이르는 그 시간적 경과, 그 사회적 조건 속에서 현재의 나와 우리가 어디에 와 서 있는가를 알아보기 위해서, 또는 알려주기 위해서 역사를 읽고 쓴다는 것이다. 여기에서의 '나와 우리'는 '해방되어야 할 인간', '독립되어야 할 민족', 또는 '번영해야 할 인류' 등 어떤 경우도 좋지만, 중요한 것은 그것이 남의 문제가 아니라 스스로의 현실적 요청에서 오는 것이란 점이다. 이와 같은 현재적 관점, 현실적 요청은 지난날 단순히 호고벽好古癖을 만족시키거나 교훈적 의미를 지니는 데 머물렀던 단계를 넘어서려는 현대 역사학의 새로운 방향에 부합된다고 하였다.

그런데 현재까지의 경과와 현재의 조건을 알아야 하겠다는 것은 곧 미래로 연결되는 실천적 관심을 전제로 하는 것이다. 앞으로 나와 우리가 어떻게 살아야 하는가에 되도록 올바른 방향을 얻기 위해서는 현재의 나와 우리를 알아야 하고, 그러기 위해 과거를 더듬는 것이므로 자연히 거기에 실천성이 담기게 된다. 따라서 역사학은 미래를 예견하는 학문도 아니지만, 단순한 과거의 학문이어서는 안 된다는 것이 그의 입장이다.

역사의 현재성과 실천적 관심과 관련하여 그는 역사의식歷史意識 문제를 거론하였다.[35] 그에 따르면 역사의식이란 첫째로 역사를 통해 파악되는 문제의식을 뜻하는데, 나와 우리의 현재 위치를 정확히 파악하려는 욕구와 관련하여 그것을 역사를 통해 입체적으로 터득해 당면과제가 무엇이고 그 해결을

---

34 천관우의 사학에 대해 살필 수 있는 주 자료는 그의 『한국사의 재발견』의 'I 한국사학'에 수록된 「우리는 우리를 아는가」, 「韓國史 硏究 百年」, 「한국사학의 반성」, 「한국학의 방향」 등인데, 그 속에 있는 내용은 별도의 주기 없이 자주 언급될 것이다.
35 「六十自敍」, 『천관우 산문선』, 136쪽.

위한 접근방법은 어떤 것이어야 하는지를 추적하고 모색하는 것이 바로 그것이다. 둘째로 역사의 형성에 대한 책임의식으로, 역사란 과거에 머무는 것이 아니라 나와 우리가 사는 현실로 이어져 미래로 나아가는 만큼, 나와 우리가 이 역사창조에 한몫을 하고 있다는 점을 분명히 의식하는 것, 이것도 분명히 역사의식이다. 셋째로, 참여의식을 가리킨다. '문제'를 갖고 '책임'을 느꼈으면 다음으로 '참여'의 단계에 도달하는데, 그 참여란 남이 만들어준 역사 속에서 안주하지 않고, 기성의 방향을 바꾸어 새 차원의 역사를 모색하는 길로 가겠다는 것으로 역사의식의 최종 단계인 셈이다.

그는 독자적인 역사이론을 창출·제시할 입장에 놓여 있지 않았고, 따라서 스스로 연구하고 고민하면서 선학先學이 이미 거론한 대목 가운데 공감되는 것을 받아들이고, 자신의 사고와 경험으로 터득한 대목을 종합·정리하여 위와 같은 역사론의 틀을 갖추었다고 할 수 있다.[36] 앞의 역사의식에 대한 소론도 그가 생각하는 역사와 역사학은 결코 과거사에만 머물고 현실에 안주하는 것이 아니라, 현재와 호흡하고 미래의 전망을 고민하는 실천적인 것이어야 한다는 입장을 강조하는 동시에, 그가 역사가로서 현실에 뛰어들어 민주화운동에 나서는 배경을 시사한다고 할 수 있다. 그러나 그 속에서 "역사학도가 여기까지(역사의식의 세 번째인 참여의식 단계를 뜻함) 가지 말라는 법도 없지만, 가라는 법도 없다"라고 말하고 있는 대목은 여운을 남긴다.

(2) 민족주의적 입장과 한국사학 진흥론의 제기

천관우는 민족주의를 중시하고 옹호하였다. 그는 한국의 실정에 비추어

---

36 그의 '언관·사관'론에 따르면, "언관言官은 오늘의 비판을 맡는다면 사관史官은 내일의 비판을 위해 예비하는 것"(『言官史官』, 185쪽)이라 하여 사관이 권력에 좌우되지 않고 정확한 기록을 남기는 일을 미래와 연결시키고 있는데, 이러한 주장의 밑바탕에는 은연중에 역사의 현재성과 실천적 관계에 대한 그의 소견이 작용하고 있음을 시사한다고 여겨진다.

민족주의는 "살아 있어야만 할 활력소의 하나"라고 규정하였고, 그것이 지닌 팽창·침략의 우려가 거론되는 데 대해서는, "지금 한국사의 처지에서 팽창이니 침략이니, 차라리 그런 힘이라도 있기를 바라기도 해야 할, 당치도 않은 헛소리다"라는 격한 반론을 폈다. 더 나아가 그는 민족주의의 극복 대안으로 거론되는 국제주의에 대하여, "단단히 틀을 잡은 민족 내지 국가의 기반을 전제로 하지 아니하고는 그것이 때로는 호구虎口가 될 수도 있다"라 하여 경계하는 태도를 보였다. 그는 확고한 한국 민족주의의 지지자였다.

그는 대학 입학을 앞두고 최남선의 책을 통해 한국의 역사와 문화에 대해 눈을 뜨고, 결국 사학과에 진학하여 한국사를 전공하게 되고, 해방 직후의 격렬한 좌·우 대립 속에 반탁 학생운동에 앞장서는 과정을 통해 민족주의적 입장을 굳힌 것으로 여겨진다. 6·25동란을 겪으며 언론계에 들어가 장지연, 신채호, 안재홍, 정인보 등 대부분 민족주의자로서 언론활동과 한국사연구를 병행했던 선학들을 사숙하게 됨에 이르러 그의 민족주의에 대한 애정과 신뢰는 한층 깊어졌다고 생각되는데, 특히 그는 신채호에 대해 "한국 민족주의사民族主義史에서 절정의 한 분"이라 하여 깊은 경모의 뜻을 나타냈다.[37] 해방, 좌우대립, 대학 졸업을 위한 논문 작성, 6·25동란을 겪으며 한국사 속에서 민족사와 전통문화를 찾고, 언론활동 속에서 민족주의 사학자를 재발견할 수 있었던 것은 그에게 의미심장한 일이었다.

마침내 그는 한국근대사를 민족의 성장이란 관점에서 체계화하고, 한국 민족주의의 역사를 새롭게 검토하였다.[38] 그리하여 심혈을 기울여 연구한 실학은 그 속에서 민족의식과 근대지향의식이라는 두 축의 맹아를 찾을 수 있다

---

37 千寬宇,「申采浩의 民族主義」,『韓國近代史 散策』, 222쪽.
38 천관우,「韓國 民族主義의 構造」,『新東亞』1973년 9월호. 이 글은『韓國史의 再發見』에「한국 민족주의의 역사」로 재수록되었다.

하여 한국 민족주의사의 전사前史로 간주하였고, 3·1운동은 개항 이후 줄곧 마찰을 빚어온 위의 두 축이 비로소 융합을 이루면서 민중에게 받아들여진다는 점에서 민족주의 사상史上 획기적인 것으로 여겨 중시하였다. 해방 이후의 한국 민족주의는 일민족一民族 일국가一國家의 민족통일국가의 형성이라는 새로운 과제를 떠안게 되었는데, 계급의 이해를 민족의 이해보다 우위에 두는 북한의 상황에 비추어 남한은 한국 민족주의의 주인으로서 막중한 사명과 책임을 지기에 이르렀으며, 따라서 대한민국이 한국사의 정통으로서 체제면에서나 역량 면에서나 압도적 우위를 지니기 위해서도 자유, 번영, 사회정의, 국제적 유대에 힘을 기울여야 할 것임을 강조하였다.

이상과 같이 그 자체에 대한 깊은 식견과 투철한 신념을 갖고, 천관우는 민족주의를 옹호하였고, 다시 그 입장에서 한국사학의 중요성을 강조하고 그 진흥책을 제시하였다. 우선 그는 오늘날 한국인이 '우리의 조국'에 대해 모르는 것이 너무 많다는 사실을 개탄하고, 그 원인을 한국사 연구의 부진에서 찾았다. 그리고 한국사 속에서 '민족의 활로'를 찾기 위해 고민한 민족주의사학자들의 절실한 문제의식을 거론하면서 한국사의 의미를 되새기게 하였다. 그에게 한국사는 민족의 현재 상황과 조건을 알고 앞으로의 문제 소재를 잡아내는 '산 역사'가 되어야 하는데,[39] 그것을 파헤치고 깨우치는 소임을 지닌 한국사학은 또한 학문의 기초, 학술연구의 중심이 되어야 한다고 하였다.

특히 그는 '한국학'이란 모호하고 후진적인 개념을 대상으로 하는 연구를 비판하면서 문화 각 분야를 한민족·한국 중심의 입장에서 재구성하는 것이 중요하고, 그 대목에서 우리 전통문화의 정리와 체계화가 긴급한데, 그 과업의 상당부분을 한국사학이 떠맡아야 한다고 주장하였다.[40] 전통적인 것이 대

---

39 천관우, 「산 역사와 죽은 역사」, 『讀書新聞』 1974년 10월 27일자. 이 글은 『千寬宇 散文選』에 같은 제목으로 수록되었다.

개 사멸된 상태에서 그것을 역사적 연구로 되살려 장차 민족문화의 기초로 삼으려는 경우, 해당되는 문화 각 분야의 복원·정돈에 한국사학이 중심역할을 맡아야 한다는 것이다. 무릇 또한 전통적 문화를 재정리해 '한국 중심의 연구'를 지향하는 여러 분야에서 한국사학 쪽에 '한국사의 기초적 팩트'를 요구할 때, 충분히 대응할 태세와 준비를 갖추어야 할 터인바, 이러한 필요성과 준비는 결국 한국사학 역량의 증대, 곧 한국사학 연구요원의 급속한 양적 확보의 필요성으로 이어진다는 것이다.

그는 한국사를 포함해서 한국에 대한 연구 주체는 한국인이어야 한다는 점을 분명히 하였다. "다른 나라 사람들도 같이해주는 것은 고맙지만 그것을 기대하는 데에도 한계가 있고, 또 내 나라에 대한 가장 정당한 이해는 내 나라에 애정을 갖는 내 나라 사람에 의해서 이루어진다"는 부연 설명도 하였다. 이러한 생각의 연장선상에서 한국의 대학은 한국 어문학과 역사는 말할 것도 없고, 한국의 질병, 한국의 수산, 한국의 건축, 한국의 무역 등 한국의 현재와 과거에 대한 연구에 중점을 두어야 한다는 주장도 펼쳤다. 도대체 "외국의 학설, 외국의 방법이란 것은 한국을 알기 위한 수단인 점"에서 의미를 지닌다고까지 하였다.

그는 한국사학의 진흥책으로 국사학과(또는 한국사학과)의 설치와 재정지원을 제시하였다. 한국사학의 중요성에 비추어 낙후된 한국사학을 끌어 일으키기 위해서는 우수한 소수 연구자보다는 분업과 협업이 가능한 다수의 연구인력이 필요한데, 그것은 대학에 국사학과를 세워 지속적으로 우리의 국사를 개척해 나갈 연구자를 양성·확보함으로써 가능하다는 것이었다. 그는 일찍이 1955년 신문 칼럼을 통해 "그 허구 많은 대학에서 국사학과 하나 독립된

---

40 천관우, 「한국학의 방향」, 『한국사의 재발견』.

곳이 전무라"⁴¹하여 이 문제를 제기한 이후 여러 차례 국사학과 설치론을 주창했는데, 1968년 상당한 논의를 거친 후 이 해 12월에 서울대학교에 국사학과가 설치되었던 것이다.⁴²

그는 한국사를 중심으로 하는 한국연구의 진흥을 위해 국가에 적극적 지원을 요청하였다. 흥미로운 것은 5·16 군사정변이 일어난 지 약 1년 6개월 지난 시점에 그는 군대 1개 사단 유지비에 해당되는 경비 정도를 그 지원에 투입하도록 제안하였다는 점이다. 그에 따르면 한국연구의 진흥으로 내 나라를 알고 내 나라의 정신적 기반을 든든히 하는 것은 어느 의미에서 1개 사단의 위무威武에 비할 바가 아니므로 국가 백년의 앞날을 걱정하는 위정자라면 앞으로 1개 사단 증설만큼의 결심으로 한국연구 진흥에 힘을 기울여야 마땅하다는 것이었다.⁴³

(3) 유물사관의 비판과 '비非아카데미 사학도'의 자처

천관우의 사학을 이해하는 데 놓칠 수 없는 대목이 그의 유물사관에 대한 비판적 입장이라고 여겨진다. 그가 유물사관에 대해 직접 논급한 경우는 아주 드물지만, 궁극적으로는 도식적이란 이유로 배격하였고, 물론 그것에 입각한 '계급주의 사학'에도 부정적이었다. 그의 역사가로서의 연구와 활동은 한결같이 반유물사관의 입장에서 진행되었고, 그러한 선명성이 그 역사학을 개성이 강한 것으로 만드는 데 일조하였다고 여겨진다.

그는 1930년대 백남운白南雲과 이청원李淸源의 저서 발간으로 개막된 유물사관의 계급주의 사학에 대하여 한국사회경제사의 본격적인 개척이라는 점

---

41 『韓國日報』 1955년 10월 7일자 ; 천관우, 『썰물 밀물』, 167쪽 참조.
42 『서울대학교 50년사』(상), 서울대학교출판부, 1996, 150쪽.
43 천관우, 『한국사의 재발견』, 12쪽.

과 한국사를 세계사 발전 법칙의 일환으로 이해하려는 첫 시도였다는 점을 들어 조심스럽게 긍정적 의미를 부여했지만, 동시에 유물사관 쪽의 '아시아적 생산양식론'이 도입되면서 한국사의 정체성을 강조하게 되었다는 문제점도 지적하였다.[44] 그런데 정작 그가 문제 삼은 것은 그것이 행동적인 계급운동의 연장선상에서 이루어지는 것으로 역사학의 기초인 실증에 충실치 않은 채 오로지 도식론에만 추종한다는 점이었다. 역사를 학문으로서, 과학으로서 접근하기보다는 특정한 목적을 겨냥해 도식圖式이나 주형鑄型에 맞추어 풀어내려는 것은 모방이나 교조敎條에 불과하며 그것을 통해 도출되는 결과는 사실과 어긋나거나 편견에 사로잡히게 되어 결코 받아들일 수 없다는 것이 그의 입장이었다.[45]

그는 자주 민중民衆을 거론하고 중시하였다. 일찍이 19세기 말 독립협회가 주관한 만민공동회에 참집한 사람들을 민중으로 서술했고, 3·1운동과 관련해서는 「민중운동으로 본 3·1운동」이라는 논문을 썼다. 1960년 4·19혁명 직후에는 신문 칼럼을 통해 "민중은 승리한 것이다"라는 소견을 나타냈다.[46] 그런데 그가 말하는 민중은 권력지배층에 대비되거나 통치기관과 맞서는 광범위한 대중을 가리키는 것이지 유물사관과 연관되는 계급적 존재가 아니었다. 그에 훨씬 앞서 신채호와 문일평文—平이 민중에 주목하여 자주 거론하였으나 그들은 민족과 민중을 연결시켜 생각하는 선상에 머물렀을 뿐, 결코 계급적 개념의 민중을 내세우지 않았다.[47] 천관우는 뒷날 3·1운동을 노동자 농민의 계급운동으로 보려는 움직임이 일자, "3·1운동의 계급적 기초를 찾자면 그것은 부유농민층"이었다는 소견을 분명히 밝혀 그의 '민중운동'설이

---

44 천관우, 『한국사의 재발견』, 36쪽.
45 천관우, 『한국사의 재발견』, 43쪽 ; 『한국근대사 산책』, 29쪽.
46 천관우, 『썰물 밀물』, 348쪽.
47 李基東, 「近代 韓國史觀의 재검토」, 『전환기의 한국사학』 일조각, 1999, 120쪽.

곡해·오용되는 것을 경계하면서 반유물사관의 입장을 분명히 하였다.[48]

그는 역사가가 스스로 자신의 사관을 제시하는 것은 '본래의 직능 밖의 일'이고, '역사서술을 통해서 저절로 사관이 표출되도록 하는 것'이 상식이라고 하면서 자기의 역사관을 직접 토로한 적이 없었다. 그러면서도 스스로를 '비아카데미 사학도'로 자처하였다.[49] 그렇다면 한국사학자로서 그의 역사관은 어떠한 것이고, 그가 말하는 '비아카데미 사학도'는 무엇을 뜻하는 것인가. 지금껏 검토한 바를 되새기면서 그 문제를 살피기로 한다.

먼저, 그는 현대 한국사학의 조류·동향에 대해 흔히 민족사학(민족주의사학), 사회경제사학, 실증사학으로 삼분하는 것을 불만스러워하며 독자적 구분을 시도하였다. 사관史觀과 사풍史風을 별도의 기준으로 삼아 복합적으로 구분한다는 것으로, 사관은 민족사관, 계급사관, 기타의 사관으로 나누고, 사풍은 실증實證 위주와 사론史論 위주로 구분하여 그것을 조합함으로써 여섯으로 나눌 수 있다고 하였다.[50]

① 민족사관─실증 위주의 사풍
② 민족사관─사론 위주의 사풍
③ 계급사관─실증 위주의 사풍
④ 계급사관─사론 위주의 사풍
⑤ 기타의 사관─실증 위주의 사풍
⑥ 기타의 사관─사론 위주의 사풍

사관은 우선 민족사관과 계급사관으로 대분하여 각기 남한과 북한을 그 주체로 못 박고 그 밖에 이제까지의 한국사의 사관으로서 미국인 한국사 연구

---

48 천관우, 『한국근대사 산책』, 29~30쪽.
49 천관우, 「凡例를 겸한 自敍」, 『한국사의 재발견』; 「六十自敍」.
50 천관우, 『한국사의 재발견』, 46~48쪽.

자, 또는 일제강점기 어용적 일본인 한국사학자들의 관점 등 여러 사관들을 기타로 묶었다. 그가 내세운 사풍은 연구 방법과 서술 형식을 함축한다고 여겨지거니와 실증과 사론의 어느 편에 치중하는가로 양분되는데, "실증 위주의 사풍이 해방 후 우리 아카데미즘 사학의 주류를 이룬 데 대하여 해방 전의 어느 시기에는 사론 위주의 사풍이 민간 사학으로서 상당한 영향력을 가졌었다"는 견해를 피력하였다.

그는 '오늘의' 한국사학계 상황을 남한에 국한해 따지면 위의 여섯 항목 가운데 ①이 가장 다수를 차지하고, ②가 버금가되 약세이고, ③ ,④는 논할 바가 못 되며, ⑤, ⑥도 찾아보기 힘들다고 보았다. 그에 따르면 종전의 3구분 가운데 실증사학도 사관에서 ①로 귀착되고 민족사학은 사풍에서 ②에 귀착되고 사회경제사학은 유물사관에 해당되지 않을 경우 정치사학이나 과학사학처럼 ①이나 ②에 속하는 특수 분야 연구를 가리키게 된다. 한국사학계에서 민족사관이 거의 절대적 비중을 차지하는 까닭은 연구자들이 한민족의 일원이라는 자각이 절실하고, 민족의 존립 번영이라는 과제가 엄청나게 벅차기 때문이라는 것이다.

이렇게 볼 때 천관우는 역사가로서의 출발은 ①에서 시작했으나 언론계에 투신한 이후에는 ②를 의식하고 그것을 지향하며 한국사 연구를 하였다는 결론에 도달하게 된다. 그가 이야기하는 아카데미즘 사학이란 대학을 중심으로 연구가 이루어지는 사학, 흔히 강단사학으로 폄칭되기도 하는 그것을 가리키므로 '기자를 업으로' 하면서 그에 좇아 진행시킨 자신의 연구를 따로 '비아카데미즘 사학'이라고 불렀던 것이다. 그러나 거기에는 몇 가지 의미가 함축된다고 여겨진다. 첫째는 겸손의 뜻이 있을 것이다. 둘째는 신채호를 비롯하여 일제 압제하에 언론활동과 한국사 연구를 병행한 민족주의 사학자들의 학문적 전통을 계승한다는 자부심과 책임감이 들어 있을 것이다.

셋째로 한국사의 대중화에 대한 자신의 소임을 다짐하는 의미도 담겨 있다고 생각된다.

그렇다면 그의 사관과 역사학은 종합적으로 어떻게 성격 지을 수 있을까. 그는 현대 인문학의 소양 위에 역사과학을 터득하고 연구하였다. 그리하여 철저한 실증적 방법을 기초로 실학을 다루어 독창적인 대작을 발표할 수 있었다. 그러나 해방 후의 격동과 좌·우 대립 그리고 6·25동란을 겪고 언론계에 투신해 활동하는 과정에서 그는 역사의 현재성과 실천적 관심에 경도되면서도 반유물사관적 입장을 확고히 하고 민족주의 사학에 깊은 관심을 쏟으며 새로운 연구 방향을 지향하였다. 그리하여 한국사학의 방향을 한국 민족의 성장과 활로의 모색에 연관 지어 근대화와 독립운동을 연구하고 뒤에는 그러한 관점에서 연구영역을 확대시키고, 대중적인 사론의 집필에도 큰 힘을 기울였다. 그러므로 그는 현대 실증사학의 성장과 민족주의사학의 전통을 종합·발전시킴으로써 한국사학의 새로운 국면을 연출하여 독특한 역사학을 선보이며 여러 방면에 걸친 큰 업적을 낼 수 있었던 것이다.

5. 맺음말

지금까지 한국의 역사가 천관우를 다루면서 그의 생애, 연구업적, 그 역사학의 특성에 대해 순차적으로 살폈다. 그것을 요약 정리해 이 글을 끝맺고자 한다.

천관우는 자신의 비문碑文에 스스로 '언론인이며 국사학자'라고 쓴 바와 같이 66세까지의 온 생애를 언론활동과 한국사 연구에 바쳤다. 당초 서울대학교 사학과를 졸업하고 대학원에 진학하여 전업專業의 역사가가 되기를 바랐으나, 6·25동란으로 기자가 되어 언론계에 투신함으로써 '기자를 업으로' 하면서 한국사 연구를 병행하게 되었다. 그는 언론인으로 크게 성장하여 두드러진 영향을 끼친 것 이상으로 한국사학자로서 독특하면서도 뛰어난 업적을 남겼는데, 그것은 빼어난 자질 위에 한국사학에 대한 강한 집념과 투철한 사명감으로 연구에 진력했기 때문이다. 그는 언론계의 중진으로서 언론자유를 위한 투쟁과 관련하여 민주화 운동에 나섰고, 그 때문에 정부 정보 당국의 감시 아래 10년 가까이 힘겨운 칩거생활을 강요당했으나 그 간난을 연구생활로 극복하며 큰 업적을 냈다. 만년에 이르러 정치 환경의 변화 속에 언론계에 복귀한 그는 학술활동을 펼치는 한편, 정부가 후원하는 통일 관련 기구의 책임을 맡아 물의를 빚었으나, 그것은 당시 심각한 상황 속에 대한민국의 존립이 최우선이라는 입장에서 소신에 따라 처신한 결과로 파악할 수 있다. 지사적 언론인인 동시에 '비非아카데미 사학도'를 자처한 그는 종생토록 한국사학자로서 치열하면서도 의연한 모습을 보여주었다.

그는 평생 지칠 줄 모르는 연구와 저술 활동을 계속한 끝에 10권의 저서와 1권의 편저서를 냈다. 신문논평집·수필집 3권을 제외한 나머지가 한국사 연구의 성과를 함축한 것으로 고대사, 조선시대사, 근·현대사 전 분야에 걸치고, 별도의 사론집이 들어 있는 호한浩瀚한 것이다. 그 가운데 중요한 것들을 추려 한국사 연구성과를 들면, 우선 실학 연구를 개척하고 조선시대의 군사·토지제도를 구명한 선구적 업적을 손꼽을 수 있는데, 그것은 일제식민주의 사관을 극복하고 한국사를 발전적으로 파악하는 데 중요한 토대를 마련한 것으로 평가되었다. 다음으로 한국고대사의 새로운 체계 구축을 시도한 것인즉, 상고 시기 한국사의 개막과 변천을 한韓과 예濊·맥貊의 이동을 중심으로 재해석하고, '임나일본부'는 가야 쪽에 있던 백제군 총사령부라는 새로운 학설을 제시하였다. 그리고 한국사의 대중화에 크게 기여하였다. 그는 학술적 연구 바깥의 사론史論 위주 민간사학民間史學의 전통을 중시해 근·현대사 중심으로 일반 교양인이 읽을 수 있는 사론류의 글을 많이 발표함으로써 한국사의 큰 흐름을 알리고 그것을 통해 대중이 역사와 친숙해지도록 하였다. 이러한 연구성과와 대중화에 대한 기여로 그는 한국사학에 대해 폭넓게 공헌할 수 있었다.

천관우의 사학은 무엇보다도 역사의 현재성과 실천적 관심을 중시한다는 점에서 특징을 찾을 수 있다. 역사란 단순한 호고벽好古癖이나 교훈적 의미를 지니는 것이 아니라 과거를 통해 나와 우리의 현재적 조건을 알고, 미래로 연결되는 실천적 관심과 연계시킬 것을 그는 강조하였다. 또한 강력한 민족주의 옹호자로서 한국사학의 독존적 위치를 강조하였는데 한국사가 민족의 현재 상황과 조건을 알고, 앞으로의 문제 소재를 잡아내는 '산 역사'여야 하므로, 그것을 연구하는 한국사학은 학문의 중심이 되어야 한다고 주장하였고 그러한 취지에서 한국사학의 진흥론을 펼쳤다. 그리고 민족주의를 옹호하는 그는 자연스럽게 반유물사관의 입장에서 계급주의 사학을 비판하였고, 그 속에서 역사 연구의 기초로서 실증의 중요성을 강조했다. 이러한 점들을 종합해서 천관우는 철저한 실증적 기초 위에서 역사과학을 추구하되 민족주의적 입장에서 민족의 현실과 장래를 절실하고 진지하게 헤아린다는 방향에서 한국사 연구를 진행시켜 두드러진 연구 업적을 내는 동시에 한국사 대중화에 공헌할 수 있었다고 할 수 있다. 비아카데미 사학도를 자처한 이면에는 그가 현대 역사학의 훈련을 받았을 뿐 아니라 언론활동과 연계해서 민족주의사학의 전통을 계승한다는 자부심과 책임감이 함축되었던 것으로 여겨진다. 천관우는 20세기 후반을 대표하는 걸출하고 특이한 한국사학자로서 장차 더욱 큰 관심의 대상이 될 것이다.

『독도 1947 : 전후 독도문제와 한·미·일 관계』

정병준

1. 2001년, 미국 문서철에서 김구, 한국전쟁,   3. 책을 쓰기로 결심하다
   '독도문제'를 발견하다   4. 전후 독도문제와 한·미·일 관계
2. 2005년, 영국이 만든 독도 지도를 발굴하다

1. 2001년, 미국 문서철에서 김구, 한국전쟁,
'독도문제'를 발견하다

이 책은 2001년 미 국립문서기록관리청the National Archives and Records Administration; NARA에서 미국 외교문서철을 읽으면서 시작되었다. 그해 나는 국사편찬위원회 직원으로 NARA에서 자료조사 작업을 수행 중이었다. 한

鄭秉峻 이화여자대학교 사학과 부교수.

　저서로 『몽양여운형평전』(한울, 1995), 『미국소재 한국사 자료 조사보고 I』(국사편찬위원회, 2002), 『우남이승만연구』(역사비평, 2005), 『한국전쟁 : 38선 충돌과 전쟁의 형성』(돌베개, 2007), 『광복직전 독립운동세력의 동향』(독립기념관, 2010), 『독도 1947 : 전후 독도문제와 한·미·일관계』(돌베개, 2010) 등이 있으며, 주요논문으로 「한국 농지개혁 재검토 : 완료시점·추진동력·성격」(『역사비평』, 2003), 「영국 외무성의 對日평화조약 草案·부속지도의 성립(1951. 3)과 한국독도영유권의 재확인」(『한국독립운동사연구소』, 2005), 「미국 자료를 통해 본 백범 김구 암살의 배경과 미국의 평가」(『역사와현실』, 2006), 「일제하 한국여성의 미국유학과 근대경험」(『이화사학연구』, 2009) 등이 있다.

국 학자들이 모두 '나라'라고 부르는 이곳에서의 연구는 꿈에도 그리던 일이었다. 게다가 수십 년간 이곳에서 한국 관련 자료를 발굴해온 방선주 박사와의 공동작업이 그 앞에 놓여 있었다.

방선주 박사와 한 팀으로 작업한다는 자부심과 흥분은 쉽게 가시지 않았다. 처음 뒤지기 시작한 문서철은 육군정보국의 정보문서철이었다. 일명 아이디 파일I. D. File; Intelligence Document File로 전 세계에서 올라온 육군 군사정보들이 집대성된 문서철이다. 매일같이 수십 개의 문서 상자를 주문해 일일이 확인하며 한국 관련 문서 복사를 수개월째 반복했다. 그러던 어느 날 김구 암살범 안두희가 미군 방첩대CIC의 정보원으로 활동했으며, 우익 테러 조직 백의사白衣社의 자살특공대원이라는 CIC 요원의 정보문서를 발굴했다. 방선주 박사는 자신이 수십 년간 NARA의 문서철을 뒤졌지만 이런 고급정보는 처음 본다고 했다. 문서는 공개되었고, 세상은 경악했다.

미국에서의 한 해는 내게 세 가지 연구주제를 던져주었다. 첫째는 백범 김구 암살을 추적하는 작업이었다. 암살과 관련해 수많은 가설과 추측, 음모론이 난무했지만, 결정적 문서의 발굴이 갖는 파괴적 위력은 전혀 새로운 해석과 전망을 요구했다.

둘째는 북한 노획 문서로부터 비롯된 한국전쟁 관련 작업이었다. 1990년대 후반 한국전쟁에 본격적으로 관심을 가지기 시작한 이래 품어왔던 수많은 의문과 미로들이 북한 노획 문서철을 통해 해결되었다.

셋째는 '독도문제'와의 조우였다. 여러 문서철을 거쳐 주한 미대사관 문서철(Seoul Embassy File)과 주일 미대사관 문서철(Tokyo Embassy File)을 읽고 있었다. 그런데 불편하고 상식의 저항감을 불러일으키는 문서들을 발견했다. 모두 1950년대 초반 한일관계를 다룬 주일 미대사관 소속 외교관과 국무부 본부 관료가 작성한 문서들이었다. 내용인즉 한일 간 독도분쟁은 한국이

원인제공자이며, 미 국무부는 이미 독도가 일본령이라고 결정했으니, 그 사실을 공표해서 한일 간의 독도분쟁을 종식시켜야 한다는 주장이었다. 경악할 만한 내용이었고, 믿기 힘든 진술이었다. 방선주 박사에게 문의했더니 그런 문서들이 1950년대 미 국무부 문서철에 만연하다는 것이었다. 또 대부분 비밀로 분류된 한일관계를 다룬 국무부 문서의 대부분은 일본 측 입장을 두둔하는 '외교적 비밀'을 담고 있을 것이란 지적이었다. 의문과 의혹은 사라지지 않았지만, 비전공자가 당면한 불편한 감정 정도로 마무리할 수밖에 없었다. 이것이 내가 독도연구와 상면하게 된 출발점이었다.

2. 2005년, 영국이 만든 독도 지도를 발굴하다

2005년 초 다시 NARA를 찾았다. 전후 독도문제의 연원이 샌프란시스코 평화회담과 관련 있음을 알게 되었기 때문에 관련문서들을 검토하기 위해서였다. 샌프란시스코대일평화조약을 주도한 존 포스터 덜레스John Foster Dulles 문서철, 그의 보좌역이자 주일 미국대사를 지낸 존 무어 앨리슨John Moore Allison 문서철 등을 훑어보고 있었다.

그러던 중 덜레스 문서철에서 지도 한 장을 발견했다. 가로 72센티미터, 세로 68.5센티미터가량의 이 지도에는 일본 영토가 타원형의 경계선으로 표시되어 있는데, 독도가 일본령에서 배제되어 있었다. 일단 재미있는 지도라고 생각했다. 1951년 3월에 만들어진 것은 확인할 수 있지만 작성자를 알 수 없었다. 지도 하단에 'Research Dept. F. O.'라고 적혀 있어, 어렴풋이 이것이 영국 외무성Foreign Office이 만든 것이라고 추정했다.

미국 아카이브 시스템은 재미있는 구석이 있다. 비밀로 분류해 비공개한 문서가 있으면 누가 언제 작성한 어떤 문서를 어떤 이유로 비밀분류해 놓았다는 비밀분류통보(withdrawal notice) 서식을 끼워놓는다. 두꺼운 마분지로 된 이 비밀분류통보를 통해 이 지도의 출처로 짐작되는 문서를 특정할 수 있었다. 바로 영국 외무성이 1951년 4월 7일 완성한 대일평화조약 초안이었다. 지도는 공개되었지만 조약 초안은 비밀분류된 상태였다.

이 실마리를 따라가기 시작했다. 당시 국사편찬위원회의 박진희 박사가 영국 국립문서보관소The National Archives; TNA에 파견근무 중이었다. 박진희 박사는 한일회담연구로 박사학위를 받았고, 샌프란시스코평화조약 문제에도 전문적 식견을 가지고 있었다. 박진희 박사에게 이 문서의 제목을 알려주고 관련된 문서들을 찾아줄 것을 부탁했다. 그리 오래지 않아 박 박사는 문서들을 찾아 보내주었다. 그런데 영국에서 찾은 조약 초안에는 지도가 첨부되어 있지 않았다. 영국에서는 지도를 찾을 수 없다는 전언이었다. 결국 미국에서 지도를 찾고, 영국에서 문서를 찾고 나서야 이 지도와 조약 초안의 전모를 알 수 있게 되었다. 영국 외무성은 최초의 조약 초안에서 독도·제주도 등을 일본령으로 오인·오기했다가 이를 정정한 후 부속지도를 작성했던 것이다. 역사학 발전의 가장 큰 동력은 역시 새로운 자료의 발굴에 있다. 당시 독도연구의 정확한 지형을 알지 못했지만, 독도와 관련된 무수한 지도들이 발굴·공개된 상황이었기 때문에 영국 지도 역시 국내에 알려져 있을 것으로 생각했다.

국내에 들어와 사실을 확인하자 믿기 힘든 상황이 기다리고 있었다. 먼저 국내의 기관·학자들이 해외 문서관 연구를 본격적으로 진행하지 않았다고 하는 점이 확인되었다. 그런데 국내에는 영국 외무성의 조약 초안 문서가 알려져 있었으나 부속지도는 알려져 있지 않았다. 미국 아카이브 조사를 하지 않았는데 누가 어떻게 영국에서 문서를 찾았는지 도무지 알 수 없었다. 국내에 알려져 있는 자료의 출처를 따라가 보자 일본인의 이름이 튀어나왔다. 일본 국회도서관에서 영토문제 전문가로 일하는 이 사람은 독도뿐만 아니라 북방영토가 일본령임을 증명하기 위해 미국·영국의 문서보관소를 뒤졌고, 자신이 발굴한 자료들로 독도가 일본령임을 증명하는 글을 썼다. 그의 글을 본 한국의 독도 연구자가 관련자료를 요청했고, 이 일본인은 샌프란시스코평화회담과 관련된 미국·영국 자료들을 기꺼이 제공했다. 한국의 해양수산부가 간행한 자료집에 이 자료들이 그대로 수록되었고, 영국 외무성의 조약 초안도 국내에 알려지게 되었다.

왜 이 일본인은 영국의 조약 초안을 공개하면서 지도는 거론하지 않았는지 궁금했다. 이 사람의 논문을 찾아보니, 논문의 후주 한 귀퉁이에 조약 초안은 영국에서 찾았고, 지도는 미국문서보관소에서 확인했다고 한 줄 적어놓았다. 한국의 학자로서 너무도 부끄럽고 낯이 화끈거렸다. 본격적인 학자도 아닌 일본 공무원은 자신이 발굴한 자료들을 임의적으로 선별해 독도가 일본령임을 주장하는 자료로 활용했는데, 그것이 한국에서 그가 발굴·제시한 순서대로 자료집에 수록되었던 것이다.

더욱 놀라운 것은 지금까지 한국 학계·언론·시민들이 일반적으로 대일평화조약 미국 초안을 1차부터 9차까지 구분해 부르는 호칭은 이 일본인이 제공한 자료에 한국 측이 임의적으로 번호를 붙여 만들어진 것이라는 사실이었다. 미 국무부는 1946년부터 본격적으로 대일평화조약을 준비했는데, 1차부터 9차라는 번호가 들어간 초안을 만든 바가 없다. 미국의 초안은 다양한 수준에서 작성되었는데, 실무를 담당한 국무부 극동국 대일조약작업단 수준의 초안, 국무부 내부에서 공유된 수준의 초안, 국무부가 국방부·맥아더에게 보낸 초안, 1951년 3월 이후 연합국·관련국에 송부·회람한 정식 초안 등 다양한 수준의 초안이 작성되었다. 이런 모든 것들을 초안이라고 명명한다면 최소한 수십 개의 초안이 만들어졌다. 또한 일본인이 공개한 초안이라는 것은 일본에게 유리하다고 판단되는 내용을 임의적으로 선별하고, 한국에 유리한 내용을 배제·탈루한 것이었다. 국가적 이익이라는 관점에서 일한 일본 공무원에게 공정한 자료 활용·객관성을 바라기는 힘들었던 것이다. 최소한 2차 대전 이후 독도문제에 대한 한국의 연구가 일정한 성취와 공헌을 이룩한 것만은 분명했지만, 그 한계의 단면 역시 명징하게 드러났다.

한국이 일본과 독도문제로 대립하고 학문적·외교적 대결을 펼치면서 간단한 자료 하나조차 일본에 의지하고, 실질적으로는 조롱받는 상황이었다고 받아들여졌다. 지도 하나를 발굴하고 그 실마리를 따라 여기에 이르자 맥이 풀렸다. 때마침 2005년 1월 주한 일본대사는 독도가 일본령이라고 발언했고, 이는 주요한 한일 외교문제가 되었다. 고심 끝에 영국 외무성 지도를 공개했고 그날 저녁 모든 저녁뉴스의 첫 기사로 이 지도가 소개되었다. 발굴자로서의 의무를 다했지만, 연구자로서는 부족하고 불편했다. 어쩔 수 없이 영국 외무성이 만든 지도의 연원과 그것이 독도 영유권에 미치는 의미를 분석한 논문과 미국 측에서 독도문제에 대해 가장 친일적 입장을 견지한 윌리엄 시볼드William Sebald라는 주일 미 정치고문의 경력과 독도문제 개입에 대한 논문을 썼다.

3. 책을 쓰기로 결심하다

이후 여러 분들의 격려와 칭찬의 말을 들었지만, 한편으로는 힐책과 우려의 말을 듣기도 했다. 너무 시세에 부응하는 국가주의적 의제가 아니냐는 비판을 들었고, 선학들의 고투에 대한 비난을 발판으로 매명하려느냐는 발신자 표시 제한의 전화를 받기도 했다. 한국현대사를 탐구하다 우연히 획득한 자료로 인해 게걸음처럼 옆으로 기성의 독도연구 지형에 뛰어들었으므로 그러려니 생각했다. 자료를 발굴하고 논문도 썼으니 이제 본업인 현대사 연구로 돌아가리라 마음먹었다. 이때 두 분의 격려와 도움이 없었다면 독도연구는 뒤돌아보지 않았을 것이다.

현대사 연구를 시작한 이래 늘 도움을 받았고, 나의 학문적 멘토인 방선주 박사님은 미국, 캐나다, 영국의 문서보관소에서 발굴한 자료들을 보내주시면서 따뜻한 격려와 더불어 분발을 촉구했다. 연구하는 주제에 대해 말씀드리면 언제나 방대한 분량의 자료들을 선뜻 보내준 이 노학자의 뜻은 본격적 연구를 시작하라는 명령과 같은 것이었다. 한국을 위해, 학문적 정의를 위해 한 길로 나아가면 될 뿐이지 좌고우면할 필요는 없다는 얘기였다.

다른 한 분은 신용하 선생님이다. 봄볕 따스하던 2006년 5월의 어느 날 백범학술원에서 자신이 독도연구에 발을 내딛게 된 사연을 말씀해주셨다. 당신은 우연한 기회에 독도에 대한 글을 썼으나 별다른 흥미를 느끼지 못하던 차에, 독도연구 1세대인 서울대 법대 이한기 교수가 만나자고 해 자리를 함께했다는 것이다. 국제법 분야에서 독도연구의 초석을 놓은 이 노학자는 실력 있는 젊은 학자들이 독도연구를 해야 미래가 있다는 간절한 당부의 말과 함께 자신의 저서를 건네주었다고 한다. 이제 당신의 몫을 다했으니 후학의 책임을 다해달라는 부탁의 말씀이었다. 이 얘기를 전하며 신 선생님은 당신이 쓴 독도 연구서들을 한 아름 안겨주셨다.

이것이 내가 이 책을 쓰게 된 가장 결정적인 계기였다. 물론 그 배경에는 학자로서의 의무감, 주제에 대한 학문적 도전이 자리해 있었다. 1952년 이래 한일 외교분쟁의 최고 쟁점 중 하나인 독도문제는 그 중요성과 파급력에도 불구하고 일급 학자들이 외면하는 주제였다.

나는 오랫동안 구상하고 자료를 모은 후, 생각과 자료가 정리되어 임계점에 이르면 단숨에 쓰는 버릇이 있다. 대학에 몸담은 이후 이러한 증상은 더욱

심해졌다. 강의와 업무에 매몰되어 지내다 문득 연구자로서 자괴감이 들기 시작하면 정신없이 책을 쓰기 시작했다. 작업은 방학을 전후한 시기에 단기적이고 집중적으로 이루어졌다. 보통 두 번의 방학을 보내고 나면 책을 완성할 수 있었다. 결과는 건강에 좋지 않았다. 2005년 『우남 이승만 연구』, 2006년 『한국전쟁』을 출간한 이후 거의 1년가량을 몸져누워야 했다. 한 자료가 다른 자료에 말을 걸고, 서로가 소통하며 역사의 진실을 말해주는 진기한 광경을 목도하면서 두근거리는 가슴을 주체하지 못했던 것이다. 수개월 동안 매일같이 밤을 지새우며 원고를 쓴 후과였다.

조심스레 몸을 추스른 후 2008년 다시 미국에 가서 필요한 자료들을 최종적으로 정리했다. 그간 쌓아놓은 자료들이 연구실 서가에 빼곡했고, 자신들의 목소리에 귀를 기울여달라는 자료들의 호소들이 늘 귀에 쟁쟁했다. 그렇지만 본격적으로 독도를 쓰기에 앞서 이미 약속된 두 권의 책을 더 끝내야 했다. 2009년 『역사 앞에서』, 『광복 직전 독립운동세력의 동향』은 막간극이었다.

2008년 말부터 독도를 본격적으로 쓰기 시작했다. 이때 일반 대중들뿐만 아니라 독도문제를 다루는 외교관과 정부관리, 전문적 독도 연구자들이 주요 독자가 되었으면 하는 바람이 있었다. 이분들이 정확히 알고 이성적으로 판단하고 연구하기 위한 디딤돌이 필요하다고 생각했기 때문이다. 그렇지만 내가 책을 완성하기 전에는 누구도 그 진가를 알아보기 어려울 것임도 알고 있었다. 왜냐하면 내가 독도연구계의 주변인이었기 때문이며, 내가 활용할 자료들과 구사할 논지·시각 등은 기성의 것과는 전혀 달랐기 때문이다.

4. 전후 독도문제와 한·미·일 관계

이 책의 핵심은 2차 대전 이후 '독도문제'가 한국과 일본 간의 문제일 뿐만 아니라 한국·미국·일본이라는 3국 간의 문제였다는 점을 주장하는 데 있다. 자료를 추적하며 제일 먼저 확인하게 된 사실은 전후 '독도문제'가 동북아시아 지역질서를 주도한 패권국가 미국의 결정권·영향력에서 파생된 문제라는 점이었다. 미국은 샌프란시스코평화회담에서 일본의 주권, 영토 등의 범위를 결정할 실질적 권한을 갖고 있었기 때문에 피점령국 일본은 더 많은 권한과 영토를 확보하기 위해 미국에 매달렸고, 일본의 식민지에서 갓 독립했던 한국 역시 일본으로부터 더 많은 권리·배상·영토를 확보하기 위해 미국에 호소할 수밖에 없었다. 이런 과정에서 미국의 주도적 역할은 결정적이었다. 비유하자면 전후 독도문제는 미국이라는 헤게모니 국가의 강력한 빛이 만들어낸 응달이자 그림자였으며, 미국은 책받침 아래에서 쇳가루들을 자장의 흐름에 따라 배열하는 강력한 자력의 원천이었다.

특히 샌프란시스코평화회담은 이전의 강화조약과는 달리 일본의 전쟁책임·영토할양·배상을 명기하지 않은 우호적인 조약이었으며, 미국은 일본을 협상 파트너로 인정했을 뿐만 아니라 자국의 조약 초안은 물론 영국 측 조약 초안까지 일본정부에 보여줄 정도로 우호적 태도를 견지했다. 이 조약은 냉전의 격화, 중국의 공산화, 한국전쟁의 발발이라는 일련의 중대사건의 연쇄 속에 위치한 반소·반공조약이었으며, 미국이 주도한 단독 강화조약이었다. 미국은 소련을 배제했을 뿐만 아니라 동아시아에서 일본으로부터 가장 큰 침략·피해를 당한 중국과 한국을 배제했다. 이 때문에 일본과 미국의 적대관계는 청산되고 평화가 회복되었지만, 한국·중국·소련이 배제됨으로써 실질적으로 동아시아의 평화관계는 회복될 수 없었다. 이런 연유로 전후 한국은 독도문제, 러시아는 북방 4개 섬 문제, 중국은 조어도 문제로 일본과 '영토분쟁'에 돌입하게 되었던 것이다. 즉 전후 동북아시아에서 일본이 영토분쟁을 벌이게 된 결정적 계기는 샌프란시스코평화조약으로부터 비롯되었다.

'독도문제'가 전후 미국의 지역재편 전략에서 파생된 국제정치적 문제이자 지역문제임을 깨닫게 되는 순간 많은 의문들이 일거에 해결되었다. 특히 '전후 독도문제'는 더 많은 역사적 근거, 고지도 등의 발견과는 전혀 다른 맥락에 위치한 것이었다. 그러므로 왜 한국은 1951년 미국과의 협의에서 대마도·파랑도·독도가 한국령이라고 주장했는지, 왜 일본은 1947년 울릉도·독도가 사실상 일본의 영토이며 독도에 대해서는 한국 명칭이 없으며 한국 지도에 표기되지 않았다는 거짓말을 했는지, 왜 미국은 1946년부터 1951년까지 독도문제에 대해 혼란스러운 입장을 보이게 되었는지 등의 문제 들이 가장 중요한 질문이 되었다.

해답을 찾는 과정에서 1947년이라고 하는 시점이 전후 한·미·일의 독도 인식과 정책에서 중요한 출발점이 되었다는 사실을 깨닫게 되었다. 한국은 1947년 과도정부·조선산악회의 독도조사를 시작으로 1948년 미공군 독도 폭격사건에 이르는 과정에서 독도가 한국령이라고 하는 전 국민적 인식과 공감을 확보했으며, 또다시 일본의 침략 위험에 노출된 독도를 수호하기 위한 공세적·방어적 기제로 대마도·파랑도에 대한 인식이 제고되었다. 이 과정에서 대마도·파랑도·독도라고 하는 세 섬이 하나의 세트로 인식되었다. 일본은 1947년 6월 외무성이 『일본의 부속소도』라는 팸플릿을 만들었는데, 울릉도와 독도를 일본령으로 다루면서, 독도의 한국 명칭이 없으며 한국에서 간행된 지도에 독도가 표기되지 않았다는 허위정보를 수록했다. 이 팸플릿은 맥아더사령부와 미 국무부에 대대적으로 배포되어 미국의 독도 인식에 중대하고 결정적인 영향을 미쳤다.

이 책에서 다룬 많은 사실, 사건, 인물들에 대한 추적은 흥미진진하면서도 긴장된 것이었다. 내가 잡은 실마리의 끝에 진리의 성배가 있을지, 미노타우로스가 있을지 가늠할 수 없었기 때문이다. 미국, 한국, 일본, 영국의 문서철을 뒤져야 했고, 단서를 찾으면 그를 따라 미궁의 세계로 달려갔다.

한국 측 자료는 공개된 외교문서철과 신문·잡지는 물론 인터뷰 등에 의지했는데, 1947년 한국의 독도조사와 1948년 미공군 독도폭격사건에 대한 추적은 수많은 인물들이 남긴 바늘구멍 같은 흔적들을 따라가는 일이었다. 독도 상륙 사진과 독도에 세워진 영유권 표목 사진을 발견했을 때의 기쁨은 아직도 생생하다. 사진을 찍은 것으로 추정되는 대구산악회 최계복 선생의 사진 원판을 구하지 못한 아쉬움은 여전하다. 우국노인회가 맥아더에게 보낸 청원서 원본, 독도폭격과 관련해 주한 미24군단·미공군의 보고서 등을 구함으로써 해방 후 한국의 독도 인식과 정책의 구조적 맥락을 복원할 수 있었다.

일본과 관련해서는 일본 외무성이 간행한 외교문서들을 꼼꼼히 분석해 행간 사이를 읽어내리고, 주요 외교관들의 회고록을 뒤져야 했다. 역시 독도에 대한 자료는 철저히 비공개된 상태였다. 이 과정에서 일본의 전후 독도 인식은 대한對韓 인식·정책과 직결되는 문제이며, 전전의 제국주의적 입장이 관성적으로 유지되고 있다는 점을 알게 되었다. 일본의 본심은 일본 측 자료보다는 미 국무부 문서철에 더욱 잘 드러나 있었다. 일본 수상 요시다 시게루吉田茂와 그의 정치고문 등은 재일한국인들이 공산주의자·범죄자·기생충이라는 무고를 서슴지 않으며 한국의 대일평화조약 참가를 저지하려 했다. 심지어 전후 모략사건의 대표적 사례이던 일본국철 총재 암살사건과 관련해 그 암살범이 한국인이라며 미일 협의과정에서 공개적으로 주장하기까지 했다. 침략에 대한 반성, 사과, 배상, 건전한 선린관계 회복에 대한 의지 등은 전혀 존재하지 않았고, 오히려 한국이 식민통치의 시혜와 독립을 획득한 데 대해 일본에 감사해야 한다는 태도를 견지했다.

　가장 어려운 것은 미국이 작성한 대일평화조약 초안들을 분석하는 작업이었다. 조약 초안이 수십 종 이상 작성된 데다 분량이 방대했다. 나아가 국제법적인 언어들을 이해하기 어려웠고, 한 차례에 1백 쪽 이상 되는 초안들의 주요 내용을 정리·분석한다는 것은 물리적으로 많은 노력과 시간을 요구했다. 문서는 복잡했고, 영토는 경위도선으로 표시되어 있어서 이를 지도에 반영해야 이해가 가능할 정도였다. 조약 초안들을 분석한 제5장은 고투의 산물이다. 마지막 교정에 이르기까지 좌표와 지도를 정정하는 데 노력을 경주했다. 그렇지만 정밀한 자료정리 과정에서 1946년부터 독도를 한국령으로 표시한 조약 초안을 발견하고, 독도를 한국령으로 명기한 1947년과 1949년 국무부 지도를 발굴하는 소득을 거두었다. 독도연구의 초심자였던 나는 지금까지 공개된 대일평화조약 관련 미 국무부 지도와 영국 외무성 지도를 발굴한 당사자가 되었다. 한편 미국이 전후 독도문제를 처리하는 과정에 영향을 끼친 주요 인물들을 추적하는 작업 역시 노력과 인내심의 싸움이었다. 로버트 피어리Robert A. Fearey 같은 실무자부터 시볼드·앨리슨 등의 중견 간부, 덜레스 등 고위급 인사에 이르는 주요 인물들을 추적하는 데 노력을 기울였다.

　일본과 미국의 협의, 한국과 미국의 협의 과정을 분석하면서 역시 외교란 국가의 위상과 저력을 보여주는 것임을 절감했다. 패전 후 외교사무가 정지된 일본 외무성의 직원은 1만 명이었으며, 인원을 30퍼센트 감축한 후에도 7천여 명의 직원들이 대일평화조약 체결을 위해 전력투구했다. 또한 1948년 이후 냉전이 본격화되면서 일본은 미국의 우호적 대일태도에 환호하며 미국을 설득하기 위한 노력을 경주했다. 반면 한국은 정부 수립 당시 160명이던 외무부 정원이 1년 후 80명으로 감축되었으며, 피난수도 부산 시절에는 30~

60명으로 유지되었다. 전쟁 중 생존외교가 핵심과제였으며, 외교경험·자원·시스템이 부족했던 한국정부는 나름의 노력을 기울였으나 역부족이었다. 전후 독도외교에는 한국전쟁으로 고통받고 있던 신생 대한민국의 실상과 강점·약점들이 잘 투영되어 있었다. 대일평화조약 초안을 수령한 한국 외교부 본부에서는 활발한 논의와 기민한 대책들이 마련된 반면 워싱턴 주미한국대사관에는 관련자료들이 잘 전달되지 않았고, 결국 미국 측에 전달한 세 차례의 의견서 중 두 건은 단 한 쪽뿐이었다. 독도문제는 귀속재산의 처리, 맥아더라인의 유지, 한국의 조약 참가자격 유지 등보다 후순위에 위치해 있었고, 그나마 대마도영유권 주장이 기각된 다음에서야 위치조차 특정할 수 없었던 파랑도와 함께 영유권이 주장되었다. 워싱턴 주미한국대사관은 독도와 파랑도가 동해에 있다거나 독도가 다케시마 옆에 있다고 발언하기까지 했다.

샌프란시스코평화회담이 종결된 이후 1951~1953년간 한·미·일의 대응을 정리하는 작업이 이 책의 마지막 종착점이었다. 일정한 경지에 이르면 자료들은 서로 시계열적이고 체계적으로 자신을 드러내는데, 이 책의 경우에도 마찬가지였다. 건강에 대한 염려로 조심스럽게 시작한 작업은 네 번의 방학을 거쳐서야 종결되었다. 서장과 마지막 장들을 정리하는 시점에서는 도저히 더 이상 작업을 진행할 여력이 남지 않아 결론이나 에필로그를 쓸 수 없었다. 그렇지만 마지막 장이 전후에 시작된 한·미·일의 독도인식과 정책이 샌프란시스코평화회담을 거쳐 이후 어떻게 각자의 길로 분화·분립되었는지를 명백히 보여주기 때문에 아쉬운 마음을 접었다. 책마다 각자의 운명이 있는 법이다. 책은 총 1,004쪽으로 정리되었다.

대학에 들어와 마주한 "진리는 나의 빛"이란 경구는 늘 가슴을 고동치게 했다. 연구자가 되겠다고 결심한 이후 이 경구는 흔들리지 않는 신념의 원천이 되었다. 무한한 자료의 바다를 건너는 나침반이 되었고, 파편적 자료·해석에 오도되거나 미혹되지 않게 하는 부동심이 되었다. 이 책을 쓸 때도 마찬가지였다. 자료에 근거해 철저히 진실을 추구하는 실사구시의 자세, 이 사회의 선택받고 빚진 자로서의 책임감, 시대정신 등이 기본자세가 되었다.

한편 이 책은 도전이기도 했다. 가볍고 재미있는 읽을거리를 추구하는 세태와 논문 편수를 헤아리는 부박한 대학현실에도 불구하고 한국 지성계를 향한 작은 기여가 있으리라는 믿음을 가지고 있었다. 좋은 운을 만나 이 책은 독도수호상, 월봉저작상, 문화관광부 우수학술도서에 선정되었다.

책을 쓰면서 느꼈던 황홀경이 벌써 아득하기만 하지만, 그 즐거움과 고통이 갖는 마력으로 여기까지 전진해왔다. 지친 몸을 기대려 하나 오래전에 마음에 두었던 주제들과 눈길 한 번에 사로잡혔던 자료들의 아우성이 들리는 듯하다. 이 설레고 야릇한 감정은 매번 떨림과 기대의 연속이다. 도저히 견딜 수 없게 되면 또 무작정 쓰게 될 것이다.

지금 나를 사로잡고 있는 것은 비극적 운명의 주인공이 된 현앨리스, 이사민, 김수임 등의 낮은 목소리이다. 해방직후 남·북에서 각각 북한·미국의 스파이로 처형되었고, 저명한 공산주의자들의 애인으로 지목되었던 이 비감한 죽음들은 자신들의 진실을 호소하고 있다. 자료는 파편적이고 관계는 엉킨 실타래와 같다. 그 끝에 무엇이 위치할지 아직은 정확히 알 수 없다. 나는 가늠하고 짐작할 뿐이다. 1985년 북한의 박헌영공판기록에서 박헌영의 첫 애인이자 '미제의 고용간첩'으로 지목된 현앨리스의 이름을 발견한 이래 가졌던 매혹적 상상은 조만간 매듭지어질 것이다. 우여곡절의 한국현대사를 굴려온 미소·남북·좌우 대결의 톱니바퀴 속에 으깨진 인간군상의 비극은 우리에게 격동하던 시대와 인간에 대해 보다 진지한 자세를 요구할 것이다.

그리고 아직 중년의 햇볕이 남아 있을 때 김규식과 그의 시대에 대한 나머지 이야기들을 더 기록해야 한다고 늘 다짐하고 있다. 이성과 의지로 민족의 앞날만을 생각했던 이 민족주의자의 삶은 아직도 내게 전진을 요구하고 있다. 나는 역사의 주인공들이 부르면 달려갈 뿐이다. 학문의 길은 외롭고 멀다고 하지만, 역사를 상대한다는 자부심과 긍지로 바로 보고 힘써 나아갈〔正觀邁進〕 따름이다.

금석문 자료와 한국고대사

주보돈

1. 새로운 사료

역사학은 모름지기 기록을 매개로 삼아 과거 인간의 삶과 관련한 진실 추구를 본령으로 하는 학문이다. 역사학에서 다루는 기록을 흔히 사료史料라고 일컫는다. 따라서 역사를 복원하면서 사료에 근거하지 않는 주장이란 허구일 뿐이다.

그런데 지금껏 남아 있는 사료라고 하더라도 모두가 다 똑같은 무게를 지니는 것은 아니다. 순금이라도 불순물이 끼어들어 순도純度에서 차이가 나는 것과 마찬가지로 누가, 언제, 어떤 목적으로 기록을 남겼느냐에 따라 지니는

朱甫暾 경북대학교 사학과 교수.
저서로는 『신라 지방통치체제의 정비과정과 촌락』(신서원, 1998), 『금석문과 신라사』(지식산업사, 2002) 등이 있다. 논문으로는 「포항 중성리비에 대한 연구 전망」(『한국고대사연구』 59, 2010), 「삼국유사 염불사조의 음미」(『신라문화제학술논문집』 31, 2010), 「신라 골품제 연구의 새로운 경향과 과제」(『한국고대사연구』 54, 2009) 등이 있다.

무게에서 차이가 난다. 그래서 다 같이 사료라고 불리더라도 모두 동등하게 취급되지는 않으며 굳이 등급을 매기고자 하는 것이다.

당대에 곧바로 남겨진 기록이 가장 기본적이며 일차적인 사료가 되겠다. 물론 당대의 사료라고 하여 언제나 그 순도가 반드시 100퍼센트에 이르는 것은 아니다. 기록으로 남겨질 바로 그때부터 어떤 특정한 목적의식이 깊숙이 개입되기도 하기 때문이다. 이를테면 414년에 세워진 광개토왕비廣開土王碑의 비문이라도 반드시 일어났던 사실 그대로 기술된 것은 아니다. 비를 세웠던 일차적 목적이 광개토왕이 세운 훈적勳績을 과시하기 위한 데에 있었던 만큼 당시에 일어났던 전투 전체가 아니라 그 가운데 오로지 승리한 사실만을 가려서 기록으로 남기고 있는 것이다. 게다가 시간이 한참 흐른 뒤 정해진 어떤 기준에 따라 쓴 것이므로 사실과는 다를 수도 있다. 그런 과정에서 일부 과장이 스며들기도 한다. 이로 미루어 짐작하면 당대의 기록이라고 하여 무조건 실제 그대로라고 받아들일 수 없음은 자명하다. 하물며 오랜 세월이 지난 뒤 다시 특정한 목적 아래 거듭 정리, 재정리의 과정을 거치고서 남겨진 사료라면 그 내용이 어떨지는 새삼 말할 나위가 없는 일이다.

이처럼 현재 남겨진 기존의 사료 속에는 어떠한 경우라도 안팎의 여러 요인으로 말미암아 실상과는 다른 내용이 저절로 끼어들게 마련이다. 그래서 옥석玉石은 물론이고 옥 가운데 스며들어간 티〔瑕疵〕를 또다시 가려내는 작업을 거치지 않으면 안 된다. 이런 과정을 총칭하여 사료비판史料批判이라고 한다. 한때 크게 논란이 되면서 세간의 주목을 받았던 필사본 『화랑세기』를 역사학계가 위서僞書라는 진단을 내린 것도 그와 같은 엄정한 사료비판의 과정을 거친 최종적인 결과였다. 그렇지 않다면 빈약한 사료에 마냥 허덕이고 있는 한국고대사 분야로서는 마치 황금어장처럼 여겨지는 자료를 굳이 위서라고 배척할 이유가 따로 없는 것이다. 이는 결국 진실에 한결 더 다가가기 위한 노력의 일환이다.

다 아는 것처럼 한국고대사는 관련 사료가 매우 희소한 분야이다. 그래서 연구자들은 언제나 당대에 쓰인 자료의 출현을 손꼽아 기다린다. 이따금씩 그에 부응하기라도 하듯 이렇다 할 굵직한 자료들이 출현한다. 예컨대 돌이나 금속류에 새겨진 금석문, 나무나 대나무에 쓰인 이른바 목간木簡과 같은 사례들이다. 이들 자료가 때때로 출현하여 연구자들의 오랜 목마름을 해갈解渴시켜 주기도 하는 것이다. 그러나 새로운 자료가 출현한다고 해서 모든 의문이 저절로 풀리는 것은 아니다. 여러 가지 면에서 새로이 제기되는 논란거리가 다시 또 기다리는 것이다. 그런 측면에서 진실에 이르는 길은 어쩌면 험난한 고난의 연속이라고 말할 수도 있겠다. 아래에서는 한국고대사 분야에서 새로 출현한 사료들과 그를 발판으로 진실을 찾아가는 이야기를 해보고자 한다.

2. 금석문과의 첫 인연

필자가 금석문의 중요성을 깊이 느끼기 시작한 것은 1970년대 후반 석사학위 청구논문을 준비하면서였다. 당시 신라 중고기中古期(514~653)의 지방통치와 촌락이라는 논제를 구상하고 있었다. 그 초점은 당연하게도 지방통치보다는 촌락에 맞추어졌다. 그러나 그와 관련한 사료가 너무나 빈약하여 오히려 지방통치 조직이나 방식을 통하여 촌락의 존재양상을 추적해보지 않으면 안 되겠다는 생각을 갖기에 이르렀다. 당시 삼국 가운데 가장 후발주자였던 신라가 마침내 삼국통합전쟁에서 최후의 승리자가 될 수 있었던 요인 중 하나는 아마도 지방 문제를 성공적으로 다룬 데에 있었을지도 모른다고 막연하게 추측하던 중이었다.

그때 먼저 눈길이 닿은 것이 561년에 건립된 창녕진흥왕비였다. 거기에는 진흥왕 당대 최고위직에 있던 유력자들의 이름이 거의 망라되다시피 하여 주목을 크게 받았거니와 필자에게는 특히 '군주당주도사여외촌주軍主幢主道使與外村主'라는 구절이 각별히 크게 다가왔다. '군주'와 '당주' 및 '(외)촌주'라는 직명은 이미 『삼국사기』에도 보이지만 '도사'만은 그렇지가 않았다. 물론 591년 건립된 남산신성비南山新城碑에는 지방의 성촌城村 단위에 파견된 지방관으로서의 '도사'란 존재가 적혀 있었지만 그럼에도 아직 지방통치조직이나 체계는 그리 확연하게 드러나지 않은 상태였다. 게다가 '당주'가 기존 사서史書에서는 '군관軍官'으로서만 보일 뿐 지방관으로는 확인되지 않았다. 그래서 군주·당주·도사의 상호 관계는 과연 어떠하였을까, 지방의 유력자인 '촌주'는 그런 구조 속에 어떤 위치에 놓였을까 등등이 매우 궁금하였다. 그를 추적해가면서 결국 기존 사서는 너무 불완전하며 따라서 진실에 한 걸음 더 다가가는 데에는 먼저 당대의 기록이 필요하다는 사실을 절실히 느끼기에 이르렀다.

그 문제의 구절을 놓고 한창 고민을 거듭하고 있을 즈음인 1978년 1월 충북 단양에서 당시로서는 신라 최고最古의 비라 할 적성비赤城碑 출현이라는 낭보가 날아들었다. 기억을 되돌려보면 그때 신문지상을 통하여 보도된 비문의 내용을 대충 훑어보고서는 너무도 흥분감이 벅차오던 장면이 아련히 떠오른다. 거기에는 필시 밤낮으로 고심하고 있던 문제를 단번에 해결해줄지도 모를 실마리인 '군주'와 '당주'라는 직명이 함께 보였기 때문이었다. 그때 마음 깊은 곳으로부터 치솟았던 것은 그 이전에 별로 가져보지 못한 느낌으로 말로 형언形言하기 어려울 정도였다. 사막을 걷다가 목이 너무 타서 곧 죽을 것만 같은 최악의 순간 오아시스를 만난 느낌이 바로 그런 것이 아닐까 싶다. 적절한 때에 맞추어 적성비가 출현해줌으로써 이후 작업은 순풍에 돛을 단 듯이 매우 쉽게 진행되었음은 물론이다.

그 결과 완벽하지는 못하였지만 아쉬운 대로 학계에 첫 발을 내디딜 수 있었다. 이때 맺은 적성비와의 첫 인연은 그 뒤에도 한동안 이어졌다. 어떤 연유로 그에 대한 관심의 끈을 놓칠 수가 없었다.

3. 적성비의 충격과 후유증

그런데 석사 과정을 마치고 난 뒤 얼마 지나지 않아 적성비를 본격적으로 다룬 일본 동경대학 다케다 유키오武田幸男 교수의 논문을 접하고서 깜짝 놀랐다. 거기에는 우리 학계가 미처 파악하지 못하고서 그냥 지나쳐버린 중대한 실착이 그대로 드러나 있었기 때문이었다. 이것이 필자로 하여금 적성비에 그대로 매달리게 한 계기로 작용하였다. 이제 다시금 적성비 전체를 면밀하게 살피지 않으면 안 되었다.

비의 발견 주체였던 단국대학교 박물관은 적성비를 본격적으로 다룬 학술회의를 열기에 앞서 현장을 발굴하여 전체 20여 자에 달하는 문자가 있는 10여 점의 비편碑片을 확보하는 성과를 올렸다. 그 가운데 '성재城在, 아간阿干'이라는 2행으로 이루어진 하나의 비편은 각별히 주목해볼 만한 대상이었다. 다케다 교수는 치밀한 검토 작업을 통하여 그것이 5행과 6행의 첫머리에 해당한다는 결론을 내렸다. 높은 안목과 함께 꾸준한 노력이 일구어낸 성과였다. 그렇게 함으로써 온갖 억측으로 한창 논란이 일던 중요한 문제가 일시에 풀리게 된 것이다. 3행의 말미는 고두림高頭林이라는 단어로 끝나는데 그 실체가 과연 무엇일까를 둘러싸고서 견해가 엇갈려 있는 상태였다. 대체로 그 단어는 사람 이름으로서 원래 고구려인이었다가 신라로 귀화한 인물로 보는 견해가 우세한 편이었다. 그런데 그 다음 4행의 첫 머리가 '성재'라면 다음

문장과 이어져 '고두림성재군주'('고두림성에 있는 군주'라는 뜻)가 되어 고두 림은 저절로 군주라는 직명에 붙은 지명이 된다. 이후 그에 대한 반론이 전혀 나오지 않은 것으로 미루어보면 정설로 확정되었다고 하겠다. 이 실착은 당 시 우리 학계의 실상과 수준을 그대로 엿보게 한 대목이다.

당시 필자는 다케다 교수의 논문을 꼼꼼히 읽어가면서 밑에서부터 치밀어 오르는 참담함과 착잡함을 쉬이 떨쳐내기 어려웠다. 과연 우리 학계는 왜 이다 지도 부족한가, 정말 이런 정도의 수준밖에 되지 않는가. 결과적으로 그 사건 은 이제 막 공부를 시작하려던 필자에게는 커다란 교훈으로 작용한 셈이었 다. 앞으로는 비문의 글자 하나라도 결코 소홀히 보아 넘겨서는 안 되겠다, 그런 우愚를 범하는 일이 절대 없으리라 내심 굳게 다짐하였다.[1]

자존심으로 말미암아 여러 해 동안에 걸쳐 적성비를 놓고 씨름하기 시작하 였다. 아직 활용되지 않고 남아 있던 여러 비편들을 이리저리 끼워 맞추는 시 도를 하면서 나름대로 석문釋文을 작성하는 데 고심하였다. 그러는 한편 전 체 내용도 분석하고 논란되던 비를 세운 연대를 밝혀내려는 데 힘을 쏟기도 하였다. 그 결과를 1984년 논문으로 발표하였다.[2]

이런 과정을 통하여 금석문을 면밀히 따져보는 습성이 저절로 몸에 밴 것 같다. 그동안 주로 석문 작성이 완료되었다고 여겨지는 비문을 대상으로 어 떤 의문도 던지지 않고 오로지 활용하는 데에만 급급하였지 세밀하게 판독하 고 동시에 구조를 낱낱이 따지는 작업을 소홀히 한 데 대한 나름의 반성도 뒤 따랐다. 그로부터 한참 지난 뒤인 1987년에 이르러서 한국고대연구회(한국고

---

1 그러나 최근 울진봉평리신라비에서 발견 후 20년 만에 새로운 글자가 확인되어 소동이 또 벌 어졌다. 제1행 말미에 '오五'란 글자가 상당히 선명하게 있었음에도 읽지를 못하였던 것이다. 수많은 연구자가 관찰하였는데 어떻게 그럴 수가 있을까? 여하튼 연구자들의 부주의가 여전 함을 여실히 보여주는 사건이었다.
2 주보돈, 「단양신라적성비의 재검토─비문의 복원과 분석을 중심으로」, 『경북사학』 7, 1984.

대사학회의 원래 명칭)란 학회가 출범하자 금석문에 관심을 가진 연구자들과 함께 현장으로 가서 판독하고 분석하여 그 대강을 당시 발간되던 회보에 꾸준히 실었던 데에는 그런 배경이 작용하였다.

그러면서도 지금에 이르기까지 부끄럽고 아쉽기 짝이 없는 일이 문득 하나 떠오른다. 적성비 관련 논문을 발표하면서 당연히 시도했어야 할 비편 조사를 실행에 옮기지 못한 일이었다. 적성비 관련 논문을 완성하고 난 이후에는 차일피일 미루다가 언젠가는 볼 수 있으리라는 막연한 생각만을 가졌지 실행에 옮기지는 못한 채 시간만 흘렀다. 언제나 마음 한구석에는 무엇인가 표현하기 어려운 찜찜함이 자리하고 있었다. 그러다가 시일이 너무 지나게 되자 이제는 그 자체를 거의 완전히 잊고 지내다시피 하였다.

그런데 수년 전 한국목간학회의 이사회 석상에서 우연히 적성비에 관한 이야기를 하다가 누구라도 나서서 필자가 하지 못한 작업을 이어서 꼭 해주면 좋겠다는 제언을 한 적이 있다. 당장 그 자리에서 관심을 표명하고 나선 사람이 동국대학교의 윤선태 교수였다. 평소 당대의 일차 사료에 대해 누구보다도 깊은 관심을 기울이고 있던 그는 단국대학교 박물관의 도움을 받아 곧바로 비편 조사에 나섰다고 한다. 마침내 비편에서 중대한 문제점을 찾아내어 2010년 8월 목간학회 주최의 하계세미나에서 그중 일부를 보고하였다. 비편에서 '찬撰'으로 읽을 여지가 보이는 글자를 새로 찾아내고 나아가 그 글자가 들어갈 만한 자리까지 확보하는 개가凱歌를 올린 것이었다. 만일 그 추론이 성립된다면 적성비로부터 새로운 정보를 더 많이 확보할 수 있는 실마리를 얻게 되는 셈이었다. 한 걸음 더 나아가 어쩌면 적성비 자체를 전반적으로 새로 점검해볼 수 있는 기회가 될지도 모른다는 것이 필자의 솔직한 느낌이었다. 조만간 기대에 부응하는 결과가 나오리라 기대해본다. 여하튼 그 일은 조그마한 글자 하나라도 결코 소홀히 보아 넘겨서는 안 된다는 사실을 다시금 일깨워주었다.

4. 새로운 금석문을 찾아서

앞으로는 금석문을 꼼꼼히 살펴 절대 그냥 지나치는 일은 없도록 해야겠다는 각오를 다짐하고서 적성비를 검토하기 시작한 뒤 언뜻 새로이 포착된 금석문이 있었다. 1976년 안압지 발굴을 통하여 처음 알려진 20여 자 남짓의 글자가 남은 비편이었다. 이는 원래 안압지의 호안석축湖岸石築으로 사용된 것이었다. 발견 당시 그것은 여러 남산신성비 가운데 하나로서 제7비란 이름을 달고서 소개되어 널리 받아들여지던 상황이었다. 그 이전에도 그 자료를 접촉한 적은 있으나 거기에 내재된 문제점을 간파하지 못하고 그냥 스쳐지나가고 말았다. 그런데 새로운 시각과 자세로 꼼꼼하게 살피자 금방 문제점이 드러났다. 이른바 안압지출토비는 기존의 남산신성비와 비슷한 문장구조였지만 기재방식에서 차이가 나고 외형 또한 분명히 달랐다. 게다가 모든 남산신성비에 공통적으로 보이는 서사誓事 부분이 없었다. 그것은 앞부분이 떨어져나가서 그렇다고 치더라도 일부 외위外位 관등의 표기 방식은 뚜렷하게 차이가 났다. 그래서 최종적으로 이 비는 남산신성비가 아니라는 결론을 내리기에 이르렀다. 그렇다면 과연 어떤 비일까 하는 의문이 자연스레 생겨났다.

그 점을 밝혀내기 위하여 안압지보고서를 면밀히 검토하였다. 거기에는 안압지의 호안석축에 사용된 돌들을 대상으로 지질학적인 분석을 시도하여 그 원산지가 명활산성明活山城 방면이라는 결론이 내려져 있었다. 그래서 그를 일차적인 근거로 삼고 한 걸음 더 나아가 명활산성의 축조와 관련된 기사를 추적해보았다. 그리하여 진흥왕 15년(554) 명활산성을 수축修築하였다는 기사를 찾아내었다. 여러 정황상으로 볼 때 안압지출토비는 바로 그때에 명활산성 축조를 위해 전국적인 역역동원을 하고 난 뒤 세워졌다고 보아 잠정적으로 명활산성비라고 명명해두었다. 아마도 남산신성비의 시원을 이루는 것으로 장차 같이 세워진 여러 개의 비가 출토되리라고 예측하였다.

당시 안압지보고서를 점검하면서 너무도 놀란 것은 비편과 관련하여서는 단 한 줄의 내용도 싣지 않았다는 사실이었다. 오직 도판 부분에서 아무런 설명도 없이 겨우 사진 한 장만을 달랑 올려놓고 있을 따름이었다. 혹여 주변을 면밀하게 조사하였더라면 같은 비의 다른 부분이나 아니면 동시에 건립된 다른 비들을 확보할 수 있었을지도 모른다는 큰 아쉬움을 남겼다. 안압지의 발굴이 시간에 쫓겨 졸속으로 이루어졌다고 오래도록 회자되었는데 문제의 비편을 취급한 자세만으로도 당시 발굴이 어떠하였으리라 충분히 짐작할 수 있었다. 전반적인 경향이나 수준이 그러하였기 때문인지는 몰라도 지금 시점에서 돌이켜보면 정말 씻을 수 없는 과오를 저지른 셈이었다.

이상과 같은 내용을 1985년 안동대학교에서 열렸던 대구사학회의 정기학술회의에서 발표한 적이 있다.[3] 토론자로 나섰던 당시 영남대학교 이종욱 교수는 여전히 그 비편이 남산신성비 가운데 하나라는 주장을 고수하는 입장에서 명활산성비를 실제로 발견하여 사실을 증명해 보이라고 비판을 하였다. 귀담아들을 필요가 없는 억지였지만 나도 즉시 맞받아서 앞으로 정말 그러마고 공개적으로 답변하였다. 그 뒤 필자는 무모하게도(?) 여러 차례에 걸쳐 혼자서 새로운 명활산성비를 찾아 나섰다. 성벽이 붕괴되어 산더미처럼 쌓이고 흩어져 있는 현장에 가서 혹시 비가 나오지나 않을까를 기대하면서 이곳저곳을 훑고 다녔다. 그러나 워낙 돌의 수량이 많은 탓에 전면적인 발굴 작업을 진

---

3 주보돈, 「안압지출토 비편에 대한 일고찰」, 『대구사학』 27, 1985.

행하지 않는 한 도무지 기대난망한 일로 여겼다. 몇 차례 조사를 하다가 먼 장래에 발굴을 통하여 출토되리라 막연히 희망하면서 포기하고 말았다.

그런데 하늘은 스스로 돕는 자를 돕는다고 했던가. 그로부터 3년쯤 세월이 흐른 뒤에 마치 기적과도 같은 일이 벌어졌다. 1988년 8월 말 경주 지역에서 큰 홍수가 났는데 당시 명활산성의 북문이 자리한 곳의 잔존 성벽 일부가 무너져 내렸다. 위로부터 흘러내린 물에 휩쓸린 성돌들이 성 밖 계곡의 이곳저곳에 어지럽게 널렸다. 때마침 그곳을 경작하던 포도밭의 주인이 지나다가 우연히 글자가 있는 비석을 발견하여 경주박물관에 정식 신고함으로써 세상에 알려지게 되었다. 만약 그때 글자가 적힌 쪽이 윗면으로 놓이지 않았더라면 자칫 영구히 빛을 보지 못하였을지도 모른다. 천우신조라고나 할까.

필자는 때마침 서울 국립문화재연구소가 그해 초에 발견된 신라 최고의 비인 울진봉평신라비의 모형을 뜨는 작업을 한다고 하여 거기에 참관하였다가 새로운 비의 발견 소식을 접하였다. 대구로 내려오자마자 다음 날 당장 경주박물관으로 달려가 비문을 조사하기 시작하였다. 그 결과 비석의 외형이나 문장상의 구조 및 표기 방식 등이 안압지출토비와 비슷하다는 사실을 확인하였다. 그때의 환희를 어찌 말로 표현하겠는가. 이로써 안압지출토비가 여러 개의 명활산성비(내용에 입각하여 작성비라고 명명됨) 가운데 하나임이 뚜렷하게 증명된 것이다. 안압지출토비는 명활산성비라는 정식의 새 이름을 갖기에 이르렀다. 다만 원래 관련 기사에 근거하여 554년일 것으로 추정하였는데 새로 발견된 비문에 '신미辛未'라는 간지가 보여 551년임으로 확인됨으로써 연대가 일치하지 않았다. 『삼국사기』에 별다른 오류가 개재되지 않았다면 명활산성은 551년에 축성 작업을 시작하여 554년에 이르러 끝냈을 가능성이 높은 것으로 풀이된다. 그렇지 않다면 『삼국사기』의 기년에는 중대한 잘못이 있으므로 그 자체가 수정되어야 마땅하다.

여하튼 이로써 6세기의 일정한 기간 동안 왕경의 토목건축사업에는 전국의 지방민이 동원되어 진행되었다는 사례를 또 하나 확인하는 성과를 올렸다. 아마도 그것은 당시 지방을 지배하는 방식과도 연관된 일이라 여겨진다. 이미 6세기에 지방민을 대상으로 한 체계적인 역역동원이 이루어질 정도로 지방지배가 강화되고 있었다. 그것을 통하여 다시 지방에 대한 지배를 더욱 조직화해갔을 것이다.

5. 또 다른 새 자료─목간

1988년은 정말 뜻깊은 해였다. 그해 봄, 마치 한국고대사연구회 창립 1주년을 기념하기라도 하듯 울진봉평신라비가 발견되었기 때문이다. 그 이듬해에는 봉평비보다 20여 년 앞서는 503년에 건립된 영일냉수리신라비가 출현하였다. 신라 최고의 비라는 지위는 또 다시 경신되었다. 여하튼 한국고대사 특히 신라사 방면에는 큰 경사가 이어졌던 셈이다. 이들 비문 속에는 기존의 사서에는 보이지 않던 새로운 내용이 많이 담겨 있어 신라사 연구의 수준을 한 단계 높이는 데 기여함이 대단히 컸다. 신라사 연구가 아연 활기를 띠고 진행되었음은 물론이다.

그런데 바로 뒤이어 1990년 경기도 하남시 이성산성二聖山城 내부의 연못에서 목간 출현의 소식이 전해졌다. 잇달아 1991년부터는 경남 함안의 성산산성城山山城에서 목간이 연차적으로 출토되기 시작하였다. 마치 비문의 시대는 지나가고 이제부터는 바야흐로 목간의 시대가 도래한 듯한 느낌이 들 정도였다.

그 이전 1970년대 중반 안압지에서 다수의 목간이 출현함으로써 바야흐로 한반도에서도 목간시대가 열리게 될 날이 그리 멀지 않았음이 예고되던 참이었다. 그런데 1980년대에 약간씩 발견되던 목간이 1990년대에는 집중적으로 출토되기 시작하였다. 특히 그 가운데 가장 주목된 것은 성산산성 출토의 목간이었다. 그 뒤 최근에 이르기까지 도합 수십 차례의 발굴이 이어졌고 그 결과 삼백 수십 점의 목간이 나왔다. 우리나라 전체에서 출토된 목간 육백 여 점의 반 이상에 이르는 수량이 성산산성에서 출토된 것이다. 이처럼 성산산성은 목간의 수량에서 단연 압도적인 위치를 차지한다.

원래 성산산성은 오래도록 가야의 산성일 것으로 추정되어왔다. 그런데 목간의 출현으로 신라가 축조한 성이라는 사실이 새로이 밝혀졌다. 이는 문자 자료가 차지하는 힘이 어떠한지를 극명하게 보여준 일대사건이었다. 만약 목간이 출토되지 않았다면 성산산성은 영구히 가야가 축조한 산성으로 잘못 여겨졌을 터이다. 한편 내용 분석을 통하여 목간이 작성된 연대가 560년 무렵이라는 사실이 밝혀진 것도 큰 성과였다. 바로 그 시점에서 축성된 사실이 저절로 드러났기 때문이다. 발굴이 진행되면서 목간이 출토되는 일정한 층위가 존재한다는 사실이 확인된 것도 주목할 만하다. 그동안 발굴 수준이 크게 향상되었음을 증명해보였다. 여하튼 목간 출현으로 고고학이 문헌사학과는 뗄 수 없는 관계를 맺고 있다는 점을 입증해주었다.

목간의 내용 분석을 통하여 성산선성 축성을 위하여 경상북도 북부지역 일대의 주민이 동원되었음이 드러났다. 당시 설치된 상주上州 관할하의 지역들이다. 하주下州나 혹은 신주新州 지역의 주민들이 보이지 않는 이유를 알 수 없으나 다른 구역을 담당하였을 가능성도 있다. 아니면 전혀 다른 역할을 맡았을 수도 있겠다. 여하튼 새로이 영토로 편입된 지역에 축성하면서도 인근의 주민이 아니라 전국적인 동원을 통하여 축성한 점은 앞서 본 명활산성이나 남산신성의 축조와 비슷한 면모이다. 앞으로 그런 시각에서 내용을 새롭게 정리할 필요가 있을 듯하다.

그런데 각별히 주목할 것은 성산산성에서 목간이 대량으로 출토된 것을 계기로 한국목간학회가 정식으로 출범하였다는 사실이다. 이미 1999년 한국고대사학회는 최초로 성산산성 출토 목간을 대상으로 한·중·일 삼국의 학자들이 참가하는 국제학술회의를 열었다. 그 뒤 성산산성에서는 물론이고 다른 지역에서도 주목할 만한 목간자료가 계속 출토되면서 그를 전적으로 취급할 학회의 필요성이 고조되고 있었다. 그런 분위기 속에서 필자는 몇몇 젊은 연구자들과 함께 2006년부터 학회 결성 작업을 시작하여 2007년 1월 마침내 정식으로 기치를 내걸었다.

한국목간학회는 학제적學際的·국제적國際的 지향성을 표방하고서 출발하였다. 문자를 매개로 여러 학문 분야가 참여하고 나아가 안목을 넓혀 문자문화의 확산과 교류실태를 국제적으로 밝혀보자는 생각에서이다. 따라서 그것이 설정한 목표대로 정착되기만 한다면 장차 한국고대사에도 새로운 장이 크게 열리리라 확신한다.

잘못된 흐름엔 과감히 도전하라

구종서

1. 문외한의 생각과 느낌들

한국인은 역사를 애호하는 역사 민족

한국인들은 역사에 흥미가 많고 관심이 큰 역사 민족이다. 한국인들이 역사책을 많이 읽고, TV 사극의 시청률이 높은 것은 그 때문이다. 한국인의 이

具宗書 한국문명사연구소장.

저서로는 칼럼집 『이성과 함성』(나남, 1988), 『민족과 세계』(나남, 1988), 단행본 『격변하는 세계, 도전하는 한국』(나남, 1994), 『칭기스칸에 대한 모든 지식』(살림, 2008), 역사소설 『무인천하』(중앙M&B, 2003), 『항몽전쟁』(살림, 2007), 『세계의 정복자 대칭기스칸』(청미디어, 2007), 『불멸의 민족혼 삼별초』(청미디어, 2008), 『손돌선장과 임금님』(청미디어, 2008), 『강화도 붉은 아리랑』(청미디어, 2008), 역서로는 『고르바초프』(중앙일보사, 1985), 『동양적 전제주의』(법문사, 1991), 『한국전쟁의 수수께끼』(에디터, 2003) 등이 있다. 논문으로는 「레자時代 이란 自主外交의 可能性과 限界, 1921~1941」(고려대학교 정치학박사학위논문, 1986), 「조선조 말의 근대적 정치스펙트럼」(『실학사상연구』 13, 1999), 「동아시아 발전모델과 한국」(『한국정치학회보』 30-2, 1996), 「신분갈등 측면에서 본 고려 무인지배시대의 성격」(『문명연지』 3(제2권 제1호), 2001) 등이 있다.

런 역사 애호는 한국 역사학 연구자와 역사 드라마 작가들에겐 더 없이 비옥한 토양이다.

역사 지향적인 우리 국민들에게 사실이 아닌 것을 마치 '역사적인 사실史實'인 것처럼 오인케 서술하는 것은 글을 쓰는 지식인의 올바른 자세가 아니다.

나는 역사를 전공하지 않았다. 다만 정치학을 하면서 관련된 정치사를 배웠을 뿐이다. 그러나 역사에 흥미가 있어 학교를 나와 직장생활을 하면서도 역사책을 자주 읽었다. 그 때문에 역사 아마추어치고는 비교적 역사서를 많이 가지고 있으면서 동서양의 역사서를 적잖이 접한 편이다.

분명히 나는 '역사학자'는 아니다. 그러나 역사에 관심을 가지고 역사를 열심히 읽으면서 활용하는 '역사학도'라고 하면, 부끄럽지만 받아들일 수는 있겠다.

역사소설과 사극도 사실史實을 떠날 순 없다

역사 소설가나 역사 드라마 작가는 역사학자나 역사 전문가는 아니다. 그러나 역사소설의 독자나 역사 드라마 시청자는 그들이 읽고 본 사실들을 역사학자들이 검증한 역사적인 진실이라고 믿는다.

그들은 작품 속에 나와 있는 인물이나 그의 벼슬 이름이 사실과 다르다고 생각하면, 잘못된 부분을 지적하여 작가나 해당 출판사·방송사에 알려주기도 한다. 작가들은 그런 지적을 받으면, 자기 역사소설이나 사극을 그냥 문학작품으로 이해해 달라고 말한다.

그것은 역사소설의 내용이 반드시 역사적인 사실일 필요까지 있겠느냐는 뜻이다. 무책임한 답변이다. 그러면 내용을 작가 맘대로 구성하고 펴나갈 수 있는 일반소설을 쓸 것이지, 왜 공개되고 잘 알려져 있는 역사 인물의 실명을 들어가면서 역사소설을 쓰는가.

역사소설이든 역사 드라마든 '역사'라는 접두사가 붙는 한, 그 안에는 반드시 역사가 들어 있어야 한다. 사실을 떠난 작품이 '역사적'이라고 형용되거나 수식될 수는 없다. 역사소설이 역사에 관한 소설인 한, 방송 드라마가 역사 드라마인 한, 아무리 작품이라는 수식어가 붙었다고 해도 사실 자체를 벗어나거나 왜곡해서는 안 된다는 것이 내 생각이다.

내가 언론에서 퇴직한 뒤로 역사소설을 쓰면서, '역사 있는 역사소설'을 쓰겠다는 입장에 서서 철저한 사실에 토대를 두고 작품을 펴나가는 것은 그 때문이다. 그런 이유로 나의 역사소설은 마치 학술서적들처럼 페이지 밑엔 각주가 붙어 있고, 책 뒤엔 참고문헌들이 모조리 나열되어 있다. 내용에 의심나는 부분이 있으면 독자들이 스스로 확인해볼 수 있게 하기 위해서다.

역사학 전공자는 아니지만, 평소 역사책을 읽고 역사학계의 상황을 살피면서 역사학과 사학자들에 대해 느끼고 생각한 바를 아마추어적인 입장에서 적어볼까 한다.

2. 반대학파와의 토론에 과감하라

주관적인 사관논쟁도 사실성이 승패의 기준

우리 역사학자들은 견해가 다른 상대 학파에 도전하여 그들과 철저하게 토론하는 데는 약하다. 그 대표적인 분야가 사관논쟁이다. 역사학은 역사적인 사실 자체를 연구대상으로 하지만, 역사관은 역사에 대한 주관적인 관념과 인식을 대상으로 한다.

우리 역사학에는 크게 정통역사에 대한 '실증사학'과 '민족사학' 사이에, 현대사에서는 근대화에 역점을 두는 '발전사학'과 이것을 비판하는 수정주의적인 '이념사학' 사이에 사관대립이 있다.

양쪽 학파들이 각자 자기주장을 펴고, 상대방의 허점을 지적해온 것은 분명하다. 그러나 그들은 서로 대립하여 상대를 인정하지 않고 있다. 상대방과 자리를 맞대고 앉아서 열띤 논쟁을 벌여 지식인 사회의 심판을 받아보지도 않았다.

사관은 주관적인 인식의 문제이기 때문에 어느 것이 진실이고 어느 쪽이 허위라고 단정할 수는 없다. 그러나 우리 역사를 대상으로 벌이는 양측의 주장을 들어보면, 어느 쪽이 더 보편타당한지가 판명되어 우열을 가릴 수는 있다.

사관논쟁은 이런 보편성과 타당성 경쟁에서 승패가 가려진다. 판정관은 지식인 사회다. 그때의 승자가 우리 역사의 주류사관이 된다.

실증사관은 사실, 민족사관은 감성에 강점

실증사관은 객관성, 확실성에서 민족사관보다 유리하다. 반면 민족사관은 정서적 측면이 강하여 민족성원의 호감을 쉽게 얻을 수 있다. 그러나 실증사학처럼 분명한 증거를 제시하지 못하면 그 호감이 허상으로 끝나고, 허상은 다시 환상으로 바뀌어 지식인 사회에서는 신뢰받기 어렵다.

민족사관은 민족의 역사발전 원인을 민족정신에서 찾는 강점이 있다. 그런 점에서 민족성원들의 감성을 장악할 수는 있다. 그러나 정신적인 측면을 강조한 나머지 추상적인 관념론에 빠져 역사의 실체성을 외면할 수 있다는 약점이 있다.

반면 실증사관은 주관적인 선입견을 포기하고 실증적인 사료를 바탕으로 역사를 객관적으로 성찰한다는 강점이 있다. 그러나 개별적인 사실 하나하나에 치중한 나머지, 역사 전체를 체계 있게 파악하지 못하는 것이 약점이다.

실증사관과 민족사관의 대립은 과거부터 우리 역사에 존재해왔다. 고려

때 편집된 김부식의 『삼국사기三國史記』가 증거를 바탕으로 한 실증사관형 역사편찬이라면, 『삼국사기』에 빠져 있는 것을 모아 저술했다는 일연의 『삼국유사三國遺事』는 민족사관형 역사서술이다.

민족 다수가 찬성한 주류사관이 역사의 발전동력

역사논쟁에서 가장 강한 무기는 사실성이다. 기록이나 유물로 검증된 역사적인 진실을 바탕으로 한다면, 어느 토론이나 논쟁에서도 충분히 상대방을 눌러 이길 수 있다. 그런 과정을 통해 우리 사회의 주류사관主流史觀은 정립된다.

민족의 역사는 그 민족의 정체성과 민족정신을 규정한다. 민족의 지식이 민족역사 안에 들어 있고, 민족의 지혜도 민족의 역사에서 우러나온다. 따라서 중심사관인 주류사관은 민족의 사고방식과 행동방향을 결정하고 이끌어가는 민족사 발전의 원동력이 된다.

그러나 사관논쟁의 우열경쟁에서 열세로 밀려 주류사관이 못 되고, 주류의 뒤에 서는 제2의 주변사관周邊史觀이 됐다고 해서 자기주장을 포기하거나 좌절할 필요는 없다. 사관논쟁의 승패는 역사학자들이나 사회 지식인층이 어느 편을 지지하고 선호하느냐의 주관적인 선택이기 때문에 주변사학·재야사학도 학문적인 가치는 보유할 수 있다.

정통 주류사학과 비주류 주변사학이 공존하면서 경쟁해야 사관의 내용이 다양해지고 질적으로 개선된다. 그렇게 될 때 비로소 역사발전과 사회진보도 이뤄진다.

3. 사관논쟁 활성화로 주류사관 정립해야

정치환경에 질식됐던 현대사 논쟁

남북 분단은 우리 현대사에 굴곡을 가져왔다. 남과 북의 권력집단은 자기 측 역사의 합리화를 위한 이데올로기적인 사관만을 강요하고, 상대방의 사관을 억눌러왔다.

이데올로기ideologie는 주관적인 인식을 토대로 정치적 편향을 선택하여 특정세력의 합리화에 전념하는 이론체계이자 의식형태다. 따라서 이데올로기는 정치적인 목표달성을 위한 신념원리라는 점에서 지극히 정치적인 이론구조다. 그런 점에서 이데올로기는 이념과 구별된다.

이념idea은 이성에 의한 순수하고 합리적인 사상체계다. 이념이 객관적이고 보편타당한 통일적인 관념체계라면, 이데올로기는 이해관계가 얽혀 있어 주관적이고 당파적이어서 언제든지 바뀔 수 있는 행동원리다.

분단 60년간 정치이데올로기에 얽매여 상대방의 사관을 부정하고 자기합리화에 전념한 것이 한국 현대 사학계의 실상이었다.

그 결과 북한에서는 한국전쟁의 책임을 남한에 돌리고, 집권자 김일성을 유일 최대의 항일독립투사로 내세워, 마르크스-레닌주의를 바탕으로 한 공산주의 이론과 김일성이 내세운 주체사상을 가치기준으로 삼아 역사를 해석하고 편찬해 놓았다.

한편 남한에서는 한국전쟁에 대한 북한의 북침설을 부정하고 발발책임을 북한에 돌리면서, 서구형의 근대화사관에 의해 남한의 경제발전을 설명해왔다. 이것은 일종의 '발전사관發展史觀'이다. 이런 근대화 발전사관이 남한의 정통 주류사관으로 정립되어 정부보호하에 남한의 역사를 이끌어왔다.

이런 남북한 정치권력의 개입으로 한국의 현대사 논쟁은 설 자리를 잃고 질식돼 정체해 있었다.

좌파 민중사관의 등장으로 현대사 왜곡

남한에서 관료적인 정통사관에 눌려 있던 좌파 지식인들은 사회주의 지향의 수정사관을 펴서 주류사관에 저항해왔다. 이 수정사관이 곧 '민중사관民衆史觀'이다. 수정사관은 민중사관이라는 이름으로 불특정 대중을 상대로 정치이데올로기적인 역사해석을 서슴지 않았다.

수정주의자들은 북한의 6·25 남침 사실을 뒤집어 오히려 남한이 북침했다는 논리를 펴거나, 남한과 미국이 남침을 유도했다는 이론을 제시했다. 그러나 이것은 한국사회에서는 이해되지 않는 억지주장이다.

60대 이상의 한국사회 장년층과 노년층은 북한의 남침 광경을 직접 목격하고 겪었기 때문에, 수정사관의 남한 북침설은 당초부터 신뢰성을 잃고 있었다. 여기에다 1990년대 소련의 붕괴와 더불어 공개된 외교문서에 의해 한국전쟁은 김일성·스탈린·마오쩌둥의 사전합의에 따라 북한군의 남침으로 일어났음이 명백해졌다.

그럼에도 수정사관은 이런 엄연한 진실을 외면한 채 계속 북침설을 주장하며 유동적인 대중들, 특히 한국전쟁 경험이 없는 청소년들에게 근거 없는 북침설을 가르치고 있지만, 이런 정치편향적인 이데올로기적 역사해석은 이미 현실적으로 생명력을 잃었다.

그 때문에 좌파사학의 수정사관은 한국 지식인 사회의 신뢰를 받지 못해 재야의 아류사관으로 존재할 수밖에 없었다.

지금은 잘못된 현대사학을 재정립할 시기

남한에서 군부중심의 권위주의 정치체제가 약화되고 민주적인 문민정치세력이 강화되면서 정치체제의 통제에 얽매여 있던 역사학이 활성화되기 시작했다.

군사정권에서는 근대화이론을 바탕으로 한 정통주의 발전사관이 주류를 이루었으나, 민간정치세력의 등장 이후 좌파세력이 강화되면서 오히려 수정사관이 주류사관으로 성장하여, 한국사학계를 장악해왔다. 이런 상황은 김대중–노무현의 좌파정권 10년간 더욱 강화됐다.

그러나 사실관계를 강조하는 최근의 한국현대사 학자들이 공정하고 사실적인 사학을 외치면서, 정치이데올로기로서의 좌편향적인 수정사관을 배척하기 시작했다. 이때 등장한 것이 중립적인 한국현대사학의 조직화다. 이들이 최근 '한국현대사학회'를 만들어 수정주의 민중사관을 비판하면서 군정시대 정통주의 발전사관의 합리적인 측면을 재수용하는 방향으로 연구와 논쟁을 펴나가고 있다.

실제로 필요했던 현대사에 관한 정통주의 사관과 수정주의 사관, 발전사관과 수정사관 사이의 역사논쟁이 이제 와서 뒤늦게나마 시작된 것은 한국사학의 건전한 발전을 위해 다행한 일이다.

그러나 한국현대사학회는 학파의 조직에 만족할 것이 아니라, 견해가 다른 발전사관·수정사관과 한자리에 모여 열띤 논쟁을 계속해야 한다. 이런 사관논쟁은 사회적인 판정이 내려질 때까지 지속돼야 한다. 사학계와 사회 지식인들이 그 논쟁과정을 지켜보고, 보편성을 띤 우리 시대의 주류사관이 무엇인지를 다시 판정하여 선택해야 한다.

4. 고립에서 벗어나 국사 수호에 용감하라

국사가 밀려날 때 침묵했던 국사학계

당초 한국의 학교교육에서 한국사는 필수과목이었다. 또 모든 자격시험을 비롯하여 공무원 채용고시와 해외유학시험에서도 한국사는 가장 중시되는 과목이었다. 1970년대 중반 세대인 필자의 경우, 초등학교·중학교·고등학교에서 한국사를 배웠고, 대학에 입학해서도 한국사는 교양필수 과목이었다.

2010년까지도 고등학교 1학년에서 한국사는 필수였다. 그러나 2009년도 교육과정 개편에서 한국사를 선택과목으로 돌려, 2011년부터 한국사는 학교에서 배워도 되고 안 해도 상관없게 밀려났다. 또 각종 시험의 필수과목에서도 탈락돼 있었다. 이런 사실은 일반 국민은 물론 지식인들마저 제대로 알지 못하고 지내왔다.

이런 불합리한 사정은 최근 『중앙일보』가 특집기사를 통해 계속하여 비판하면서 정부가 움직여 비로소 재수정되기 시작했다. 이제 한국사가 곧 학교교육과 각종 시험의 필수과목으로 복귀되어 제자리를 되찾게 될 모양이다.

국사 탈락이라는 중대 사실을 국민이 미처 모르고 있었던 것은 당국이 조용히 점진적으로 국사 과목을 밀어낸 데다, 당사자인 국사학자들의 반대행동이 약했기 때문이다. 이런 현상이 군사정권이 아닌, 민간정권시대에 일어난 일이라는 점에서 더욱 안타깝다.

학자들은 감옥 갈 각오로 국사 지키려 싸웠어야

민주적인 민간정권하에서 사태가 이렇게 불행한 방향으로 진행되고 있을 때, 그 많은 한국사학자들과 국사관계 학회들은 무엇을 하고 있었는가.

언론계의 경우 언론인들은 보도자유가 제한돼 있었던 군사정권 시절에도

'언론자유'를 외치면서 제작을 거부하며 농성을 벌였다. 신문이 발행되지 않을 경우에 신문 자체의 존폐라는 사활문제가 걸려 통신에 의존하여 매일 발행되어 배달되고 있었지만, 그 이면에서는 이런 언론인들의 과감한 투쟁이 계속되고 있었다.

그 결과 다수의 언론인들이 현직에서 쫓겨나 사회의 방랑자가 되고, 심할 경우 잡혀가 감옥생활을 겪기까지 했다.

국사 과목 수호투쟁은 명분이 분명하고 떳떳하다. 그럼에도 한국사가 필수의 영역에서 소외되어 밀려나고 있을 때 사학자들 특히 국사학자들은 왜 감히 나서서 항의하고 싸워서 국사를 지키지 못했는지 이해할 수 없다. 국사학계는 국민적인 지지를 받을 '국사 지키기 운동'을 위해 머리띠를 매고 거리로 뛰쳐나와 함성을 지르며 투쟁했어야 했다.

그들이 시가로 달려 나가 국사수호투쟁을 벌인다고 해서 민간정권이 감히 그들을 잡아갈 수 있었겠는가. 만일 그들이 잡혀갔다면, 국민이나 지식인 집단이 조용히 앉아서 방관했겠는가.

사학자들의 국적의식 분명해야 한국사가 산다

지식인은 국적國籍이 분명해야 한다. 특히 자국의 역사를 연구하고 가르치는 국사학자들은 어느 분야의 지식인보다도 정체성이 선명하고 국가의식이 강해야 한다. 한국사학자들은 한국 지성인으로서의 국적의식과 국가관을 더욱 분명히 하여, 한국사를 위해서라면 어떤 희생이라도 치를 각오를 하고 나서서 행동하여, 다시는 국사학의 불행이 없도록 해야 한다.

언론의 힘으로 국사는 이제 복권단계에 들어섰다. 그러나 사실보다는 정치이데올로기에 치중하고 있는 지금의 수정주의 역사교재를 이대로 방치하여 유지해선 안 된다. 분명한 사실을 갖가지 이유를 붙여 왜곡하고 국가를 발전시킨 눈에 보이는 현실을 부정한다면, 더구나 정치적인 편견에 사로잡혀 그렇게 한다면, 그것은 학문도 역사도 아니다.

국가의식·민족정신이 모호 불명하고 민족의 장래를 위해 올바른 인식과 사명이 없다면, 진실한 국사학자가 아니다. 어느 나라 국민이고 어느 민족인 지조차 불명한 사람은 대중 앞에서, 그리고 국사학의 표면에서 멀리 물러나 있어야 한다.

성공한 한국의 발전상을 역사교재에 싣자

그러나 60년의 경쟁사를 놓고 볼 때, 자유주의 정치체제와 자본주의 시장경제체제를 선택한 남한은 식민지 출신의 후진국에서 벗어나 지금 세계 10대국의 선진화에 성공했다. 반면에 독재정치와 사회주의 통제경제체제를 걸어온 북한은 국민의 기아문제조차 해결치 못하여 각국에 구걸을 호소하고 있는 실정이다.

이런 점에서 볼 때, 한국을 세워 올바른 체제를 만들고 공산주의의 공격으로부터 나라를 지켜낸 건국 대통령 이승만李承晩의 공적과 정체된 한국에 산업혁명·농업혁명·사회혁명을 한꺼번에 이룩하여 후진국을 중진국으로 끌어올린 근대화 대통령 박정희朴正熙의 업적을 역사가 무시할 수 있겠는가.

수정주의 민중사학의 결점은 편파적인 정치이데올로기에 스스로 묶여, 만인이 직접 보아서 알고 있는 엄연한 사실을 부정하는 데 있다. 정치·경제적으로 확실히 구분되는 남북의 이런 명확한 격차를 올바로 보지 않으면 어떻게 역사학이 성립될 수 있겠는가.

수정주의 주도하에 이뤄진 오늘의 현대사를 마땅히 바로잡아, 진실에 바탕을 둔 올바른 역사로 정립해야 한다. 수정주의 학자들이 솔선하여 폐쇄적인 고립주의에서 벗어나 올바른 자세로 역사를 성찰하고 잘못된 현실을 바로잡을 때, 한국 현대사가 제대로 발전할 수 있다.

5. 대중에 대한 올곧은 교육과 개방적인 자세

역사자료는 쉽고 옳게 제시해야

얼마 전까지도 많은 한국사 책들은 과거의 한문 자료를 원문대로 싣고, 전혀 해석을 붙여놓지 않는 경우가 많았다. 원문 자료에 해석을 더해 제시하는 것은 독자들의 수고를 덜어주면서 일차 자료를 직접 볼 수 있게 한다는 장점이 있다.

저자는 자료를 알기 쉽고 올바르게 제시할 의무가 있다. 그런데 저자가 인용한 외국어 자료에 저자의 해석이 빠져 있다는 것은 한문을 모르는 대중을 외면한 무책임한 행동이다. 그것은 저자가 한국사의 독자이자 한국사의 구성주체인 대중으로부터 자신을 막아 고립시키는 너무나 폐쇄적인 자세라는 점에서 한국사학자가 취할 태도가 아니다.

한문 번역에 번거로움이 있어도, 그것을 인용한 저자가 번역하여 병기해주는 것이 독자를 위한 올바른 자세다. 역사의 경우 아무리 전문성과 학문성을 추구한다 해도 역사를 구성하고 있는 대중을 떠나서는 고립하여 존립할 수 없다.

따라서 역사책은 일반적인 최소한의 소양을 갖춘 사람이라면, 누구나 어렵지 않게 읽고 이해할 수 있도록 쉽고 바르게 서술 편집돼야 한다.

북한판 『고려사』 번역엔 통계숫자 오류도

국사전공 학자가 자료 한문 정도를 해석하지 못하리라고 보는 사람은 없다. 한문은 토씨가 없기 때문에 해석 자체가 어렵고, 해석자에 따라 번역이

다를 수 있다. 번역자의 실수로 잘못된 번역이 나올 수도 있다.

한문 오역의 대표적인 예의 하나는 북한판 『고려사』 번역이다. 『고려사』의 원문엔 분명히 "是歲蒙兵所虜男女無慮 '二十萬六千八百餘人' 殺戮者不可勝計所經州郡皆爲煨塵"(이 해에 몽고군에게 잡혀간 남녀가 무려 '20만 6천 8백여 명'이요, 살육당한 사람은 이루 셀 수가 없었으며, 그들이 지나간 주군은 다 잿더미로 되었다.)이라고 되어 있다. 여기서 '이 해〔是歲〕'란 고종 41년인 1254년이다.

『고려사』 본문은 피살자 수를 '20만 6천 8백여 명'으로 명시하고 있다. 그러나 북한 쪽인 듯한 '사회과학원 고전연구실'이 편찬하고 서울의 역사서 출판사인 '신서원'이 편집한 『북역 고려사北譯 高麗史』엔 살육자 수를 '26만 6천 8백여 명'이라 하여, 그 수를 6만 명 더해놓고 있다. 『북역 고려사』의 잘못된 표기는 실수로 인한 단순 오역이다.

그러나 서울에서 발행된 세종대왕기념사업회의 『국역 동국통감』이나 학문사學文社의 『고려왕조사高麗王朝史』(류재하柳在河 편수)는 그런 오역 없이 정확히 번역돼 있어 다행이다.

'외우지 말고 이해하라'가 올바른 교육인가

역사교사들이 학생들에게 역사를 가르치면서 "낱낱의 사항을 외우려 하지 말고 전체의 흐름을 이해하라."라고 말하는 경우가 많다고 한다. 이유를 물었더니, 연대나 인명·장소를 외워 기억케 하고 그것을 시험문제로 내면, 학생들이 싫어하여 역사를 꺼리기 때문이라고 한다.

학생들의 기호에 맞춰 사실 암기를 피하도록 하는 것이 과연 올바른 역사교육방법일까. 아니다. 나는 그 반대로 생각한다.

역사는 시간과 공간을 토대로 이뤄진 인류의 활동기록이다. 활동기록에서 연대나 장소, 인물은 역사의 핵심사항이다.

그런 중요요인들이 제외된다면, 어떻게 역사를 알 수 있겠는가. 그런 것을 알지 못하면, 어떻게 전체적인 역사의 흐름을 이해할 수 있겠는가. 연대를 기억하지 못한다면 어떻게 선후관계를 판별하겠는가. 역사를 만들어낸 인물을 알지 못한다면, 누가 역사의 주역인지를 알 수 있겠는가. 역사적인 사건이 일어난 장소를 모른다면, 그것이 어느 지역 누구의 역사인 줄을 알아낼 수 있겠는가.

역사연구에서 비교연구는 중요한 이해방법이다. 비교할 때마다 연대기나 인물사전을 하나하나 찾아보는 것은 불편하고 비능률적인 낭비다. 역사의 비교연구에서는 어느 쪽이 먼저이고, 어디서 누가 먼저 시작했느냐가 중요하다. 역사에 등장하는 사실들을 기억하지 못한다면, 비교연구는 불가능하다.

6. 한국사도 민족의 한계 넘어, 세계사적 맥락 지향해야

기마민족사의 취급에 너무 소홀

한국사는 한민족의 역사다. 국사가 한민족의 역사인 이상 한민족에 중점을 두는 것은 당연하다.

그러나 역사란 아무리 특정 지역 특정 부문의 역사라 해도, 고립해서 홀로 존재할 수는 없다. 비록 특정 민족의 역사라 해도 이웃해 있는 민족의 역사, 세계적인 영향력을 갖는 국제사와 관계를 맺으면서 발전한다.

한국사 저서들의 경우, 함께 발전해온 주변 민족의 역사와 너무 먼 거리를 두고 있다. 우리 역사에는 흉노匈奴, 돌궐突厥, 선비鮮卑 등의 민족 이름이 자주 등장한다. 그들은 북방 아시아를 장악했던 기마민족이다. 진秦·한漢·수隋·당唐과 같은 중국의 통일제국을 자주 위협하고 침범했던 흉노와 그 후의 위구르Uighur(回紇)도 넓게 보면 돌궐계(Türk, Turkey) 민족이다.

이들 기마민족은 동양의 강대국인 중국을 괴롭혔고, 중국에 강력한 통일제국이 등장하여 공격받으면 분단되거나 서방으로 이동했다.

한漢에 의해 분단됐다가 멸망한 흉노의 일파는 러시아 방면으로 이주하여 훈족(Huns)이 됐다. 훈족은 게르만 민족의 대이동을 일으켜 유럽을 뒤흔들었다.

중국사의 5호16국五胡十六國시대(304~439)는 선비족이 남진하여, 중국의 중심부인 화북중원을 장악하고 한족을 양자강 유역의 강남으로 몰아내고 5호의 주류가 됐다. 그 뒤 5대10국五代十國시대(907~979)의 화북 지배자도 그들 선비족이었다.

당唐에 의해 분단됐다가 멸망한 돌궐의 일부 부족은 중동으로 이동했다. 그들이 서아시아와 동부(발칸) 유럽 및 북부 아프리카 등 3대륙 지역을 지배하여, 동서양 역사를 600년간 주름잡았던 강대 제국이었던 오토만 터키 Othoman Turkey였다.

우리 역사의 북방세력이었던 고구려나 발해는 서쪽으로 인접해 있던 그들 기마민족과 밀접한 교류를 맺고 관계를 유지하면서 서로 돕고 나라를 지켜왔다. 더구나 중국의 세력이 강대해졌을 때는 서로 동맹을 맺어 함께 대항하기도 했다.

그러나 우리 국사책엔 기마민족들의 역사와 우리와 이들의 관계에 대한 서술이 너무 부족하다.

돌궐 방문 고구려 사신 그림이 서역 우즈베키스탄 박물관에

한영우의 『다시 찾는 우리역사』(경세원, 2004)의 경우, 서역의 돌궐국에 갔던 고구려 사신 2명이 그려져 있는 사진을 게재하고 있다. 이 사진은 지금 우즈베키스탄의 고도인 사마르칸트 호라즘과 티무르 제국의 수도의 '아프라시

압Afrasiab 박물관'에 소장돼 있다.

한국인들이 찾아가면 박물관의 40~50대 여직원들이 그 그림 앞으로 안내하여 열심히 설명한다. 필자가 아프라시압에 찾아간 것은 2006년 3월 6일 낮 12시쯤이었다. 바로 그 그림 앞에서 설명을 듣고 있을 때, 정전이 되어 어두워져서 그림을 볼 수 없었다. 안내하던 박물관 직원이 준비하고 있던 플래시를 켜서 비춰주었지만, 이미 그림이 낡고 퇴색하여 더 이상 보이지 않았다. 직원이 그림엽서로 만든 사진을 내주어 받아왔다.

『다시 찾는 우리역사』는 고구려 사신의 사진을 크게 싣고 있으면서도 고구려와 돌궐의 관계에 대해서는 전혀 설명이 없다. 700쪽이 넘는 책의 차례나 찾아보기(색인)의 어디에도 돌궐과 선비에 관한 표현은 보이지 않았다.

이렇듯 우리 사학자들의 한국사 서술에는 우리를 무력 침공해온 여진·거란·몽골의 역사에 대한 기록은 충분할 정도로 많지만, 평화관계에 있었던 흉노나 돌궐·선비에 대한 배려가 너무 인색하다. 그것을 알려면 동양사나 세계사 또는 전문역사책을 보아야 한다.

고구려와 돌궐의 협력관계 설명 필요

우즈베키스탄의 현지 영문 팸플릿 설명에 따르면, 고구려 사절이 들어 있는 돌궐왕궁의 의식 그림은 고구려 멸망 직전의 모습을 그린 것이라 한다. 고구려 붕괴 직전이라면, 돌궐은 동서로 분국되어 당에 몰리고 있을 때였다. 고구려 사신이 간 곳은 서역에 있던 서돌궐西突厥이었을 것이다.

그때 중국에선 당이 일어나 동아시아를 제압해나가고 있었다. 그 때문에 중국을 위협하던 북방의 두 강대세력인 고구려와 돌궐이 오히려 당의 위협을 받게 됐다. 이런 상태에서 고구려와 돌궐이 협력관계를 맺고 대항하고 있었음이 분명하다.

우리 한민족도 원래는 바이칼호수 부근에서 일어난 기마민족이었다는 주장이 있다. 그럴 만한 이유도 있어 보인다. 이런 기마민족의 후예들은 지금 서의 터키에서 동의 한반도, 나아가 일본까지 이어져 살고 있다. 이들은 우랄·알타이어족이라는 점에서도 일치된다.

다만 우리 한민족은 일찍 온대지방으로 이동하여 농경을 시작함으로써 유목생활에서 벗어났지만, 돌궐이나 몽골은 유목사회의 원초지역인 몽골고원과 중앙아시아 지역에 계속 남아 유목의 전통을 이어가고 있다. 이것이 우리와 그들의 차이라면 차이다.

동서양의 역사에 중대한 영향을 미친 북방 기마민족들에 대한 서술이 부족하다면, 우리 민족사를 올바로 이해하기 어렵고, 나아가 동양사·세계사의 인식에도 한계가 있다.

| 한국사 시민강좌 제50집 |

(2012년 2월 발간 예정)

한국사 시민강좌

연2회
발 행

제 1 집 ～ 제 25 집 특집 주제

제 26 집 ~ 제 49 집 특집 주제

『한국사 시민강좌』 편집위원회

편집위원 : 민 현 구
　　　　　유 영 익
　　　　　이 기 동
　　　　　이 태 진
　　　　　(가나다순)

한국사 시민강좌　2011년 제2호　　　〈 제49집 〉

2011년 8월 12일 1판 1쇄 인쇄
2011년 8월 20일 1판 1쇄 발행

편집인 『한국사 시민강좌』 편집위원회
발행인 김　　　시　　　연

발행처 (주) 일　　조　　각
　　　　　　서울특별시 종로구 신문로2가 1-335
전화 (02)733-5430~1(영업부), (02)734-3545(편집부)
팩스 (02)738-5857(영업부), (02)735-9994(편집부)
www.ilchokak.co.kr
등록 1953년 9월 3일 제 300-1953-1호(구 : 제 1-298호)

ISBN 978-89-337-0615-2 03900
ISSN 1227-349X-49

값 10,000 원